SCORPIO

Ruediger Dahlke

KONFLIKTE LÖSEN UND KRISEN MEISTERN

Rituale als Schlüssel

SCORPIO

INHALT

EIN WORT ZUVOR

In einer Zeit, in der die Krisen sich jagen und wir längst in einer Dauerkrise gelandet sind, in der sich Politiker hilflos von Krisen vor sich hertreiben lassen, wird es immer dringender erforderlich, substanziell wirksame Auswege zu finden. Hier scheint mir das heute so weitgehend unterschätzte Ritual als die altbewährte Methode des Krisenmanagements die vielversprechendste Möglichkeit zu bieten. Die moderne Placeboforschung liefert diesbezüglich eine Fülle an Belegen und Material, die auch in unserer Zeit überzeugen. Wenn wir erleben, wie Scheinoperationen genauso wirksam sind wie die echten chirurgischen und die einzige Gemeinsamkeit beider Varianten das Ritual ist, wird es Zeit umzudenken.

Die Durchschlagskraft von Ritualen mag zwar für den vernunftgesteuerten Intellekt schwer nachvollziehbar sein, aber wir sind mehrheitlich reif, einen großen Schritt über die reine Vernunft hinauszugehen, die uns in all die gängigen Krisen geführt hat und bisher keine adäquaten Lösungen bietet.

Solange Gesellschaft und Religion keine von der Bevölkerung in breitem Konsens mehr akzeptierten Rituale bieten, bleibt nichts übrig, als sie sich selbst zu schaffen. Die angegebenen Ritualvorschläge dienen zur Anregung für eigene Lösungen, die gelegentlich aufgelisteten Fragen der Kontemplation des Themas, ohne nach einer unmittelbaren Antwort oder einer bestimmten Vorstellung zu suchen. Wir spüren uns einfach in die Frage hinein und gestatten es unserer Intuition, dass sich gewisse Eingebungen in unserem Inneren niederlassen. Wir halten inne, um zu spüren, was es mit dem speziellen Thema auf sich hat. Zuweilen tauchen dabei Anregungen dazu auf, was wir verändern oder verbessern könnten. Manchmal kommen so noch Stunden oder Tage nach der Kontemplation verborgene Möglichkeiten und Qualitäten zum Vorschein.

Die aus spiritueller Sicht gesehenen, psychosomatisch und symbolisch zu verstehenden Beschreibungen in diesem Buch sind keine »Schuld«zuweisungen im wertenden Sinne, weder an Ungeborene, Kinder, Heranwachsende noch an irgendwen – etwa wenn es heißt, dass es »wahrlich keine leichte *Entscheidung*« für den Fötus sei, »die körperwarme weiche Innenwelt zugunsten der kalten und vergleichsweise harten äußeren Welt zu verlassen«. Sie sollen uns vielmehr für mögliche Muster sensibilisieren, die zu erkennen später dabei helfen kann, besser mit Krisen und Problemen umzugehen. Außerdem vermag, wer das Wesen eines Musters in der Tiefe durchschaut, erfolgreicher Rituale zu kreieren, die diesem Muster gerecht werden.

Beginnen wir also mit dem Urmuster von Krisen und Konflikten, der Geburt.

TEIL I

ZUM URSPRUNG UND UMGANG MIT KONFLIKTEN UND KRISEN

Die Geburt als Urmuster von Konflikten und Krisen

Aus manchen Perspektiven erscheint das Leben wie eine Kette von Konflikten, die in modernen Zeiten in Krisen eskalieren. Tatsächlich begann das Leben auch gleich so. Auf dem Weg in die(se) Welt müssen wir schon durch einen Engpass. Sich aus der Gebärmutter zu befreien und deren Mund zu passieren, ist alles andere als ein »Kinderspiel«.

An solchen Engpässen spielen sich im Kleinen wie im Großen vielmehr Schicksale ab. An der Engstelle der Thermopylen etwa erzwang sich im Spätsommer des Jahres 480 v. Chr. ein riesiges persisches Heer unter Xerxes I. gewaltsam Zugang nach Griechenland. In der Geburt war es unser Kopf, der sich den Weg aus dem Wasser- ins Luftreich durch die enge Pforte von Mutters Gebärmutteröffnung erzwang. Diesen »Kopfsprung« aus der inneren (Frucht)wasserwelt ins äußere Leben an der Luft muss ein Kind wagen. Davor sollte es sich schon von Mutters Senkwehen umdrehen und mit dem Köpfchen ins kleine Becken schieben lassen, wo es wie in einem Schraubstock festhängt, bis ihm Presswehen im wahrsten Sinne des Wortes den Ausgang aufpressen und es hinaus ins Leben befördern.

Nicht alle Kinder lösen diesen Konflikt zwischen »gemütlich in der körperwarmen Fruchtwasserwelt bleiben« oder »sich in die

Kälte der äußeren Welt pressen lassen« so konstruktiv. Denn es ist wahrlich keine leichte Entscheidung, die körperwarme weiche Innenwelt zugunsten der kalten und vergleichsweise harten äußeren Welt zu verlassen. Presswehen müssen pressen, und GeburtshelferInnenhände müssen herausziehen oder gar -zerren. Das Kind muss auf diesem Weg durch eine Art Niemandsland, wo es in äußerster Bedrängnis zwischen allen Stühlen beziehungsweise Welten hängt. Diesen Konflikt durfte ich dreißig Jahre mit PatientInnen der Schattentherapie[1] miterleben. Stanislav Grof hat ihn in seinen Geburtsmatrices[2] der Medizinwissenschaft nahegebracht.

Im Konflikt zwischen dem kurzfristig bequemen und langfristig tödlichen Drinnenbleiben und dem kurzfristig gefährlichen und langfristig einzig mit dem Leben vereinbaren Weg muss sich das Ungeborene mutig für Letzteren entscheiden. Legt es sich quer zur Entwicklungsrichtung, bedroht es das eigene und das mütterliche Leben.

Dabei hat es einen schwierigen, druck- und schmerzvollen Übergang in die Welt der Gegensätze zu bewältigen. Anderenfalls drohen bei Verweigerung in Form von Steiß- oder gar Querlage noch viel größere Gefahren. Letztere ist nur mit äußerer Hilfe von Geburtshelfern mittels Kaiserschnitt zu lösen. Ansonsten droht Mutter und Kind der Tod.

Bei Steißlage muss das dicke Ende in Gestalt des Kindskopfes zusammen mit der Nabelschnur durch den Engpass. Der Kopf wird bei dieser Einstellung zum Dickkopf, ist er doch körperlich zu Beginn die mit Abstand dickste Stelle – auch im übertragenen Sinne. Denn er drückt nun die Blutversorgung ab, weil Dickkopf und Nabelschnur zugleich durch die enge Pforte müssen und Letztere dabei zusammengepresst und der Blutfluss unterbrochen wird. Je länger, desto stärker wird dadurch die Gesundheit des Kindes und besonders seines Gehirns durch Blutmangel bedroht. So gefährdet sich ein Kind mit Mangel an Mut zum Kopfsprung ins Leben vor allem selbst.

Das Leben beginnt also notwendigerweise mit einer mutigen Entscheidung zum gefährlichen Weg durch die enge Passage in die kalte äußere Welt. Im Idealfall bekennt sich das Kind dazu und wählt die einzig relativ sichere Kopfsprungposition. Ansonsten wird alles mittel- und langfristig noch viel gefährlicher. Es zeigt sich also gleich zu Beginn des Lebens, wie bedrohlich Widerstand gegen den vorgegebenen Weg ist.

Werden dieser Konflikt und die folgenden nicht mutig im Sinne eines couragierten Lebens gelöst, wird alles schon zu Beginn lebensgefährlich. Nach dem drittwichtigsten der *Schicksalsgesetze* liegt tatsächlich schon *im Anfang alles.*[3] Abraham Lincoln (1809–1865), der 16. Präsident der USA, erkannte bereits für die Politik, wer aus Angst bei der Wahl zwischen Freiheit und Sicherheit Letztere wähle, werde am Ende beide verlieren. Und nicht nur am Anfang, auch am Ende des Lebens wird auf dem Sterbebett das nicht gewagte Leben zur größten Belastung in allen, einschließlich indigener Kulturen. Nichts wird – laut Sterbeforschung – mehr bereut, als sein Leben nicht gewagt und entschieden angepackt zu haben. Insofern ist Verweigerung der natürlichen Entwicklung unser größtes Problem.

Diese Regel gilt auch weiter während des Lebens, in der Zeitspanne zwischen Geburt und Tod und sowohl im individuellen wie kollektiven Geschehen. Wer etwa bei der Partnerwahl zwischen der großen Liebe und einer bequemen reichen Heirat die vermeintliche materielle Sicherheit im Laufe seines spekulativen Lebens wählt, wird am Ende meist beides verlieren. Wer nicht wagt, der nicht gewinnt, weiß der Volksmund, und der Muttermund bestätigt es sozusagen schon bei der Geburt.

Raus aus der Komfortzone

Das Leben beginnt also bereits mit einer Entscheidung zwischen dem kurzfristig bequemen, langfristig gefährlichen und dem kurzfristig unbequemen, anstrengenden, bedrohlichen und langfristig einzig gangbaren Weg. Da im Anfang schon alles liegt, ist uns das Verlassen der Komfortzone somit von Beginn an bis zum Ende Lebensaufgabe und Herausforderung zugleich.

Schon der persische Sufi-Mystiker Dschalāl ad-Dīn Muhammad Rūmī (1207–1273) sagt es so deutlich und unmissverständlich:

»Vergiss Sicherheit.
Lebe, wo du fürchtest zu leben.
Zerstöre deinen Ruf.
Sei berüchtigt.«[4]

Geben wir uns dieser Auf*gabe* aus ganzem Herzen hin, werden wir dabei unsere Be*gab*ung*en* und in ihnen unsere Gaben entdecken und die anstehenden Herausforderungen als Förderungen erleben. Unsere Sprache ist nicht nur da ehrlich.

Wird aber die richtige, also *richtungs*weisende, *entwicklungs*förderliche Entscheidung versäumt, kann es sehr rasch lebensbedrohlich eng werden und war früher oft tödlich. Wer sich (zur natürlichen Entwicklungsrichtung) querlegt, gefährdet seine Mutter und sich selbst; wer auch nur zögert im Sinne der Steißlage, riskiert immer noch die eigene Gesundheit. Insofern wird uns die Geburt zum Urmuster eines Konflikts und offenbart sehr plastisch die Entscheidung zwischen dem Weg in die Krise und dem ins mutige Leben.

Diesen Archetyp verdeutlichen das Volk und sein Volksmund auch, wenn in anderen Zusammenhängen ebenfalls davon gesprochen wird, etwa wo der zähflüssige Verlauf einer Entwicklung als »schwere Geburt« bezeichnet wird. Tatsächlich ist die Geburt aber nicht nur Abbild und Muster anderer Lebensübergänge und ihrer Konflikte und Krisen, sondern generell aller Übergänge im individuellen und gesellschaftlichen Leben.

Die Übergänge aus der bäuerlichen in die mechanisierte und

von dieser in die digitalisierte Welt waren für viele schwere Geburten, für andere jedoch auch große Chancen. Und für manche sogar ein ebensolcher Spaß. Sie machten das Beste daraus und hatten obendrein Glück. Für Steve Jobs (1955–2011) und eine Handvoll Computer-Wizards wurde der letzte Übergang zum großen Wurf, weil sie mutig auf dieser neuen, noch unerforschten Welle mit Glück surften. Sie brauchten – nach Malcolm Gladwells Buch *Outliers* – drei Voraussetzungen:[5] Sie mussten den Mut haben, ihr Collegestudium abzubrechen, und zwei Portionen Glück: erstens in einem sehr schmalen Zeitfenster in den USA geboren zu sein und zweitens unbegrenzten Gratisinternetzugang, um tage- und nächtelang zu programmieren. Solch gegensätzliche Varianten – der mutige Entschluss, alles auf eine (noch neue) Karte zu setzen, das Althergebrachte (College) abzubrechen und die gehörige Portion Glück – sind oft in Konflikten gefordert. Diese Art, die Zeitqualität Kairos zu nutzen (später dazu mehr), statt in Krisen abzurutschen, wird oft in der Polarität, der Welt der Gegensätze, notwendig. Wer nur halbherzig agiert und nichts wagt, gewinnt selten oder nur wenig. Die Polarität bringt die Gegenpole hervor. Man kann *unter* die Räder kommen wie all diejenigen, die sich dem Übergang von der Schreibmaschine auf den Computer verweigerten, oder *auf* ihnen zum Rollen wie erwähnte Computerfreaks, die in US-Garagen Weltfirmen hochzogen.

Sichere Wege verlassen

Sichere Wege zu verlassen, fällt uns aus vielen Gründen schwer. Als ich mich vor vielen Jahren dafür entschied, die Zusammenarbeit mit Thorwald Dethlefsen[6] (1946–2010) aus dem Hobbybereich in meinen Beruf zu wandeln, ging die Tür zu einer Schulmedizinlaufbahn automatisch zu. Statt auf den Karrieretrip ging ich auf Weltreise. Das kostete Überwindung, brachte aber auch viel Neugierde und Lebensfreude ins Spiel und offenbarte mir noch ganz andere Zugänge zu bis dahin unbekannten Be-Reichen ganzheitlicher Medizin. Ebenso konnte ich die auch für mich anfangs unglaubliche Kraft von Ritualen miterleben.

Das Gesetz der Polarität

Das erste und wichtigste der *Schicksalsgesetze,* das der Polarität, zeigt sich bis in Details denjenigen, die sich diesen Spielregeln des Lebens öffnen. Als ich Ende der Achtzigerjahre mein erstes kleines Buch *Bewusst fasten*[7] schrieb, tat ich das in Handschrift, bat meine Mutter, es abzutippen, und zerschnitt und verklebte das Manuskript anschließend x-fach, um schließlich das dann ziemlich angeschwollene, nur in dieser einen Form existierende Paket persönlich zum Verlag zu bringen – aus Angst, bei der Post könnte es verloren gehen. In meiner kurzen US-Collegezeit hatte ich nachts schon per Fernleitung an einem wohnzimmergroßen Computer programmieren dürfen. Dort schwärmte mir jemand vor, bald werde jeder Collegestudent so ein Teil haben, weil die sich bezüglich Größe und Preis rasch »gesundschrumpfen« würden. Darauf sehnlichst hoffend, besorgte ich mir – mit einem Freund – gleich eine der ersten dieser immer noch vergleichsweise großen Kisten.

Von nun an wurden meine Manuskripte dünner und sauberer. Ich musste sie als nochmals abgetippt ausgeben, weil spirituelle Bücher aus solch einer »seelenlosen Maschine« mancherorts als inakzeptabel galten. Als Mantak Chia und ich dieses neue Ver- und Vorgehen später zeitgleich öffentlich eingestanden, galt das kurze Zeit als skandalös. Wenig später war der »Skandal« normal. Zehn Jahre später war es schon skandalös, nicht zum Computer zu wechseln. Schließlich wurden die Manuskripte nicht mehr gesetzt, sondern direkt von der Floppydisk überspielt. Das ersparte mir einen ganzen Korrekturdurchgang und viel Aufwand.

Dank der Texterfassung am Computer konnte ich meine Gedanken einfach aus dem Hirn über die Finger in die Tasten fließen lassen und anschließend beliebig neu ordnen. Ohne diese

Entdeckung hätte ich niemals über achtzig Bücher so locker und leicht schreiben können. Vor allem aber begannen – wenn ich zurückdenke – schon damals meine Schreibmeditationen, die ich längst nicht mehr missen möchte und die meine Zenmeditationen überholt haben, was die dafür aufgewendete Zeit betrifft. Aber was mir so viel Freude und Vorteile brachte, kostete viele Setzer ihren Job.

Hier und schon während unserer ganzen Geschichte gilt der Spruch »Wer nicht mit der Zeit geht, geht mit der Zeit«. Wir sind also gut beraten, mit der Zeit zu gehen, aber ohne auf dem Gegenpol unsere Wurzeln zu vernachlässigen, zu verraten oder gar zu verlieren, die wesentlich auf Zusammenhalt, -arbeit und Teilen beruhen. Steve Jobs vertraute – nach eigenen Worten – Bill Gates viele seiner Computergeheimnisse an und nutzte sich selbst und Apple dabei wohl am meisten. Gates nutzte das, um die Maustechnik und mehr für »sein« Windows zu klauen, Jobs profitierte von dessen Engagement, in jeden Haushalt einen PC zu bringen.

Die neue Mentalität des Teilens, die auf die ursprünglichen Gemeinschaften in den Höhlen des Anfangs und auf die lange Zeit ohne Besitz zurückgeht, hat all die neuen Milliardäre hervorgebracht. Hätte Gates' Stiftung nicht so viele (vor allem alte) Computer verschenkt und Zuckerberg nicht Facebook seinen Auftraggebern entwendet und so viel größer als diese gedacht – nämlich für die Welt statt für die Uni – und seine Werbemöglichkeiten anfangs nicht frei verteilt – zu Deutsch verschenkt –, niemals wohl wären beide so groß geworden und hätten dieses uns heute so selbstverständliche Felder ermöglicht.

Die neue Denke kommt aus diesem neuen Feld. Das Woodstock der nächsten Generation hieß »Burning Man« und entsteht alljährlich für eine Woche in der Black-Rock-Wüste von Nevada. Das größte »Hotelunternehmen« Airbnb ohne ein einziges eigenes Zimmer, das weltgrößte Taxiunternehmen Uber ohne ein einziges eigenes Auto, der einzige Angestellte, der je Milliardär wurde, Alec Schmidt – sie alle stammen letztlich von dort.

Ein gutes Zeichen und ein Hinweis auf die uns allen gemeinsamen Wurzeln wäre die Tendenz, am Ende den durch großzügiges anfängliches Teilen und anschließendes umfassendes Abkassieren aufgehäuften ungeheuren Reichtum in eigener Regie der Menschheit zurückzugeben. Auch hier gilt wieder die Polarität: Bei der Exfrau von Jeff Bezos zeigt sie sich in berührender Großzügigkeit, auf der Schattenseite dagegen an den als Stiftung getarnten Rockefeller- und Gates-Imperien, die durch ihre Art von Spenden statt ärmer immer reicher werden.

Die indische Göttin Kali, Partnerin des göttlichen Zerstörers Shiva, hat nicht zufällig einen blutroten Mund. Sie schenkt das Leben in einem mehr oder weniger blutigen Akt und nimmt es in einem oft ebensolchen wieder.

Die Geburt verrät uns insofern viel über Konflikte und die Entstehung von Krisen. Altes ist loszulassen und aufzugeben, bevor das Neue so richtig aufblühen kann. Aller Anfang ist schwer, enthält aber schon alles im Keim. Wer nicht anfängt und loslegt, kommt nirgendwohin. Der Weg durch Engstellen und Niemandsland führt zu Beginn zwischen viele Stühle und ist anstrengend und nicht selten gefährlich, aber die beste und oft einzige Chance.

Konflikte, Kämpfe und Entzündungen

Die schon bei der Geburt kontroversen Kräfte, einerseits in der Komfortzone auszuharren und andererseits den Kopfsprung ins Leben zu wagen, sind also das Urmuster aller folgenden Konflikte. Werden sie nicht auf der Bewusstseinsebene ausgetragen und gelöst, sinken sie auf die Körperebene und werden hier wie auf einer Bühne in Entzündungen abgebildet. Dann kämpft unser Abwehrsystem mit einem beeindruckenden Waffenarsenal gegen Erreger mit ihrer Kampftechnik der Vermehrung. Gewinnt die Erregerseite, sterben Betroffene. Gewinnen Letztere, kommt es zur Genesung. Fieber entspricht einer Generalmobilmachung, wo alle Kräfte für den Kampf aufgeboten werden. Eine Pattsituation führt zu chronischen Entzündungsherden oder *silent inflammations*. Diese sind weniger merkbar mit leicht, aber langfristig erhöhten Körpertemperaturen und verbrauchen auf Dauer viel Energie, die anderswo fehlt.

Bleiben Konflikte in Partnerschaften ungelöst, führt das zu Kämpfen in Form von Streitereien bis zu (Rosen)Kriegen. Auch hier kann eine Seite siegen, oder es kommt zu chronischen Stellungskriegen und daraus folgend zu Dauerkrisen. Solche dauerhaft vor sich hin schwelenden Auseinandersetzungen kosten ein gerüttelt Maß an Kraft, da sie ständig viel Energie verschlingen.

Werden Konflikte im politischen Bereich nicht gelöst, kommt es zu Grenzscharmützeln oder -kämpfen. Durchbricht eine Seite die Grenze, gibt es einen das ganze Land erfassenden Krieg mit beiderseitigen Generalmobilmachungen und heißen Gefechten, bis eine Seite siegt oder eine Pattsituation zum Stellungskrieg, chronischem Krieg und zur Dauerkrise führt.

Das zugrunde liegende Thema bei alldem ist Aggression, die in ihrer destruktiv-unerlösten Form in Gewalt und in ihrer konstruktiv-erlösten in Tapferkeit, mutigen Kompromissen und Lösungen mündet, die Ausgleich zwischen beiden Seiten bewirken.

Anfang mit Angst oder Hoffnung – die Krise

Alles hat (s)einen Anfang, und in diesem zeichnet sich schon die weitere Entwicklung bis zum Ende ab. Würden wir das immer bedenken, wie sehr viel besser wären wir dran und unterwegs? Am Anfang braucht es eine Ent-Scheidung: Das Schwert ist aus der Scheide zu ziehen, sonst können wir weder loslegen noch -schlagen oder etwas in uns oder der Welt bewegen – wie innen, so außen. Wer sich nicht entscheidet, landet in allen Fällen in Krisen. Aber auch wenn wir uns entscheiden, landen wir zuerst im Niemandsland (des Geburtskanals). Ein Übergang ohne diese Situation zwischen den Welten ist gar keine Krise.

Wer sich direkt vom Kopf(geld)jäger – Headhunter – in eine neue, noch besser bezahlte Position vermitteln lässt, durchleidet keine Krise. Das nennt man heute einen Karrieresprung, der inzwischen meist am Einkommen bemessen wird. Die Übergangszeit im Niemandsland – entsprechend dem Land zwischen zwei Ländern – ist entscheidend, um als Krise zu gelten.

Unser Wort »Krise« stammt vom griechischen *krísis*. Das bedeutet dort neben »Krise« auch »Entscheidung, Zwiespalt, Wahl«, aber ebenso »Urteil«, das der Wahl und Entscheidung vorausgeht, und »Erprobung«, die ihr folgt. Es kann aber auch »Scheidung« und »Trennung« meinen. Wer die Krise auf ihren negativen Aspekt beschränkt, wie das Deutsche weitgehend, bleibt in der Sicht begrenzt und im Leben eingeschränkt. Immerhin kennt die Medizin auch bei uns den Begriff der »Heilungskrise«. »Krisis« bezeichnet medizinisch – entsprechend der ursprünglichen Bedeutung – unter anderem den Entscheidungspunkt im Krankheitsgeschehen, und zwar im einen oder anderen Sinne: Ab der Krisis kann sich alles im Idealfall ebenso gut in Richtung Heilung entwickeln. So ist die Krisis auch der Umkehrpunkt zum Besseren. Die griechische Bedeutungsvariante »Entscheidung« bietet uns einen Schlüssel zum tieferen Verständnis und Wesen aller Krisen.

Das alte China hatte für »Krise« ein Doppelzeichen aus den Zeichen für »große Gefahr« und »große Chance«. Diese Anleihe aus China kann uns durch Einbezug der »Chance« eine weitere positive Perspektive der Krise eröffnen. Der Psychiater und Philosoph Karl Jaspers (1883–1969) geht noch einen Schritt weiter: »Im Gang der Entwicklung heißt Krisis der Augenblick, in dem das Ganze einem Umschlag unterliegt, aus dem der Mensch als ein Verwandelter hervorgeht.«[8] Er schließt gedanklich an das Heraklit (ca. 520–460 v. Chr.) zugeschriebene *panta rhei* (»Alles fließt«) an, wenn er formuliert: »Die Lebensgeschichte geht nicht zeitlich ihren gleichmäßigen Gang, sondern gliedert ihre Zeit qualitativ, treibt die Entwicklung des Erlebens auf die Spitze, an der entschieden werden muss.« Und er verdeutlicht auch die Konsequenzen der Verweigerung: »Nur im Sträuben gegen die Entwicklung kann der Mensch den vergeblichen Versuch machen, sich auf der Spitze der Entscheidung zu halten, ohne zu entscheiden. Dann wird über ihn entschieden.« Auch den Gedanken der Zeitqualität greift Jaspers auf, wenn er sagt, die Krisis habe ihre Zeit. Man könne sie nicht vorwegnehmen und überspringen. Sie müsse wie alles im Leben reif werden, brauche aber nicht als Katastrophe zu erscheinen, sondern könne sich im stillen Gang äußerlich unauffällig für immer entscheidend vollziehen.

Insofern stellt uns jede Krise vor die Entscheidung und Wahlmöglichkeit, sie bewusst anzunehmen und sich ihr zu stellen oder sich gegen die veränderte Zeitqualität zu stemmen, sie zu bekämpfen und einen Konflikt heraufzubeschwören.

Wir entscheiden also, ob sich die Krise zur großen Gefahr oder ebenso großen Chance entwickelt. Das alte chinesische, um die Polarität der Grundprinzipien Yin und Yang kreisende Denken erkennt zudem noch die Einheit hinter beiden entgegengesetzten Polen, was uns ebenfalls sehr helfen kann.

Die Nähe zwischen Krise und Krankheit wird in der Notwendigkeit derselben Entscheidung deutlich. Wir können einerseits ihre Botschaft annehmen und sie so in eine Chance wandeln, andererseits in eine Gefahr, indem wir sie abwehren und bekämpfen.

Hier lässt sich auch gleich die Entwicklung von Krankheit verstehen. Treffen wir die Entscheidung, Herausforderungen im Bewusstsein nicht anzunehmen, wird die Energie ins Unbewusste ausweichen und sich später nicht selten als Krankheitsbild verkörpern. So wird der Körper zur Bühne für nicht gelebte Themen, Aufgaben und Herausforderungen. Auf ihr wird die ursprüngliche Thematik dann von den Symptomen symbolisch abgebildet. Insofern trifft der Ausdruck »Krankheitsbilder« sehr genau. Diese können uns auch nach ihrer bereits erfolgten Verkörperung durchaus noch leiten und sich als Förderungen erweisen, wenn wir sie auf die geistig-seelische Ebene zurückübersetzen. Das entspricht der Krankheitsbilderdeutung von *Krankheit als Weg* bis *Krankheit als Symbol* (siehe »Literatur von Ruediger Dahlke« im Anhang dieses Buches).

So müssen wir ständig entscheiden zwischen augenblicklicher bewusster Auseinandersetzung oder Aufschub und späterer Bearbeitung unter erschwerten, weil verschlüsselten Vorzeichen. Die große Mehrheit von uns nimmt diese Entscheidungen kaum mehr bewusst wahr und wichtig, sondern wählt aus Gewohnheit den vermeintlich bequemeren Weg des Unterdrückens mittels allopathischer Schulmedizin oder seelischer Verdrängung.

Wie schon gesagt wurde, führt (symbolisch) »keine Entscheidung zu treffen« am Ende der Schwangerschaft in die totale Krise, und andere müssen mithilfe des Kaiserschnitts einspringen und die Krise für das noch Ungeborene und seine Mutter lösen.

Dieses Muster zieht sich durch alle Übergänge, die heute so häufig zu Krisen verkommen. Wird ein Jugendlicher weder in der Pubertät noch Adoleszenz erwachsen und bleibt er einfach zu Hause bei Muttern sitzen, sprechen wir mittlerweile vom Boreout-Syndrom, dem Sich-zu-Tode-Langweilen. Letztlich fehlt diesen immer zahlreicher werdenden, vor allem männlichen Jugendlichen der Sinn im Leben, und so bleibt alles sinnlos. Dieses Sitzenbleiben ist noch schlimmer als in der Schule oder in der Partnerschaft sitzen gelassen zu werden.

In Zypern wünscht man sich zum Abschied: »Kaló risikó!«, was mich bei meinem dortigen Treuhänder doch zunächst erschreckte. Aber im Griechischen besagt es in etwa: »Viel Glück!«; das heißt, hier wird Risiko ebenfalls nicht nur als negativ, als Gefahr, sondern auch als Chance und Möglichkeit gesehen. In Deutschland ist man bezüglich Veränderung grundsätzlich pessimistisch: »Hoffentlich passiert nichts« ist hier der gängige Wunsch zum Abschied und letztlich das gesellschaftliche Mantra. Es macht Deutsche selbstverständlich besonders krisenanfällig.

Panta rhei – die Welt im Wandel

Auch wenn es zu Beginn im Mutterleib noch so schön ist, der Fötus schwerelos im Fruchtwasser schwebt und die Temperatur seines kleinen Körpers derjenigen der Fruchtwasserumwelt entspricht, es ist doch kein Bleiben. Durch die Temperaturgleichheit kann er sich nicht nach außen abgrenzen. Seine frühe Wahrnehmung ist deshalb grenzenlos und eins mit der Fruchtwasserwelt. In dieser Einheitserfahrung bildet sich Urvertrauen, die Basis allen späteren Selbstvertrauens und eines glücklichen und erfolgreichen Lebens. Niemand ist schuld daran, wenn es im frühen Paradies des Mutterleibs durch eigenes Wachstum immer enger und schließlich sogar höllisch beengend für das Ungeborene wird. Der Mangel an Alternativen legt den Entwicklungsimpuls Richtung Geburt sehr nahe, drängt ihn im wahrsten Sinne des Wortes auf.

Wie gesagt soll schon der griechische Philosoph Heraklit formuliert haben, alles sei im Fluss *(panta rhei)*. Der Theosoph und Reformpädagoge Rudolf Steiner (1861–1925) betonte, alles Leben sei Rhythmus, der Harvard-Professor Richard Alpert und spätere Weisheitslehrer Ram Dass (1931–2019) formulierte: »Alles Leben ist Tanz«, und die moderne Physik belegt, das alles Schwingung ist. An dieser Erkenntnis gibt es kein Vorbeikommen. Wer trotzdem darauf zählt, dass sich im Leben und auf Erden nichts verändert, widersetzt sich der Grundtendenz und wird notgedrungen viele Krisen ernten und unter ihnen leiden oder möglicherweise sogar an ihnen zerbrechen. Wir tun also gut daran, uns auf Veränderung einzustellen. Sie ist das einzig wirklich Sichere.

Wer in den Wechseljahren die Richtung nicht wechseln mag, wie eine moderne Mehrheit, wird die Krise der Lebensmitte ernten, die heute mit all ihren Symptomen und Krankheitsbildern schon fast Allgemeingut ist. Wer das Alter ablehnt und bekämpft, wird eine Niederlage nach der anderen einstecken im ebenso sinn- wie aussichtslosen Kampf gegen Mutter Natur. Die generelle Auflehnung gegen Mutter Erde und die große Mutter ist heute überhaupt Garant für eine Art Generalkrise der Menschheit. Werden all diese Lebensübergänge proaktiv bewältigt, trägt uns jeder Wechsel einem neuen Thema entgegen, und uns steht ein glückliches und erfülltes Leben ins (Körper)haus.

Wer sich alles ersparen will, dem bleibt nichts erspart, heißt es. Wer sich nichts ersparen will, dem bleibt auch nichts erspart, aber er wird bereitwillig durch sein Leben vorangehen und vorankommen, sich auf die anstehenden Aufgaben einstellen, vielleicht sogar freuen und sie leichter bewältigen. Das ist die optimale Lebenseinstellung, der hier das Wort geredet sei und die wir uns bezüglich der einzelnen Übergänge noch genauer ansehen. Dadurch können wir in Analogie gleich auch auf den optimalen Umgang mit persönlichen, partnerschaftlichen, beruflichen und sogar gesellschaftlichen Übergängen schließen. So folgen wir der inzwischen längst von der Wissenschaft bestätigten Ansicht des Arztes und Naturphilosophen Paracelsus (ca. 1493–1541): »Mikrokosmos Mensch = Makrokosmos Erde.«

Unser Leben ist folglich (e)in Fluss mit Wellenbergen und Tälern oder einer Kette von Übergängen. Wer sich nach besagtem Motto »Hoffentlich passiert nichts!« dagegen wehrt, kann bestenfalls noch Phasen von Stagnation erleiden. Letztlich widerspricht diese Haltung dem Lebensmuster und ist insofern krank(machend). Irgendwann müssen Verweigerer daran erkranken.

Wir haben also die Wahl: im Rhythmus des Lebens von Wellenberg zu Wellental mit den Aufs und Abs dieses universellen Musters mitzugehen oder besser noch zu fließen und ein bewegtes Leben im Fluss zu genießen – oder uns für Stagnation und Leid zu entscheiden und dann darüber zu klagen. Erstere Option können wir mit Begeisterung und Enthusiasmus in die Tat umsetzen, indem wir unseren lebendigen Geist und Gott beziehungsweise die

Einheit dazu einladen, denn nichts anderes bedeuten die Wörter »begeistert« und »enthusiastisch« in ihrem Ursinn. Oder wir verwandeln mit der Haltung inneren Widerstands die (Heraus)forderungen des Lebens in Konflikte statt in Förderungen und daraus folgend in eine Kette von Krisen.

Das Leben mit seinen Höhe- und Tiefpunkten lässt sich also durchaus als eine leuchtende Kette strahlender Perlen erleben. Tatsächlich wird es dadurch mit Höhepunkten in Form von Gipfelerlebnissen und Tiefen des Erlebens angereichert und insofern (erfolg)reich. Oder wir bringen Widerstand ein und ernten eine deprimierende, schier endlos erscheinende Folge dunkler Perlen ohne Ausstrahlung.

Wie selbst schwerste Aufgaben in strahlende Perlen zu wandeln sind, zeigen uns zum Beispiel Biografien wie die von Helen Keller (1880–1968). Sie kam gesund zur Welt, verlor aber durch eine unbekannte Krankheit im Alter von neunzehn Monaten ihr Seh- und Hörvermögen. Die amerikanische Schriftstellerin wurde später vielen mit schwierigen Aufgaben bedachten Menschen zum leuchtenden Vorbild. Schwere Schicksale bedeuten schwere Aufgaben, die wir als gewaltige Herausforderungen in große Chancen wandeln können – sofern wir uns dafür entscheiden.

Erst Altes loszulassen ermöglicht den Aufbruch in Neues

Am Muster der Welle wird deutlich, wie zwingend der Umschlagpunkt zwischen Wellenberg und -tal ist. Wir müssen zuerst Altes ganz loslassen, bevor Neues wirklich erscheint und wir es annehmen können. Ein bisschen von der oberen Position zu behalten und mit ins Tal zu nehmen, ist nicht möglich – so wie wir bei der Geburt auch nicht ein bisschen drinnenbleiben können in der schönen, angenehmen Wärme. Wir müssen offensichtlich erst raus aus dem (Frucht)wasserreich, um ganz draußen im Luftreich anzukommen.

Dies ist übrigens auch physiologisch so abgesichert. Solange das Baby Wasser auf der Haut spürt, wird es nicht einatmen und seine Lungenflügel keinesfalls ausbreiten. Das ist das Geheimnis der Wassergeburt. Sie ist sicher, weil die Kinder, solange sie Wasser auf der Haut spüren, nicht einatmen, auch wenn konservative, an die Maikäfer-Rückenlage der Mutter gewöhnte Geburtshelfer immer wieder davor warnen. So haben sie noch lange Widerstand geleistet, als der mutige französische Geburtshelfer Michel Odent die von den Delfinen abgeschaute Wassergeburt einführte. Entwicklungsbereite Gynäkologen wie der deutsche Prof. Volker Zahn folgten ihm rasch, andere mauern bis heute. Hier wird deutlich, wie wir mit Widerstand nur wertvolle Zeit verschwenden, ohne die Entwicklung aufhalten zu können. Das trifft beispielsweise schon für Ignaz Semmelweis' (1818–1865) Entdeckung der Hygiene im Allgemeinen zu wie auch für Joseph Lister (1827–1912) und die Wunddesinfektion. Hierzu empfehle ich den Film »Semmelweis, Ignaz – Arzt der Frauen« (1988) vom Regisseur und Arzt Michael Verhoeven. Er zeigt die Widerstandsmechanismen gegen den Fortschritt beispielhaft und ist ausführlich im Buch *Die Spielfilmtherapie* gedeutet (siehe Literaturhinweise am Ende des Buches).

Das gilt jedenfalls gegenüber den Natur- und Schicksalsgesetzen. Aber die Polarität kommt auch ins Spiel, wenn es um menschengemachte Gesetze geht. »Wo Unrecht zu Recht wird, wird Widerstand zur Pflicht«, lautet ein viel zitiertes Wort von Bertolt Brecht (1898–1956). Er relativierte damit im juristisch-politischen Bereich den absoluten Vorrang der Rechtssicherheit und akzeptierte Widerstand nicht bloß, sondern forderte ihn sogar als letztes natur- und menschenrechtlich begründetes Gerechtigkeitsempfinden – etwa gegen Diktatoren.

Aber auch im technisch-wirtschaftlichen Bereich ist hier einiges zu lernen. »Herr Nokia« verbesserte nach dem vom österreichisch-amerikanischen Philosophen Paul Watzlawick (1921–2007) längst als problematisch entlarvten Motto »Immer mehr vom selben« das Handy ständig weiter. Aber im Alten lag keine Lösung, sondern in der Integration des Neuen, in diesem Fall des Computers ins Handy. Ähnlich ging es den Produzenten von Karteikartensystemen und Rechenschiebern. Sosehr sie diese auch optimierten, die Lösung lag im Computer, und Karteikarten- und Rechenschieber(produzenten) verschwanden von der Bildfläche. Sie empfanden Neuerungen als Problem und gerieten damit in Konflikt. Das ließ sie am Alten hängen bleiben und in bewährten, bequemen Routinen verharren, was zu falschen, weil zu wenig mutigen und kreativen Entscheidungen führte.

Wir müssen also letztendlich immer mit der Zeit gehen. Die hat ihren Rhythmus – und alles Leben besteht daraus. Widerstand dagegen ist Zeit- und Lebensverschwendung. Wo sich Widerstand gegen das ewige Muster des *panta rhei* richtet, führt er jedenfalls nur zu Leid und kann das »Rad der Zeit« doch nie lange aufhalten. Aber auch kurze Stillstandzeiten sind schon schlimm genug für Betroffene. Denn wer nicht mit der *Ent*wicklung geht, wird *ab*gewickelt.

Als Steve Jobs das iPhone hochhielt, verkannte »Herr Nokia« dieses Zeichen der Zeit und musste gehen. »Herr Samsung« hatte zwar auch die Entwicklung verschlafen, aber er erkannte es wenigstens und kopierte das iPhone in Windeseile, und zwar so gut, dass es ihn weiter und erfolgreicher denn je gibt. Aber noch ärgerlicher für »Herrn Blackberry«, der schon acht Jahre vor dem iPhone da war und sich der Weiterentwicklung verweigerte.

Die mutigen, kreativen Entdecker und Künstler sind dabei gar nicht zwingend auch die erfolgreichsten Geschäftsleute. Der Entdecker des ersten taillierten Skis oder des beweglichen Mastes beim Windsurfen ließen sich von Wirtschaftsleuten ausbooten, die den Trend und die Qualität der Zeit erkannt hatten. Im Bereich der Kunst und Musik verdien(t)en Händler und Manager oft mehr als Urheber beziehungsweise Künstler wie Joe Cocker (1944–2014) oder Vincent van Gogh (1853–1890).

Was macht Widerstand gegen Neues so attraktiv?

In der Evolution sparte die Etablierung von Routinen lebenswichtige vitale Reserven. Ein viel Energie verbrauchendes Großhirn konnte ein erhebliches Risiko bedeuten, was sicher bereits unsere frühen Vorfahren in große Konflikte stürzte. Kaum hatte sich das Großhirn entwickelt, durften wir es also nur so selten wie möglich benutzen … Deshalb haben wir in fast allen Bereichen unseres Daseins eingeschliffene Abläufe entwickelt und uns ganz auf sie eingestellt.

Nur so konnte es wohl zu einem derart fortschrittsfeindlichen Gesellschaftsmantra wie dem deutschen »Hoffentlich passiert nichts!« kommen. Dass es sich dem Volkscharakter tief einprägen sollte bei einer Bevölkerung, die so viele Erfindungen und Entdeckungen hervorbrachte und -bringt, ist umso erstaunlicher. Im Vergleich dazu gibt es hierzulande nämlich relativ wenige Firmengründungen.

Wohl jeder kennt den erhöhten »Energiebedarf« in neuen Situationen. Wer beispielsweise nach wochenlang keuscher Verliebtheit schließlich den ersten sexuellen Kontakt mit dem angehimmelten Menschen erlebt, ist aufs Äußerste erregt, Millionen winzige Haare erheben sich in größter Erwartung. Das verbraucht enorm viel Energie auf allen Ebenen: Die Hormone spielen verrückt, die Blutverteilung verändert sich dramatisch, die Muskeln spannen sich an, bis es schließlich zur großen Entladung kommt. Zehn Jahre später, nach erfolgreicher Werbung, Heirat und Familiengründung, ist es oft so, dass sich der Akt eingespielt hat und sich kaum mehr ein Haar aufrichtet, das Blut braucht länger, bis es sich auf den Weg ins Becken begibt. Wir haben uns aneinander gewöhnt. Nach zwanzig Jahren, wenn die Kinder »aus dem Gröbsten raus« sind, ist derlei »Energieaufwand« bei vielen sogar schon ganz zum Erliegen gekommen.

Im Beruf passiert Ähnliches. Wer nach langer Vorbereitung von vier Jahren Grundschule, neun Jahren Gymnasium, vierzehn

Semestern Medizinstudium und konsequenter systematischer Abfüllung mit Theorie nach zwanzig Jahren plötzlich die (alleinige) Verantwortung für Menschen(leben) trägt, ist aufgeregt und angespannt. Das verbraucht enorm viel Energie. Nur wenige Monate später reduziert Routine diesen Energieverbrauch schon beträchtlich, denn wir haben uns an die Verantwortung und die entsprechenden Tätigkeiten gewöhnt und ressourcenschonende standardisierte Bewegungsabläufe entwickelt.

So hat sich uns notgedrungen ein fast perfektes Energiesparsystem eingeprägt, das allerdings unser Leben auf der anderen oder Schattenseite möglicherweise in Langeweile versinken lässt. In entscheidenden Bereichen wie Partnerschaft und Beruf gehen die allermeisten von uns tatsächlich schon sehr bald in den Ruhestand. Heute haben wir aber weit mehr als genug Energie auf Ernährungsebene und schon längst das umgekehrte Problem wie unsere Altvorderen. Das brauchen wir nur noch zu begreifen, zu verstehen und anzunehmen, dann können wir unser Hirn nach Herzens- und Hirnlust arbeiten lassen und gewinnen wieder Freude an einem spannenden, sich ständig verändernden Leben.

Ein längst gelüftetes Geheimnis

Das Hirn selbst fand die Lösung, aber es konnte sie noch nicht ausreichend mitteilen und verbreiten. So hängen wir weiterhin in Zeiten früher Prägungen fest. Dass wir inzwischen – in unserem Teil der Welt – längst über mehr als genug Nahrungsenergie verfügen, braucht man keinem zu erzählen. Infolge der ungerechten Verteilung leiden zwar immer noch fast eine Milliarde Menschen unter Hunger, doch schon zwei Milliarden unter Übergewicht und Fettsucht.[9] Die Welt hat also genug für jedermanns Bedürfnisse, aber nicht für jedermanns Gier, wie bereits Mahatma Gandhi (1869–1948) erkannte. Wir haben längst »nur« noch Energieverteilungsstörungen auf der Erde, dem Makrokosmos, wie übrigens auch in den Körpern (Mikrokosmos) der meisten. Dessen nimmt sich seit Jahrtausenden die Traditionelle Chinesische Medizin (TCM) mittels Energielenkung an. Indem sie einige Bereiche tonisiert und andere sediert, versucht sie, alles wieder ins Gleichgewicht zu bringen und dann dort zu halten.

Das Grundproblem erfuhr seine überraschende Lösung schon zu Zeiten Albert Einsteins (1879–1955). Bereits damals lag ein neues Weltbild in der Luft, das den altbewährten Lehren der Weisheitstraditionen verblüffend nahe kam.

Wir sehen die Welt nicht, wie sie ist, sondern wie wir sind, sagt der Advaita-Weisheitslehrer Mooji. Wir finden tatsächlich nur, was wir suchen. Dahinter steckt das zweitwichtigste der Schicksalsgesetze, das der Resonanz, von der modernen Physik längst bewiesen, etwa am Beispiel des Doppelcharakters des Lichts. Besteht es aus Teilchen, wie Einstein annahm und bewies und in seiner Gefolgschaft viele Materialisten, oder aus materiefreien elektromagnetischen Wellen, wie der Physiker Thomas Young (1773–1829) bereits belegte? Die Auseinandersetzung endete mit einem paradox anmutenden Unentschieden: Beide bewiesen ihre Annahme. Einstein belegte den Teilchencharakter des Lichts, Young aber belegte bereits Anfang des 19. Jahrhunderts den Wellencharakter mit Interferenzversuchen wie dem Doppelspaltexperiment. Der hatte eigentlich schon im Physikunterricht der Schule dem alten mechanistischen Weltbild den Boden entzogen.

Deutlicher ließ sich nicht belegen, dass wir finden, was wir suchen – entsprechend dem Gesetz der Resonanz. So war eigentlich auch schon die Trennung von Subjekt und Objekt widerlegt, wie sie der französische Philosoph, Mathematiker und Naturwissenschaftler René Descartes (1596–1650) angenommen hatte. Die Wissenschaft verlor ihre Objektivität, weil das Bewusstsein des Beobachters jeweils mit ins Ergebnis einfließt, es also beeinflusst. Eine völlige Trennung zwischen Forscher und dem Objekt seiner Forschung war also gar nicht möglich.

Die Frage, ob wir in einer materiellen Teilchen- oder einer

energetischen Schwingungs- beziehungsweise Wellenwelt leben, endete also mit einem Remis. Aber was für ein ungleiches Unentschieden! Denn die Physik weiß längst, wie überwiegend unsere Welt mit weit über 99,9 Prozent ein Wellen- und mit weit weniger als 0,1 Prozent ein materielles Phänomen ist. Bereits der Vorsokratiker Demokrit (ca. 459–371 v. Chr.) nahm an, die materielle Welt bestehe aus Atomen, was die Physik längst bewies und Ausdruck im Periodensystem nach Dmitri Iwanowitsch Mendelejew (1834–1907) fand, dem Urprinzipiensystem der materiellen Welt. Aber wie materiell ist diese materielle Welt denn überhaupt?

Die Atomphysik weiß, wie minimal der Materieanteil am Atom ist. Eine Analogie mag das anschaulich machen: Das Größenverhältnis zwischen einem Atomkern und einem Elektron entspricht dem zwischen der Erde und einem Apfel. Und die Entfernung zwischen Atomkern und Elektron entspricht etwa der zwischen einer Fliege in der Mitte eines Stadions und der äußeren Stadionmauer. Wir leben also nachgewiesenermaßen weit überwiegend in einer schwingenden Wellenwelt, deren materieller Anteil verschwindend ist. Ihre Struktur wird nur durch Ladungskräfte und damit Anziehung und Abstoßung aufrechterhalten. Aber von Anfang an dermaßen auf den materiellen Minimalanteil geprägt, halten wir ihn bis heute für entscheidend statt für unbedeutend.

Diese Fehlwahrnehmung der Welt ist einigen Religionen und Traditionen schon seit jeher bewusst. Hinduismus und Veden gehen von »Maya«, der Welt der Täuscher Raum und Zeit, aus. Die alten Ägypter sprachen vom »Schleier der Isis«, der die wirkliche Wirklichkeit verhüllt. Nun haben wir auch noch den naturwissenschaftlichen Beweis für diese Sicht. Es wird also Zeit, unseren Blickwinkel der Wirklichkeit anzupassen und aus der Scheinwelt aufzutauchen, wie es immer wieder Einzelne taten, die Befreiung oder Erlösung aus der Welt der Täuschung suchten und fanden.

Wie aber kommen wir der wissenschaftlich belegten Wirklichkeit mit all ihren Möglichkeiten und Chancen mit unserem zurückgebliebenen Bewusstsein näher? Es wäre so überaus lohnend, würden wir doch Herrschaft über die geringfügige Materie erlangen, alle Energieprobleme als Chance be-greifen beziehungsweise lösen und könnten sogar Heilungen verwirklichen, die heute noch als Wunder oder »Spontanremissionen« gelten. Die Bewusstseins- und Energieebene würde der materiellen den Rang ablaufen. Auf Ersterer könnten wir schon längst Therapien nutzen, die es auf materieller Ebene noch gar nicht gibt. Und die Existenz von ebenjenen Spontanremissionen oder Wundern belegt ja längst, wie grundsätzlich möglich sie sind.

Wie wir uns der wirklichen Wirklichkeit nähern können

Die Neuroplastizität

Noch im letzten Jahrhundert entdeckte der Psychiater Eric Kandel, ein österreichische Forscher, der vor dem Naziterror nach Amerika geflohen und US-Amerikaner geworden war, die »Formbarkeit des Gehirns« oder Neuroplastizität und wurde dafür im Jahr 2000 mit dem Nobelpreis für Physiologie oder Medizin ausgezeichnet. Er bewies, dass sich unsere grauen Zellen zu jeder (Lebens)zeit, also altersunabhängig, im Sinne von Wachstum und Neuverschaltung weiterentwickeln und verändern können, je nachdem, wie sehr wir unser Gehirn fordern und fördern.

Für die überkommene, uns noch im Studium vermittelte These, die Nerven seien mit der Geburt genetisch festgelegt und im Erwachsenenalter nicht mehr veränder- und vermehrbar, gab es nie wissenschaftliche Belege. Es war eine haltlose Behauptung – wie so vieles. Aber trotzdem erlangte dieser Irrtum über das Phänomen der Prägung ungeheure Macht über uns und unsere Welt. Und obwohl seit einem Vierteljahrhundert wissenschaftlich bewiesen, hat sich die Neuroplastizität noch kein Bewusstseinsfeld geschaffen.

Auch hier gilt wie generell: *Use it or lose it,* wörtlich: »Benutze oder verliere es.« Frei übersetzt auch: »Wer rastet, der rostet.« Wenn zum Beispiel alte, überwiegend allein gelassene Menschen ihr Hirn kaum mehr nutzen, schrumpft es ähnlich wie unbenutzte Muskeln.

Warum nur machen wir so wenig, tatsächlich fast nichts, aus solchem Wissen? Wir könnten unser Hirn ein viel längeres Leben lang systematisch fordern und fördern und hätten so viel mehr davon – vom Hirn und vom Leben.

Epigenetik

Wem die Neuroplastizität noch nicht reicht, dem mag das relativ neue Forschungsgebiet der Epigenetik belegen, wie weitgehend und entgegen allen bisherigen Annahmen Lebensstilveränderungen tatsächlich in der Lage sind, die Genetik zu verändern (gr. *epí* [auf, dazu, außerdem]). Die Epigenetik untersucht die Änderungen der Genfunktion, die nicht auf Veränderungen der DNA-Sequenz beruhen und dennoch an Tochterzellen weitergegeben werden.

Persönlich kenne ich eine Frau, die genetisch schwerst mit den Mutationen für Veitstanz (Chorea Huntington) belastet ist, jenem Krankheitsbild, an dem Country- und Folksänger Woody Guthrie (1912–1967) so elend gestorben ist. Die Deutung in *Krankheit als Weg* und die Aussagen der Epigenetik ließen die Patientin so intensiv an sich und ihrem Thema geistig-seelisch arbeiten, dass sie bis heute mit über sechzig nicht erkrankt ist, obwohl das nach Ansicht ihrer Ärzte schon mit vierzig hätte passieren müssen. Die Neurologie tröstet sich selbst und quält die Patientin mit dem Ausdruck *Late-onset,* Spätausbruch. Dafür gibt es aber weder Belege noch Beispiele. Man nimmt also in Kauf, ihr die Hoffnung zu rauben, um das eigene Weltbild nicht der Wirklichkeit anpassen zu müssen. In dieser Hinsicht ist die Schulmedizin prinzipiell nicht weitergekommen als zu den Zeiten, in denen sie Semmelweis' und Listers bahnbrechende Entdeckungen verkannte, ignorierte, lächerlich machte und bekämpfte. Noch immer gilt also Mahatma Gandhis Erkenntnis bezüglich der Durchsetzung neuer Gedanken: »Zuerst ignorieren sie dich, dann lachen sie über dich, dann bekämpfen sie dich, und dann gewinnst du.« Auch hinter dieser Haltung stecken frühe(re) Prägungen und das drittwichtigste Schicksalsgesetz: Im Anfang liegt alles. Alles Weitere folgt dem zweitwichtigsten Gesetz der Resonanz: Wir finden nur, wonach wir suchen, wozu wir Resonanz haben. Einstein fand seine Teilchen und Young seine Wellen.

Wer von Anfang an auf eine materielle Welt geprägt ist, wird auch nur sie suchen und finden, obwohl ihr Anteil an der Wirklichkeit so ungeheuer minimal ist. Zum Schluss aber wird, nach dem wichtigsten der Schicksalsgesetze, dem der Polarität, doch der Gegenpol ans Licht (der Wahrheit) kommen. Die Frage ist nur, wie lange wir es uns noch leisten wollen, der Wirklichkeit Widerstand zu leisten.

So steckt also die Unkenntnis der drei entscheidenden Spielregeln des Lebens hinter dem Phänomen der Verkennung letzter Wirklichkeit und nicht böse Absicht oder entsprechender Wille. Was mich an dieser »eminenzblasierten« Schulmedizin so stört und von einer wirklich evidenzbasierten Medizin träumen lässt, ist systemimmanent und nur durch Verständnis zu durchschauen und zu (er)lösen. Die notwendige Evidenz liegt längst vor. Was für ein Segen wäre es, sie endlich umfassend wahr und wichtig zu nehmen! Einzelne tun das bereits und belegen damit diese Möglichkeit.

Wie viel schöner wäre es doch, der Veitstanz-Patientin zu vermitteln, sie habe die Genetik überwunden und ihre zweite Lebenshälfte gerettet. Ist es nicht eine ungeheure Erleichterung und geradezu himmlische Erkenntnis, über die genetische Prägung hinauswachsen zu können? Es ist möglich, wenn wir es für möglich halten und uns erlauben, daran zu glauben, sowie ein entsprechendes Feld aufbauen. Das ist das Ziel von Forschern wie Bruce

Lipton, der von der Epigenetik kommt, Eric Kandel, der das Nervensystem zum Ausgang nahm, Gerald Hüther, der das Wissen davon popularisiert, von Trainern wie Joe Dispenza und mir, die die Anwendung dieses neuen Weltbilds mit seinen Konsequenzen vermitteln und davon träumen lassen, Wunder – lediglich durch Anerkennung der längst belegten Wirklichkeit – alltäglich und selbstverständlich erscheinen und werden zu lassen.

Es ist leicht durchschaubar, wenn Zukunftsverweigerer sich Rationalisierungen und Wortschöpfungen wie *Late-onset* bedienen, um sich vor dem neuen, so ungleich hoffnungsvolleren Weltbild und entsprechendem Umdenken zu schützen. Dabei ist heute weniges wichtiger, als die so naheliegende Hoffnung zu wecken. Das kann am ehesten geschehen durch die Verbreitung der wissenschaftlichen Beweise für die Dominanz der Welt der Schwingungen und Wellen, der Neuroplastizität und Epigenetik und der nun seit vier Jahrzehnten bewährten Krankheitsbilderdeutung.

Die Macht der Prägung

Hinter der Ignorierung dieser Entdeckungen der neuen Welt(sicht) und ihrer ungeheuren Chancen steckt also kein böser Wille, sondern »nur« die Macht anfänglicher Prägungen und daraus folgender nicht durchschauter Resonanzen und Felder.

Letztlich geht es nicht nur um völlig neue Wege der Genesung und Heilung im tieferen Sinn, sondern auch um unsere geistig-seelische und spirituelle Entwicklung. Beides wird durch Hängenbleiben an alten Prägungen blockiert. Das reicht von Lebensentscheidendem bis hin zu Banalem.

Ein simpler, längst erkannter Kommafehler vor Jahrzehnten führte beispielsweise dazu, Millionen Kinder bis heute wegen seines vermeintlichen Eisenreichtums mit Spinat zu quälen (statt 3,5 sollte er angeblich 35 Milligramm Eisen pro 100 Gramm enthalten). Der Beistrich ist längst wieder eingefügt, aber das durch den Irrtum entstandene Feld besteht weiter, hat schon Generationen von Müttern geprägt und Kinder drangsaliert und tut dies weiter.

Entsprechend wissen wir heute schon so manches, was so vielen so sehr helfen könnte, allein wir verbreiten und nutzen es kaum, weil frühe Prägungen dem entgegenstehen.

Wie mächtig solche Prägungen sind, konnte der österreichische Verhaltensforscher Konrad Lorenz (1903–1989) mit seinen Graugansexperimenten beweisen, wofür er im Jahr 1973 zusammen mit dem niederländisch-englischen Zoologen und Ethologen Nikolaas Tinbergen (1907–1988) sowie dem österreichischen Zoologen und Verhaltensforscher Karl von Frisch (1886–1982) den Nobelpreis für Medizin oder Physiologie erhielt. Obwohl die auf sein prägnantes Gesicht geprägten Gänseküken ihm zeitlebens hinterherliefen und -schwammen, brauchte es ewig lange, Geburtshelfer dazu zu bringen, neugeborene Menschenkinder auf das Gesicht ihrer Mutter anstatt das fremder Hebammen oder GynäkologInnen zu prägen. Die ganze Macht der Prägung hat sich noch immer nicht herumgesprochen. Wer hätte etwas dagegen? Aber alle Menschen hätten bezüglich Heilung und geistig-seelischer und spiritueller Entwicklung sicher sehr viel davon, denn das drittwichtigste der Schicksalsgesetze lautet ja »Im Anfang liegt alles«. Aber auch wissenschaftliche Bestätigung und Beweisführung haben gegen die Kombination aus frühen Prägungen und alten Interessen wenig Chancen. Wie ist diese Situation aufzubrechen, damit uns das neue Wissen helfen kann, alte Vorurteile zu überwinden und neue Chancen zu eröffnen?

Wir denken Zehntausende von Gedanken pro Tag, und über 90 Prozent davon sind – nachweislich – die gleichen wie am Vortag. Jeder Tag wird so zum Vortrag für den nächsten. Und wir merken meist nicht einmal, wie wir uns von unseren Gedanken an der Nase herumführen lassen und uns beständig im (selben) Kreis drehen.

Diese immer selben Gedankenmuster prägen uns bis in die Körperlichkeit. Unsere Programmschallplatte hat gleichsam einen Sprung, an dem wir unbewusst hängen bleiben. Aber schlimmer noch, das prägt mit der Zeit den »Plattenspieler«, unsere »Festplatte«. Wir haben also ständig dasselbe »auf dem Schirm«, und zwar genau das, worauf wir geprägt und programmiert sind.

Ob es im Talmud steht, wo ich es nicht finden konnte, oder doch auf den englischen Schriftsteller Charles Reade (1814–1884) zurückgeht, es ist ein Klassiker: »Achte auf deine Gedanken, denn sie werden Worte, achte auf deine Worte, denn sie werden Handlungen. Achte auf deine Handlungen, denn sie werden Gewohnheiten. Achte auf deine Gewohnheiten, denn sie werden dein Charakter. Achte auf deinen Charakter, denn er wird dein Schicksal.«

Übersetzen wir diese alte Weisheit in unsere wissenschaftliche moderne Zeit, können wir sagen: Immer gleiche Gedanken werden zu immer gleichen Worten, Handlungen, Gewohnheiten und Routinen, formen und erhalten den gleichen Charakter und das entsprechende Leben(sschicksal). So kommen wir einfach nicht voran und treten auf der Stelle, ohne es meist zu bemerken. Mein »Lieblingsheiliger« Franz von Assisi (ca. 1181–1226) nannte den Körper »Bruder Esel«, wohl weil er so fest geprägt und so stur ist. Der heilige Franziskus liebte Tiere und wohl auch den geduldigen, unglaublich belastbaren Esel. Umzudenken ist schwer für uns(eren) Esel, aber es ist möglich, wenn auch mit einigem Aufwand. Wir setzen nur – wie gesehen – chronisch aufs immer gleiche, falsche Pferd. Die Wissenschaft weiß seit Langem um diesen Irrtum. Es ist Zeit, aufzuwachen und aufzustehen für die Wirklichkeit.

Der Lehre vom Heilwerden folgend, der Salutogenese, müssen wir das Problem erst durchschauen, um es im zweiten Schritt ändern zu können (lat. *salus* [Wohl], *genesis* [Entstehung, Schöpfung]). Dann lässt es sich im dritten Schritt in den Gesamtzusammenhang unseres Lebens einfügen und ergibt Sinn.

Rituale als Lösungen
Ist das alles durchblickt, bleibt die Frage, *wie* wir es ändern können. Rituale zum Beispiel sind altbewährte, bis heute in Resten erhalten gebliebene Möglichkeiten, Muster um- und neu zu prägen. Wird jemand in einen Orden aufgenommen, in dem es darum geht, das Leben neu zu ordnen und sich dieser Ordnung zu unterstellen, wird er als Neophyt, als »Neugepflanzter«, in einem feierlichen Ritual in die neue Erde gesetzt. Meist bekommen die nun in den Bund Aufgenommenen auch andere Namen: *Nomen est omen,* der Lebenssinn wird verändert. Solche neuen Namen sind nicht nur bei indigenen Völkern, sondern auch in spirituellen Orden üblich. Aufnahme- und Beförderungsritual spielen die entscheidende Rolle. Selbst bei rein weltlich orientierten Serviceklubs wie Rotariern, Lions und so weiter werden sie noch zelebriert, auch wenn hier die gesellschaftliche Bedeutung im Vorder- und die wirtschaftliche im Hintergrund entscheidendere Rollen spielen mögen.

In archaischen Gesellschaften wurden Lebensübergänge – etwa von der Jugend ins Erwachsenensein – mit sogenannten *rites de passage* mehr begangen als gefeiert. Ein Überbleibsel einer »Naghol« genannten Zeremonie auf der Pazifikinsel Vanuatu ist das moderne Bungee-Jumping. Dabei springen Männer von einem Holzgerüst in die Tiefe. Ähnlich soll ein solcher Mannbarkeitsritus in Ostafrika entstanden sein. Allerdings ging es für die Jungen damals darum, erwachsen zu werden. Heute sind davon nur Mutproben für Nichterwachsene im Rahmen der Fun- und Freizeitgesellschaft geblieben. Es fehlt die Ladung, die geistig-seelische Einbindung ins neue Feld. In dem Maße wie Menschen dieses Feld wahr- und wichtig nehmen, wirken diese Rituale. Und vergessen wir nicht, wir bestehen weitestgehend aus Energie und leben in einem Wellenmuster, auch wenn wir das weiterhin zugunsten einer minimalen Materiewelt verkennen.

Die einsteinsche allgemeine Relativitätstheorie, die das ebenfalls so überdeutlich macht, mag daran erinnern: $E = mc^2$. Energie ist Masse multipliziert mit dem Quadrat der Lichtgeschwindigkeit (ca. 300 000 km/sec). 300 000 x 300 000: Die Energie ist demnach um den Faktor 90 000 000 000 größer als die Masse.

Menschen, die die Energie des Wellenmusters in ihr Leben einbeziehen, sind insofern die eigentlichen Realisten. Jene, die sich an die minimale Materie klammern, sind Träumer in einem unrealistischen Traum. Aber da die große Mehrheit diesen unrealistischen Traum träumt, bestimmt er unser Leben, und die Wirklichkeit bleibt auf der Strecke und den allermeisten verborgen. Hinter Maya und dem Schleier der Isis bleiben ihre Sinne gefangen von den schon erwähnten Täuschern Raum und Zeit.

Rituale beziehen sich dagegen auf die Energieebene, die entscheidende, wirklich überwiegend wirkende Wellenwirklichkeit, aber sie sind bis in die materielle Scheinwelt spürbar. Sie wirken seit unendlichen Zeiten und tun es bis heute in die moderne materielle Welt hinein. Schamanen und Ritualpriester haben das immer gewusst. Aber auch naturwissenschaftliche Forscher wie Nikola Tesla (1856–1943) erfassten diese Welt der Wellenenergie schon ungleich weitgehender als die Menschen unserer Tage. Die sind sich mehrheitlich weder der Ritualwirkungen noch der Wellenwirklichkeit bewusst.

Eine katholische Eheschließung etwa ist nicht in jeder Hinsicht und auf allen Ebenen mit einer standesamtlichen Scheidung zu lösen, wie ich oft anlässlich Psychotherapien und Beratungen erleben konnte. Vor allem Exehefrauen klagen nicht selten, auch wenn sie sich nach der Scheidung mit neuen Partnern ungleich wohler fühlten, vom ehemaligen Gatten nicht so recht loszukommen. Im Judentum werden deshalb Scheidungen ganz offiziell mit Ritual in der Synagoge vom Rabbi durchgeführt, in Italien in der Kirche illegal gegen einen entsprechenden Obolus von Priestern. Aber auch bei uns gibt es immer wieder Versuche ritueller Trennungen.

Zwei mir bekannte Eheleute, die sich »auseinandergelebt« hatten, sich darin aber einig und in Achtung füreinander und in Liebe zu ihrer Tochter verblieben waren, schufen ihr eigenes Ritual. Sie luden die ehemalige Hochzeitsgesellschaft wieder möglichst vollständig ein und inszenierten ein entsprechendes Auflösungsritual. Gemeinsam schnitten sie ein Hochzeitsbild vorsichtig auseinander, möglichst ohne dabei einander wehzutun. Ein Goldschmied schmolz vor den Gästen ihre Eheringe ein und schmiedete daraus unter Einsatz eines wertvollen Steins einen Ring für die anwesende Tochter, die sich geehrt und von beiden wertgeschätzt fühlte. Nach einer Reihe solcher Übungen, natürlich auch einem gemeinsamen Scheidungsmahl, fühlten sie sich getrennter und damit wohler, als es die wenn auch freundliche und friedliche gerichtliche Scheidung allein vermocht hätte.

Wer sich diese Ebene der Muster und Energien erschließt, wird nicht nur verstehen, warum Rituale wirken, sondern auch, wie das Gesetz des Anfangs funktioniert. Materialisten stützen sich bei ihrer Einschätzung auf weniger als 0,1 Prozent der Wirklichkeit, haben dafür aber eine solide Mehrheit auf ihrer schmalen Seite.

Tatsächlich wissen viele, wie wenig Glück Materie und entsprechender Besitz bringen. Wer sein Herz an Materie hängt, wird eher besessen und hängt fest. Trotzdem ist es schwer, Materialisten davon zu überzeugen, wie sehr sie sich in eine Sackgasse verlaufen und wie bedeutungslos die Materiewelt letztlich ist. Allerdings reicht eine schwerwiegende Diagnose, um diese Illusion schlagartig zu beenden.

Weniger traumatisch könnte die Kenntnis der modernen Placebo- und Noceboforschung weiterhelfen (lat. *placebo* [ich werde gefallen], *nocebo* [ich werde schaden]). Wir wissen heute beispielsweise durch die Arbeiten des texanischen Orthopäden Bruce Moseley, dass althergebrachte Operationen nicht besser wirken müssen als den PatientInnen vorgetäuschte Scheinoperationen. Die

Wirkung ist direkt nach der »Operation« spürbar und auch noch ein Jahr später. Das einzig Gleiche ist in beiden Fällen das gar nicht als solches erkannte und verstandene Ritual.[10]

Umgekehrt konnte der deutsche Professor Hartmut Schröder in einem Noceboexperiment belegen, dass nur die Erwähnung einer seltenen Nebenwirkung diese fünfzehnmal häufiger hervorbringt als das Pharmakon selbst.[11] Der immaterielle Effekt reiner verbaler Erwähnung im Ritual der ärztlichen Praxis wirkt also um ein Vielfaches stärker als die chemische Medizin. Die »Droge Arzt« und das Ritual der Verschreibung und Verordnung wirken demnach ungleich stärker auf die Materie des Körpers als diese selbst – im guten (Placebo) wie im schlechten (Nocebo) Sinn.

Letztlich anerkennt die Schulmedizin das längst indirekt, nur ohne es zuzugeben. Ansonsten wäre die Forderung nach Doppelblindstudien sinnlos. Bei diesen dürfen sowohl die PatientInnen wie auch die verordnenden Ärzte nicht wissen, wer die wirkliche und wer die Scheinmedizin bekommt. Das Ziel von Doppelblindstudien ist doch offensichtlich, die Energieebene auszuklammern. Was aber kann herauskommen, wenn man die entscheidende, für mehr als 99,9 Prozent der Wirkung verantwortliche Ebene vorsätzlich blockiert? Das Wesen von Heilung wird man so wohl nicht verstehen.

Wir dürfen uns fragen: Ist es nicht langsam an der Zeit, Kraft und Macht des Energiefeldes wahr- und wichtig zu nehmen und damit die Fülle aller Möglichkeiten anzuerkennen und zu nutzen?

Gründe für die Erfolgsgeschichten neuer Prägung

Wer täglich zu mehr als 90 Prozent dieselben alten Gedanken denkt, lässt sich jedenfalls von ihnen prägen. Zugleich blockiert er sich damit für neue und wundervolle Möglichkeiten wie sogenannte Wunderheilungen. Wo es dagegen gelingt, die alten Denkmuster zu durchschauen und sich neue einzuprägen, werden Spontanremissionen möglich, die ich deutlich öfter miterleben durfte, als mir statistisch gesehen zustand. Heilt nach der alten Doktrin Unheilbares wider Erwarten der Schulmediziner doch, war solch eine Neuprägung im Spiel. Erkannten KrebspatientInnen ihr bisheriges Leben als Sackgasse, setzten sie sich völlig neue Ziele und die daraus folgenden Erkenntnisse auch konsequent um, roch es für mich verdächtig oft nach Wunder. Wer jedoch nur den BeraterInnen zuliebe seine Ernährung halbherzig umstellt – etwa die Kekse auf die andere Seite des Computers –, dazu ein paar Nahrungsergänzungsmittel schluckt und sein Fasten zur Nulldiät degradiert, gönnt sich zu wenig Neues, Entscheidendes, um das Blatt zu wenden.

Dabei könnten wir täglich neu denken, fühlen und Wunder wirken. Die Physik belegt seit Langem, dass wir unser Universum in jedem Moment neu schaffen. Aber da das immer nach dem gleichen alten Muster geschieht mit über 90 Prozent gestrigen Gedanken, kommt – gemessen an den Möglichkeiten – wenig wirklich Neues und Wundervolles dabei heraus.

Das Wissen der neuen Physik jetzt endlich umzusetzen, ist in vieler Hinsicht überfällig, um erstens mit unserer Gesundheit wieder ins Reine, aber zweitens auch und vor allem auf dem spirituellen Entwicklungsweg voranzukommen. Diesem Punkt waren wir schon einmal näher, als der Physiker und Philosoph Fritjof Capra *Das Tao der Physik*[12] schrieb, als Gary Zukavs *Tanzende Wu Li Meister*[13] erschien und Rupert Sheldrake die morphogenetischen Felder publik machte.[14] Inzwischen ist so viel weitere Bestätigung hinzugekommen, und neue Erkenntnisse beginnen die Welt zu erobern. *Corona als Weckruf* habe ich durchaus ernst gemeint. Wir kommen aus der Gemeinschaft und müssen deren Wichtigkeit neu entdecken und sie wiederbeleben.

Der niederländische Historiker Rutger Bregman hilft uns dabei mit »Humankind« auf die Sprünge, der Schweizer Historiker Daniele Ganser rät uns, die ursprüngliche Menschheitsfamilie in uns wiederzubeleben. Bregman zeichnet uns ein neues, so viel schöneres Bild der Menschheit, Ganser ein gerechteres der Welt.

Corona als Weckruf sollte ursprünglich ganz anders heißen: »Sind wir noch zu retten!? Ja, und wie?!« Aber die Zeit war wohl noch nicht reif dafür. Der aktuelle Titel machte es zum Bestseller, schränkte es aber auch sehr auf dieses eine Thema ein, über das es tatsächlich weit hinausweist. Jetzt ist die Zeit reif, und wir sind durchaus noch zu retten, sollten damit allerdings auch allmählich beginnen. Konflikte haben wir genug und daraus erwachsende Krisen erst recht. An jeder können wir wachsen und darüber hinaus so erwachsen werden, jede(r) für sich und alle zusammen.

Heimgekehrt in die Menschheitsfamilie, aus der wir *stamm*en, werden unsere Chancen zur Individuation, jener vom Schweizer Psychiater C. G. Jung (1875–1961) beschriebenen Selbstverwirklichung, ungleich größer und unser Leben mit Perspektive und Sinn so viel erfüllter und schöner.

Geführte Meditationen

Mit den modernen bildgebenden Verfahren wie Computer- und Magnetresonanztomografie (CT und MRT) ist es so gut wie ohne Strahlenbelastung möglich zu beobachten, wie unser Gehirn auf alle möglichen Situationen reagiert. Seit Wilhelm Röntgens (1845–1923) bahnbrechender Entdeckung, wie wir in den Körper hineinschauen können, sind wir so viel weitergekommen und können heute nicht nur dem Gehirn bei seiner Arbeit zuschauen, sondern auch erkennen, welche seiner Areale mit welcher Intensität auf verschiedenste Situationen reagieren. Das hat vielfältige Forschungen mit Innenschau des Gehirns ermöglicht. Dabei wurde festgestellt, dass es kaum einen Unterschied im Hinblick auf seine biochemische Wirkung macht, ob wir ein Ritual oder eine Situation wirklich durchleben oder uns »nur« sehr lebhaft vorstellen. So kommt der Kraft und Macht unserer Imagination also große Bedeutung zu.

Das heißt, sogenannte geführte Meditationen zum Beispiel, bei denen wir in tiefer Entspannung oder sogar Trance Vorstellungen in der Seelen-Bilder-Welt durchleben, können uns bei der Konfliktlösung und Krisenbewältigung zum Königsweg werden. Das kann aber noch viel weiter gehen bis zur Vorstellung von Heilung und sogar Befreiung und Erleuchtung. Spontanremissionen, die moderne Umschreibung von Wunderheilungen, bekommen durch diese Hirnforschungen ihre Erklärung. Wie gesagt ist es in bestimmten Fällen (im positiven Sinne) »gleich-gültig«, ob eine Operation wirklich handwerklich durchgeführt wird oder nur in der Vorstellung und im tiefen Glauben der PatientInnen geschieht. »Im positiven Sinne« meint also auch »gleich-wertig« und »gleichbedeutend«, jedenfalls wenn wir zutiefst von diesem Glauben überzeugt sind. Hier dürfte die Erklärung liegen für manche Erfolge der sogenannten Geistchirurgie, wie sie beispielsweise auf den Philippinen verbucht werden.

Die enorme Durchschlagskraft selbsterfüllender Prophezeiungen findet hier ebenfalls ihre rationale Erklärung. Das enthüllt auch die Schattenseiten moderner unbewusster Praktiken, wie vor allem der Zuweisung von Lebenszeit nach dem Motto »Sie haben nur noch höchstens ein halbes Jahr, ordnen Sie Ihre Angelegenheiten«. Sein Leben in Ordnung zu bringen und auch geordnet abzuschließen, ist sicher richtig und wichtig, aber die Lebenszeit im Sinne der Schicksalsgöttinnen zu bestimmen, ist ein schlimmer, weil unverantwortlicher Übergriff der Halbgötter in Weiß. Sie maßen sich eine numinose Autorität an und werden so selbst Opfer ihres tiefsten Machtschattens. Wir sollten uns also gut überlegen, was wir glauben, denn es bekommt eine größere Macht, als sich die meisten vorstellen (können). In diesem Sinne kann der Glaube tatsächlich Berge versetzen. Also gehen wir vorsichtig und überaus achtsam mit ihm um, am besten bewusst eingebettet in ein Ritual.

Geführte Meditationen bieten uns wie nichts anderes Zugang zur Schwingungswelt und -wirklichkeit des Seelen-Bilder-Reichs und gewähren uns den Schlüssel zu unzähligen in der Matrix der

Wirklichkeit existierenden Mustern und ganzen Ritualen. Wobei hier alles von der entsprechenden Ladung abhängt. Je mehr wir an das Vorgestellte glauben und es uns lebendig vorstellen, es für wahr und wichtig halten und uns davon begeistern lassen, desto wirksamer und sogar wirkmächtiger wird es.

Praktisch ist die Anwendung geführter Meditationen so kinderleicht, wie es sich für einen Königsweg gehört. Sind sie gut gesprochen, kann schon das sehr dazu beitragen, den Zugang zu den tiefen Schichten zu öffnen. Musik, die zur Synchronisierung der Gehirnhälften führt, fördert den Erfolg weiter. Bildermeditationen zu folgen, ist auch insofern ein Leichtes, sind wir doch von Kindheit daran gewohnt, Geschichten aufzunehmen und nachzuvollziehen. Eine Minute Gedankenfreiheit lässt sich für uns kaum verwirklichen, selbst nur 30 Sekunden bei einem Gedanken oder Mantra zu bleiben, ist den meisten unmöglich. Aber eine halbe Stunde bei einer Bildergeschichte zu bleiben, ist vertraut und auch Meditationseleven möglich.

Sich für sich selbst von Herzen zu begeistern, ist die große Herausforderung. Hier ist das Herz – nach meinen Erfahrungen – noch viel wichtiger als das Gehirn. Dabei kann das Wissen dem Gehirn helfen zu erkennen, wie wirksam und wichtig und lebensverändernd diese Technik ist. Das Herz überzeugen die wundervollen Erfahrungen in den Seelen-Bilder-Welten. Es liegt auf der Hand, dass uns hier von Anfang an viel mehr möglich ist als in der äußeren, auf trügerische Materie aufgebauten sogenannten Realität.

Auf Seelen-Bilder-Ebene können wir uns jederzeit einen Engel mit schneeweißen Flügeln vorstellen, der da draußen den meisten noch nie begegnet ist. Aber wir können auch – und zwar in Gedankenschnelle – die Flügel auf Rosa oder jede beliebige Farbe umfärben. Allein das Lesen des Wortes »Rosa« hat bereits genügt, und es war keineswegs anstrengend, sondern geschah wie von selbst – eben kinderleicht. Auf der übermächtigen Energieebene ist so vieles so leicht zu verwirklichen, was in der äußeren Welt gar nicht geht. Auf der Energie-Wellen-Ebene ist uns auch jede Therapieform vorstellbar, die es in der Realität noch gar nicht gibt. Die Strahlen, die nur kranke Zellen ausschalten, aber gesunde sogar fördern, existieren längst, auch bei uns – genau ab dem Moment, da wir sie uns vorstellen, und genau so lange, wie wir das tun.

Ebenso einfach können wir uns den idealen Ritualplatz ausmalen und durch häufige Benutzung immer fester in der Seelen-Bilder-Wirklichkeit verankern, egal, ob in Mutter Natur oder von unserer oder welcher Kultur auch immer geprägt. Es wäre nur gut, immer denselben mit der gleichen Musik im Hintergrund zu wählen und zu nutzen, um beides zunehmend mit Energie zu laden und auf dieser Ebene zu verankern. Letzteres ist umso leichter, je mehr wir uns auf die wirklich wichtige schwingende Energieebene einstellen.

An diesem schon bald besonders aufgeladenen Platz können wir uns jedes Ritual vorstellen, das wir auf diesem unserem jeweiligen Wegabschnitt brauchen, um weiterzukommen. Aber selbstverständlich auch jedes, um unsere Vergangenheit effektiv und tief aufzuräumen.

Tatsächlich ist es auch nie zu spät, sich vorzustellen, im körperwarmen Fruchtwasser schwebend Urvertrauen zu tanken und sich die Erfahrung der Einheit zu gönnen. Oder eine bewusste Geburt bei vollem Bewusstsein zu durchleben und ganz hier auf dieser Erde in dieser Welt anzukommen. Eine glückliche Kindheit ist immer (noch) möglich, wir brauchen sie uns nur tief und begeistert genug vorzustellen. Ähnliches gilt für die erste wundervolle Liebeserfahrung, die Entdeckung unserer Gaben und Begabungen, das Hören des Rufes, der über die Berufung zum Beruf führt – und so weiter.

Bei vorherrschenden Ängsten kann höchst effizienter Schutz auf der Seelen-Bilder-Ebene selbst in Anspruch genommen werden. Wie uns in der Nacht die Augenbewegungen durch die REM-Phasen der Träume begleiten und beschützen, können wir diese auch in den Wachtraumphasen der geführten Meditationen nutzen (das Akronym REM steht für *rapid eye movements* [schnelle Augenbewegungen]). Diese sogenannte EMDR-Technik ist noch einfacher als alles Bisherige, trotzdem ein wichtiges Tool im Kinderspiel-Baukasten dieses Wegs (EMDR steht für *eye movement desensitization and reprocessing* [Desensibilisierung und Verarbeitung durch Augenbewegung]). Es reicht, die Augäpfel hinter den geschlossenen Augenlidern hin- und herwandern zu lassen wie die Scheibenwischer beim Auto. Wer mag, kann sie auch kreisend eine liegende Acht, das Unendlichkeitszeichen (Lemniskate), malen lassen, den linken Augapfel den linken »Bauch«, den rechten Augapfel den rechten. Sobald etwas Beängstigendes in den Seelen-Bilder-Welten auftaucht, lässt sich dieses Schutzzeichen jederzeit und ebenfalls in Gedankenschnelle aktivieren. Wir rufen und denken es, und schon ist es auf dem Plan und wirkt sofort.

Begeisterungsbooster

In wundervoller Weise und ganz aus eigener Kraft kann beispielsweise der »verbundene Atem« solche Energiesp(r)itzen ermöglichen. Bei der Methode des verbundenen Atems atmen wir verstärkt mittels tiefer Atemzüge durch die Nase ein und lassen das Ausatmen ohne Pause, also *verbunden*, passiv geschehen. Diese Methode ist in vielerlei Hinsicht heilsam. Die Überladung mit Lebensenergie Prana führt zu einem Bad in Energie, das sehr häufig Begeisterung entfacht, besonders im Herzen, aber auch in allen anderen sechs feinstofflichen Hauptenergiezentren (Hauptchakren). Die ersten Schritte des verbundenen Atems sollte man allerdings nicht ohne qualifizierte therapeutische Begleitung tun, zum Beispiel in unserem Heilungsbiotop in TamanGa oder im Heilkundezentrum Johanniskirchen (Adressen im Anhang).

Ansonsten ist Verliebtheit solch eine Situation, die freilich nicht so leicht zu inszenieren ist wie der Energieüberfluss beim verbundenen Atem. Auch ein tantrisches Liebesfest oder eine Karezza-Erfahrung kann und wird häufig die Lebensenergie boostern. Tantra verbindet in bestimmten Strömungen der indischen Kultur und Religion Sinnlichkeit mit Spiritualität. Karezza (it. *carezza* [Streicheln, Liebkosung]) ist eine Sexualpraktik, bei welcher der Mann bewusst auf den Samenerguss verzichtet. Die Entkopplung von Ejakulation und Sinnlichkeitserfahrung kann tiefere Befriedigung herbeiführen.

Ekstatisches Tanzen, Reiten, Laufen, Skifahren und so weiter sind aber ebenfalls als Energiebooster geeignet …

Die Weite des mustergültigen Feldes

Der bereits zitierte Schweizer Psychiater C. G. Jung ging davon aus, dass im sogenannten kollektiven Unbewussten der gesamte Schatz unserer gespeicherten Seelenbilder von den Archetypen über die Mythen und Märchen gespeichert und über die Traum- und Tranceschiene zugänglich ist. Die hinduistische Philosophie geht noch weiter und verortet in der sogenannten Akasha-Chronik sämtliches je dagewesene und auch alles zukünftig noch zu entdeckende Wissen und die ganze Weisheit der Welt (Skrt. Ākāśa [das Alldurchdringende, der Raum]). Wer auf diesen Ebenen reisen kann, hat Zugang zu einfach allem aus Vergangenheit und Zukunft und lebt in der Gegenwart. Das Reisemittel ist die geführte Meditation, die Vorstellung unserer Seelenbilder, die uns am besten über diesen einfachen Weg zugänglich sind.

Das Wissen um die Existenz des kollektiven Unbewussten und der Akasha-Chronik im Verein mit der Methode geführter Meditationen eröffnen uns daher ein unglaubliches Feld von Möglichkeiten. Wie weit das geht, ist schwer zu beschreiben, was sich daran zeigt, dass es kaum möglich ist, die Grenzen dieses Feldes überhaupt zu bestimmen.

Beides, das unbegrenzte Wissensfeld und geführte Meditationen, sind schon längst wissenschaftlich bestätigt wie das schwingende Feld, in dem sie wirken und in dem wir leben. Lediglich sind wir mehrheitlich (noch) nicht darauf geprägt. Sonst könnten wir wie Phönix aus der Asche aus den unsere kleine und große Welt beherrschenden Konflikten aussteigen, indem wir sie (er)lösen. Dann ließe sich die Kraft des Aggressionsprinzips, statt sie in körperliche oder weltweite kriegerische Entzündungen entarten zu lassen, in Mut und Entscheidungsfähigkeit und die Tugend der Tapferkeit wandeln. Aber nicht nur die zahllosen Konflikte sind so zu lösen, auch unsere vielen unbewussten Routinen ließen sich in Rituale verwandeln – ohne Hexerei – und umfassende ganzheitliche Heilung und Versöhnung im persönlichen wie kollektiven Bereich bewirken. Welch eine Vision!

Was könnten wir noch unternehmen, die wir das erkennen, aber noch mit anderer, alter Materieprägung be- und erschweren, begrenzen und einschränken? Was könnten wir tun, um diese Vision endlich zu verwirklichen?

Je begeisterter und tiefer wir in diese Welt eindringen und uns auf ihre Seelenbilder einlassen, desto nachhaltiger und wirksamer fallen uns die Lösungen zu. Gerald Hüther hält mit Fug und Recht Begeisterung für den besten Dünger unseres Gehirns. Wie können wir uns begeistern, unsere Lebensgeister neuerlich entfachen und uns zum Umdenken auf tiefster Ebene bringen, unsere Programme umprogrammieren?

Der Weg zur Umsetzung

Um der Verwirklichung dieser großen Vision näherzukommen, können wir unsere wichtigsten frühen Lebensübergänge der ersten Lebenshälfte durchgehen und gleichsam als persönliche Entwicklungshilfe mittels Ritualen reparieren, was dort schiefgegangen und zur Basis von Konflikten und Lebenskrisen wurde. Anschließend können wir uns wieder geradeaus aufs große und letzte Ziel des Lebens ausrichten, das Einswerden mit uns und allem in der Erfahrung der Einheit oder Allverbundenheit. Auch das ist nur ein scheinbarer Widerspruch aus Perspektive der Polarität: Einheit und Allverbundenheit laufen natürlich auf dasselbe hinaus. Eins mit uns selbst, werden wir mit allem eins wie Heilige.

Für uns Menschen der Jetztzeit kommt noch erleichternd hinzu, dass uns die moderne Physik inzwischen immer einleuchtender belegt, wie wahr diese (ur)alte Überzeugung aus der Seelenwelt ist. Im riesigen Teilchenbeschleuniger der Kernforschungsorganisation CERN zeigte sich, dass aus einer Quelle stammende sogenannte phasenverriegelte Teilchen oder eben Energiewellen auf immer miteinander verbunden bleiben. Gehen wir davon aus, unser Universum sei tatsächlich, wie wiederum Astrophysiker belegen, aus dem Urknall entstanden, muss das für alle daran beteiligten Teilchen und Energien gelten.

Der nordirische Physiker John Bell (1928–1990) bewies im nach ihm benannten Theorem, dass das nicht nur für kleinste subatomare Welten, sondern generell und also auch für unsere (all) tägliche Welt gilt. Gehen wir es an, nachdem wir uns noch mit einigen gängigen Fallen befasst haben.

Affirmationsakrobatik, Wünschewesen und Verwirklichung

Da alles Energie und Schwingung ist, warum funktionieren Affirmationen, Bestellungen beim Universum und positives Denken oft gar nicht, sehr schlecht oder beschwören geradezu den Gegenpol des Schattens herauf? Eine Affirmation ist eine Bejahung, Bestätigung, eine ständige Wiederholung von Wunschformeln (lat. *affirmare* [bejahen, bekräftigen]). Tatsächlich gehen diese aber kaum je in Erfüllung.

Der Grund liegt wohl hauptsächlich in mangelnder eigener Überzeugung. Betroffene glauben selbst nicht an die gut gemeinten Beschwörungen beziehungsweise Affirmationen. Das Bewusstsein spielt einfach nicht mit, der Geist ist tief innen nicht überzeugt, die alte Prägung ist erhalten, und man flüchtet sich in die Hoffnung auf fremde Mächte.

Ähnliches erleben so viele, die sich auf Erfolgsgurus und

-coaches verlassen. Diese peitschen sie geradezu ein, indem sie letztlich nur ihre eigene Erfolgsgeschichte erzählen und dazu auffordern, sie nachzuahmen. Die erfolgssüchtigen ZuhörerInnen glauben ihnen wohl mehrheitlich, sonst würden sie nicht so hohe Preise für solche Darbietungen zahlen. Aber weil sie sich das selbst offenbar nicht zutrauen, klappt es bei ihnen nicht. Das Ergebnis sind Enttäuschte, die viel Geld eingesetzt haben, um sich einen Auftritt vor vielen ZuhörerInnen zu erkaufen. Aber selbst wenn sie ihn bekommen, allein wenn ihr Glaube an sich selbst fehlt, springt kein Funke über, und der Erfolg bleibt aus.

Deshalb ist es so wichtig, unseren Geist zu überzeugen und die wirkenden Hintergründe und Zusammenhänge zu verstehen. Ohne diesen ersten Schritt bleibt der zweite, die Wandlung, aus. Dabei können uns sowohl die alten Traditionen als auch die moderne Physik überzeugen, wesentlich immaterieller Teil eines weit überwiegend aus schwingender Energie bestehenden Universums zu sein, um die Illusion der materiellen Welt zu überwinden.

Das Prinzip ist aus der bereits genannten Salutogenese bekannt. Das ist die Lehre von der Entstehung von Heilung, die der Pathogenese gegenübersteht, der Lehre der Schulmedizin von der Leidentstehung (gr. *páthos* [Leiden, Krankheit]). Zur Heilung sind die erwähnten drei Stufen nötig: Zuerst ist das Prinzip der Krankheit zu durchschauen und zu verstehen – als Basis für den zweiten Schritt, die Umwandlung oder Veränderung. Der dritte und letzte Schritt ist die Einordnung in den Gesamtzusammenhang des Lebens, sodass sich Sinn ergibt.

Ganz ähnlich müssten wir, um unser Programm aus frühe(re)n Prägungen zu ändern, zuerst verstehen, wie weit überwiegend wir schwingende Energiewesen sind, und zweitens, wie sehr uns alte Programme prägen. Dann sind Rituale – wie die Placebo- und Noceboexperimente zeigten – durchaus in der Lage, ein anderes Programm zu bewirken.

Perspektivwechsel

Sobald wir unseren Blick vom Teilchen lösen und auf die Welle richten, kehren Entwicklung und Sinn zurück, und wir können zum Wesentlichen gelangen. Wenden wir uns also den 99,9 Prozent der Schwingungswelt zu und von den 0,1 Prozent der Materie zeitweilig ab und nehmen wir – wenigstens einmal versuchsweise – das Wesentliche wichtig und lassen das Unwesentliche weitgehend ruhen. Oder betrachten wir es lediglich als jene Bühne, auf der die Stücke spielen und verständlich werden, die im Bewusstsein bisher keinen Raum bekamen.

Dann wird jeder Konflikt als Kampf widerstrebender Kräfte oder Themen deutlich und auf übertragener, tieferer Ebene lösbar. Wir können uns, Platon (ca. 428–348 v. Chr.) folgend, die Ideenebene erschließen und auf ihr konstruktive Lösungen entdecken, wie es bei der Krankheitsbilderdeutung von *Krankheit als Weg* bis *Krankheit als Symbol* geschieht. So lösen wir Konflikte auf der sinnvollsten Ebene und ersparen uns ihr Abgleiten in Krisen. Auch wo die schon aufgetreten sind, können wir die Konflikte dahinter entdecken und zur Frage zurückkehren, wo sie begonnen haben, und erkennen, wie sehr alles tatsächlich schon im Anfang liegt. Wir werden obendrein unsere Resonanz zu dieser Krise und dem davorliegenden Konflikt entdecken und können so leichter damit fertigwerden. Wenn Einzelne das schaffen, führt es zu einem glücklichen Leben. Gelingt es vielen, erleben wir einen Wandel des Weltbilds mit wundervollen neuen Möglichkeiten.

Und es ist so naheliegend, die entscheidende Ebene zu wählen. Die Krankheitsbilderdeutung bezieht sich auf die Ideenebene und damit auf die der Energien und Wellen, die unsere Wirklichkeit wesentlich bestimmt. Die reparative Medizin dagegen spielt auf der kaum existenten Teilchenbühne. Dass sie es, nur ein Minimum der Wirklichkeit repräsentierend, trotzdem so in den Mittelpunkt geschafft hat, liegt an einem sehr gut eingeführten und tief im Bewusstsein verankerten, also eingeprägten Programm. Das alte

Wissen, die Weisheit jahrtausendealter Traditionen und Religionen, konnte dagegen nicht bestehen. Vielleicht gelingt der relativ neuen Sicht der Atom- und Quantenphysik endlich der Durchbruch auf breiter Ebene und die Verbindung von uraltem mit brandneuem Wissen.

Am Beginn jeder neuen Lebensphase liegt jedenfalls die Chance, das seinerzeit eingeführte Programm mit einem Ritual zu wandeln. Beim Ritual der Geburt, dem Eintritt in diese Welt, sind viele Neugeborene in meiner Generation wegen dessen unerträglicher Inszenierung in Ohnmacht ausgewichen und wirkten anschließend wie gar nicht wirklich angekommen in dieser Welt. Eine entsprechende rituelle Wiederholung der Geburt kann zu wirklichem Ankommen im Mikrokosmos unseres Körpers und im Makrokosmos unserer Welt führen.

Wer in Pubertät und Adoleszenz nicht erwachsen wurde wegen Mangels an Einführung in diese andere Lebensphase, kann auch das rituell nachholen. Ebenso, wer in der Lebensmitte die Kurve der Um- und Einkehr nicht schafft. Die Chance der Rituale ist gewaltig, wir brauchen sie – wie gesagt – nur wahr- und wichtig zu nehmen.

Im Anfang liegt alles

Tatsächlich fragen wir Ärzte nicht zufällig: »Wann begann es? Womit fing alles an?« Im Beginn eines Krankheitsbilds ist schon so vieles zu entdecken. Das gilt für alle Probleme und sämtliche Ereignisse.

Deutschland begann mit einem Dauerstreit zwischen Kurfürsten, die am liebsten alle selbst König sein wollten. Heute streiten sich LandesfürstInnen, die alle gern Kanzler(in) sein möchten, und finden kaum gemeinsame überzeugende Lösungen. Ich war meine ersten Lebensjahrzehnte Deutscher und habe immer wieder gestaunt, wie sich aus so viel Potenzial so wenig entwickeln lässt.

So rasch können deutsche Forscher, Ingenieure und Handwerker gar nicht erfinden, wie Politiker es wieder konterkarieren.

Die Schweiz begann mit dem Rütlischwur, wo sich ein paar Eidgenossen zur Gemeinschaft verschworen und bis heute zusammenhalten. Ob das historisch so wahr war, ist nicht mal entscheidend, das Feld des Mythos reicht. Sie regieren sich selbst in einer Basisdemokratie im Konsens statt im Dauerstreit, integrieren – im Vergleich zur Umgebung – erfolgreich Fremde in ihren bewährten Bund, halten seit damals Frieden nach innen und außen, beschließen bis heute alles gemeinsam und konnten die wundervolle Idee der Gemeinschaft bewahren. Ihren Mythos haben sie sich vom Deutschen Friedrich Schiller (1759–1805) ausgeborgt. Dass er auf einer haltlosen Geschichte beruht und die Habsburg im Schweizer Kanton Aargau steht, ändert nichts am stabilen Feld. Ich war zweimal und sehr gern B-Schweizer und habe dieses Feld sehr genossen.

Die USA sind wesentlich aus dem kriegerischen Aufstand unter Führung George Washingtons (1732–1799) gegen die englischen Kolonialherren entstanden. Die Bevölkerung stammt von den religiösen Eiferern der Pilgrim Fathers ab, von entlassenen Sträflingen im zwischen England und Frankreich entbrannten Wettstreit um die Vorherrschaft in der Neuen Welt, aus afrikanischen Sklaven und Resten der systematisch niedergemetzelten Ureinwohner. Heute haben die USA mehr Leute inhaftiert als jedes andere Land,[15] verfügen über Militärbasen an allen wichtigen Stellen der Welt, haben mehr andere Länder bombardiert als jedes andere Land und sind fast immer in Kriege verwickelt.

Ihr Mythos stammt aus dem Wilden Westen und besagt, wer zuerst schießt, ist der bessere Mann. Bis heute klammern Amerikaner sich ans Recht, Waffen zu tragen, und greifen gern zuerst ein und an. Sie leben in der Heimat der meisten Amokläufe, die sie zu *God's own country* erklärt haben, sind mehrheitlich bewaffnet und schießen sich ständig und überall nieder, sogar wegen Meinungsverschiedenheiten im Straßenverkehr. Ich habe dort eine Weile studiert, später an den bekanntesten Zentren Seminare gegeben und in keinem anderen Land auch nur annähernd so viele Fett- und Drogensüchtige im Straßenbild gesehen. Ich reise gern und habe mir die Welt angeschaut. Bisher fand ich kein Land, in dem ich weniger gern leben würde.

Wie der scheinbar unlösbare Palästinakonflikt begonnen hat, haben wir alle im Religionsunterricht gelernt. Der schon greise Abraham, dem der Bibel zufolge die Stammvaterschaft über ein großes Geschlecht vorhergesagt war, soll mit neunzig noch keinen Sohn gehabt haben, und sein Weib Sara war gleich alt. Daher hat er sich – wie in der Tradition der israelischen Stämme durchaus erlaubt – zur jungen Magd Hagar »gelegt«, um sich von ihr einen Stammhalter schenken zu lassen. Sie gebar ihm Ismael, der von Sara an Sohnes statt angenommen und so zum Erstgeborenen wurde.

Aufgrund einer eindrucksvollen Inszenierung Jahwes gebar nun aber Sara wider Erwarten doch noch den eigenen Sohn, Isaak. Jetzt hetzte sie so lange gegen Hagar und Ismael, bis Abraham die beiden in die Wüste verstieß, damals ein Todesurteil. Beide hatten sich nichts zuschulden kommen lassen, außer Saras gnadenlose Eifersucht zu erregen.

Die Prophezeiung besagte, Hagar und Ismael würden die Verbannung überleben und Nachkommen haben so zahlreich wie Sterne am Himmel, aber immer um ihre Anerkennung kämpfen müssen. Aus Ismael wurden – der Überlieferung zufolge – die Ismaeliten oder Araber und letztlich die Muslime, die immer zahlreicher werden und bis heute um Anerkennung ihrer Rechte kämpfen. Die Fortsetzung dieses Dramas erleben wir bis in unsere Tage.

Wer sich wundert, warum die christliche Religion des Katholizismus einen so entsetzlichen Schatten hervorgebracht hat wie Kreuzzüge und Inquisition, schaue auf ihren Anfang. Wie wir aus der Bibel wissen, hatte Jesus zwölf Apostel, die sein Werk verkündeten und verbreiteten. Darunter war sein Lieblingsjünger Johannes, der ihn verstand und dessen Obhut er die beiden Frauen seines Lebens, seine Mutter Maria und Maria aus Magdala, anvertraute, bevor er starb. Ein anderer war Thomas, der »Zwilling« und Zweifler, der erst an die Auferstehung glaubte, nachdem er seine Hand in die Wunde der Longinuslanze gelegt hatte. Da waren auch Judas Iskariot, der seinen Meister für Geld verriet, und dann Petrus, der Felsen, auf den er seine Lehre baute, obwohl gerade der ihn kaum je verstand und ständig verleugnete. Als Christus die Jünger ermahnte, sich nicht gegen die römischen Soldaten zu wehren, hackte Petrus einem gleich das Ohr ab. Bei der letzten Begegnung sagte Christus ihm voraus, bevor der Hahn dreimal krähte, würde er ihn bereits dreimal verleugnet haben. Petrus wies das weit von sich, aber kurz darauf war es schon so weit. Aus Rücksicht auf seine Angst und seine eigenen Interessen verriet er ihn und seine Lehre gleich dreimal in der ersten Nacht.

Wie schon bei Abraham und Saras Geschichte ist die Frage: Was könnten sich Gott und Christus dabei gedacht haben, ausgerechnet auf diesen Felsen, Petrus, ihre Kirche zu bauen? Aber sie haben es der Überlieferung zufolge getan, und damit sollte – zumindest uns Christen – gewiss etwas nahegebracht werden.

Im Anfang liegt alles. Das gilt für die Ursachen aller Konflikte und der daraus erwachsenden Krisen, auch die aus den natürlichen Übergängen entstehenden.

Übergangskrisen und -rituale

Enorme technische Fortschritte liegen hinter uns, die Fähigkeit aber, mit natürlichen Phänomenen wie Lebensübergängen fertigzuwerden, nimmt eher ab. Durchs Leben hetzend, sparen wir an allen Ecken und Enden Zeit, finden aber keine mehr, den wesentlichen Stationen unserer persönlichen Entwicklung – etwa durch angemessene Rituale – gerecht zu werden.

Im kollektiven Sinn geben wir richtig Gas. Der Übergang von der Sammler- zur Jäger-und-Sammler-Gesellschaft nahm noch viel Zeit in Anspruch, der nächste zur Sesshaftigkeit ging wohl schon rascher. Von der Agrar- zur Industriegesellschaft vollzog er sich rasant, aber immer noch langsam, verglichen mit dem zur Informationsgesellschaft, bei dem schon viele nicht mehr mitkamen, sondern schlicht abgehängt wurden. Den Übergang zur digitalen Gesellschaft haben Mehrheiten überhaupt nicht mehr mitbekommen – vor allem in ärmeren Teilen der Welt. Der zur künstlichen Intelligenz (KI) bleibt völlig verkannt, obwohl die Konsequenzen schon sehr bald alle treffen werden.

Die Übergänge zwischen den individuellen Lebensphasen erlebt die Mehrheit in unseren Breiten inzwischen ebenfalls zunehmend unbewusst und nebenbei. Bei Empfängnis und Geburt gestehen wir Neuankömmlingen noch »kein richtiges« Bewusstsein zu. Pubertierende gelten als kaum zurechnungsfähig, sie werden so weit als möglich einfach ignoriert. Eine definitive Abnabelung vom Elternhaus findet oft nicht mal mit der Adoleszenz statt, sondern fällt häufig einfach flach.

Partnerschaft findet zunehmend an Singlebörsen mehr oder meist weniger niveauvoll zwischen Parship und Tinder statt. Die Ehe weicht vermeintlich bequemerem Singledasein oder wird zur Wiederauflage von Mutter- respektive Vaterbeziehungen.

Jobs lösen Berufe ab, der Ruf an die Seele wird zunehmend überhört oder ignoriert, und insofern fällt die Berufung flach. All das aber befriedigt immer mehr Menschen immer weniger, was sich partnerschaftlich wie beruflich in immer häufigerem Wechsel spiegelt. Weniger Befriedigung und Zufriedenheit führt zu weniger Frieden im eigenen Innern, in der Familie und zwischen Gruppen und Ländern. Dabei sehnen wir uns fast alle so sehr nach Frieden, Liebe, Partner- und Gemeinschaft und einem erfüllten beruflichen Leben und überhaupt letztlich nach Erfüllung.

Wechseljahre und Lebensmitte überspielen wir, so gut es geht, und es geht nicht besonders gut. Hormongaben, Neuverspannungen der Gesichtshaut und sonstige Ablenkungsmanöver können nicht nachhaltig befriedigen oder gar dem Leben Sinn verleihen. Noch so engagiertes Überspielen und Verdrängen lassen die letzten großen Übergänge, Alter und Tod, statt zu einem Geschenk und der großen (Er)lösung eher zu besonders erbärmlichen Krisen missraten.

Als wären das nicht genug Probleme und Schwierigkeiten mit den großen Lebensübergängen, kommen noch dauernd weitere Herausforderungen hinzu, die ihre Wurzeln im *Scheitern* der Übergänge haben. Sie zu ignorieren, verschafft uns statt intensiver Lebensphasen in Übergangszeiten Dauerstress mit krisenhaften Alltagen.

Häufiger Partner- wie Jobverlust führt zu (Verlust)krisen und offenbart Loslassprobleme. Sich überall abzeichnende Rentenkrisen zeigen, wie wir, als Gesellschaft über unsere Verhältnisse lebend, unsere ungelösten Konflikte und daraus erwachsenen Krisen einfach eskalieren lassen und weitervererben. Der große Feierabend nach anstrengendem Berufsleben droht zu misslingen wie der alltägliche nach anstrengenden Arbeitstagen. Von früheren Generationen haben wir den Ausdruck »Feierabend« geerbt, aber statt zu feiern, schaffen wir uns zunehmend klagendes und sogar heulendes Elend.

Würden wir unsere Konflikte mutig angehen, ginge viel mehr, wir könnten sie lösen, uns Krisen ersparen und das Leben mehr und erfüllter feiern.

Wir haben so vieles auf den Kopf gestellt und leiden darunter. Wo Eltern früher ihren Kindern den Absprung aus dem Nest erleichterten, sprechen wir heute von Rabeneltern. Die Diagnose »Leeres-Nest-Syndrom« beklagt die damals ersehnte Situation flügge werdender Jugendlicher, die ausfliegen, wohin es sie zieht, um die Eltern dadurch zu befreien. Deren so wieder ermöglichte

Ausflüge sind aber inzwischen oft eher zu Kaffeefahrten heruntergekommen. Im verlassenen Nest hocken bleibend und jammernd, versuchen viele, die Jungen viel zu lange zurückzuhalten oder gar wieder heim in die Falle zu locken. Die Familie wird so zur Falle, anstatt zu einem Ort der Regeneration und Sprungbrett ins Leben.

Dahinter steckt ein krankhaftes Nichtloslassen von Vertrautem, Bequemem und insofern das Nichtakzeptieren des Neuen, Veränderlichen, also Widerstand gegen das Wellenmuster. So gut gewohnte Programme in der Vergangenheit des Wellenbergs funktioniert haben mögen, in der Gegenwart des Wellentals sind sie unangemessen und lassen uns leiden.

Ein (Rück)blick auf archaische Gemeinschaften, die mittels Passageriten diese Übergänge leichter bewältigten, meint nicht, wir sollten zu ihnen zurückkehren, sondern von ihnen und von der Gemeinschaft des *Anfangs* lernen. Da kommen wir her, da dürfen wir das Wert- und Wundervolle in unseren Wurzeln wiederentdecken. Mit den Ritualen haben wir die aus Urzeiten bewährte Methode, uns umzuprogrammieren, zur Bedeutungslosigkeit verkommen lassen. Dabei ist so leicht zu erkennen, wie bei uns kaum noch ein Junge zum erwachsenen Mann heranwächst, während das bei indigenen Völkern mittels Ritualen regelmäßig allen gelang. Wir lassen das Programm Kind einfach nicht mehr los und landen zunehmend in einer Kindergesellschaft, in der große Buben an den Hebeln der Macht Wirtschaft und Politik steuern, böse Buben Kriege anzetteln und mit ihren Mädchen schon nicht mehr angemessen umzugehen wissen, sobald die sich zu erwachsenen Frauen entwickeln.

In Psycho-, Eso- und Erfolgsguruszenen wird ständig mit immer neuen Methoden, Tricks und Geheimtipps versucht, die Programme zu wechseln. Positives Denken, Affirmationsakrobatik und Wunschtheater bis zum Universum sollen neue, erfolgreiche und glückliche Menschen hervorbringen – und tun es einfach nicht. Das zu verstehen, kann dieses Buch helfen.

Rituale könnten das leisten, wie etwa schon die Beispiele der Placebo- und Noceboversuche zeigten.

Übergangsrituale

Die meisten sich für aufgeklärt haltenden westlichen Menschen empfinden den Mangel an Ritualen gar nicht. Viele dürften heute sogar froh sein, von derartigem »Aberglauben« frei zu sein. Gerade dann könnte es erstaunlich sein, wie viele Rituale das moderne Leben doch noch immer enthält. Sie wirken nur viel geringer wegen des Mangels an Bewusstheit und positiver Absicht. Denn genau daraus beziehen sie ihre Kraft.

Wer einen Blick dafür entwickelt, erkennt überall Zwangsrituale bei Abschließversuchen an Autos trotz Zentralverriegelung, an den Schrittmustern auf Trottoirplatten. Andere zählen bei Zugfahrten verbissen vorbeiziehende Strommasten. Wieder andere lesen Werbung vor- und rückwärts – sicher ist sicher. Nicht wenige folgen besonderen Waschritualen oder verwandeln ihren Toilettensitz in einen Thron. Manche markieren unbewusst ihr Revier, wozu sie Ecken von Gegenständen oder Türen mehrfach anfassen – und so weiter und so fort.

Neben solch zwar oft skurrilen, aber harmlosen, in der Fülle jedoch wieder lästigen Handlungen gibt es genügend mit Krankheitspotenzial. Den insgesamt eher obsessiven Grundcharakter unserer modernen Gesellschaften verraten bedrückende Zwangssymptome. Sie können nicht wenigen das Leben zur akribisch geordneten, x-fach kontrollierten Hölle machen. Wer sich über hundertmal am Tag die Hände waschen muss und massive Ängste erlebt, wenn er es unterlässt, ist ziemlich schwer behindert. Bei solchem Waschzwang geht es offenbar nicht mehr um äußerlichen Schmutz, sondern solchen im übertragenen Sinn und zumeist aus ganz anderen Zeiten. Blut und Dreck können energetisch an den Händen kleben, und man(n) kann sie auch am Stecken haben.

Die Quelle solch unendlich wiederholter Reinigungsrituale

findet sich zumeist in alten verpfuschten Ritualen, die aus der Versenkung hochdrücken und nur nach bewusster Konfrontation und neuerlicher Einordnung in die Zeit endgültig loszulassen sind. Äußerliches Waschen mit noch so effektiven Mitteln bringt immer nur kurzfristige Erleichterung, aber niemals nachhaltige Besserung. Gleiches gilt für verschiedenste Formen von Putz- und Kontrollzwängen.

Typisch für zwanghaftes Geschehen ist die enorme Angst, die bei Unterdrückung der Zwangshandlung auftritt. Hinter vielen neurotischen Symptomen stecken verpfuschte Rituale. So gesehen ist unsere aufgeklärte moderne Gesellschaft nur eine neue, kränkere Form der alten ritualisierten Gemeinschaft vom Anfang.

Aber nicht nur dieser psychiatrische Blickwinkel enthüllt verpfuschte Rituale, es gibt sie auf vielen Ebenen von gesellschaftlicher Bedeutung. Das Rechtswesen etwa ist voll davon. Tragen nicht auch männliche Richter Kleider als Ritualroben und mancherorts oft sogar Perücken, um rituell in die Rolle der Justitia zu schlüpfen? Warum müssen wir aufstehen, sobald das zu verehrende Gericht einzieht? Warum werden all die Regeln so streng und ritualisiert durchgeführt? Warum darf der Richter nicht erlauben, dass ein Angeklagter sitzen bleibt?

Die Medizin ist voller ähnlich unlogischer Regeln, die nur unter rituellen Gesichtspunkten Sinn ergeben. Nicht selten werden sie mit eigenartigen und oft sogar falschen Argumenten verteidigt. Die bevorzugte Farbe Weiß ist in der Medizin weder hygienischer noch sinnvoll. Im Operationssaal würde sie viel zu sehr blenden und wird schon lange durch Grün oder Blau ersetzt, ansonsten jedoch hartnäckig bewahrt.

Ritualstrukturen zeigen sich auch in Konzernen, Firmen, beim Militär, allen Repräsentationsveranstaltungen, Verhandlungen. Aber auch im Alltag vom morgendlichen Toilettenritual über Mahlzeiten bei Tisch bis zum Zubettgehen.

Warum sind Abkommen mit Handschlag oder Unterschrift zu

besiegeln und Verträge zu unterschreiben? Das Rückgrat der alles beherrschenden Geld-Welt-Religion, der Geldverkehr, ist letztlich ein magisches Spiel mit Zahlen von weitgehend rituellem Charakter. Aber selbst der Straßenverkehr, Lieblings- und Sorgenkind moderner Industriegesellschaften, ist strengstens geregelt und damit schon auf dem Weg zum Ritual. Regeln sind wie Rituale einzuhalten, nicht immer, weil sie logisch wären, sondern weil sie das Ritual regeln.

Ganz offenbar benutzen und brauchen wir in allen Bereichen auch des modernen Lebens Rituale. Sie sind uns nur noch selten als solche bewusst, obwohl manchmal so offensichtlich und wirksam, selbst wenn sie unbewusst ablaufen. Gibt es eine innere Instanz, die uns unbewusst Ersatzrituale suchen und finden lässt, wenn althergebrachte abgeschafft oder heruntergewirtschaftet sind?

Die frühen Rituale unserer Kultur können uns noch zeigen, worum es in alten Zeiten ging: Die sieben Sakramente der katholischen Kirche sind Rituale zur Bewältigung der großen Übergänge des Lebens. Wie ihr Name schon sagt, sind es heilige Handlungen mit dem Ziel, die Gläubigen heil und letztlich heilig werden zu lassen. Das Taufsakrament weiht mit dem Seelenelement Wasser ins (christliche) Leben ein, die Erstkommunion ermöglicht die Begegnung mit Christus über sein Fleisch und Blut in Gestalt von Hostie und Wein und gewährt vollen Zugang zur Gemeinschaft der Gläubigen, ausgedrückt durch die Zulassung zu Abendmahl beziehungsweise Kommunion. Die Firmung bestärkt im Kontakt mit dem Heiligen Geist. Das Ehesakrament stellt die Partnerschaft mit einem anderen Menschen unter Gottes Segen, die Priesterweihe die mit Gott. Die Letzte Ölung ist tatsächlich als Krankensalbung ein Zeichen der Hoffnung auf Genesung, bereitet – jedenfalls inoffiziell – aber den Übertritt in die Anderwelt rituell vor. Die Bevölkerung hat sie – wohl aus Mangel an Alternativen – zum Sterbesakrament gewandelt.

Bei Krisen in Übergangs- und Umbruchsituationen kann das Sakrament der Beichte seelisch erleichtern, indem es von Schuld entlastet und insofern einem klassischen Reinigungsritual entspricht. Jedenfalls war es ursprünglich so, bevor es häufig zum Instrument der Disziplinierung und Bestrafung verkam.

Davon abgesehen ist die Möglichkeit, für Verirrungen und Verfehlungen auf dem Lebensweg Absolution zu erhalten, für die Seele ungeheuer erleichternd. Die Beichte ist tatsächlich das christliche Umkehrritual. Man zieht Bilanz, legt sich Rechenschaft ab und beichtet. Dadurch erlebt man Metanoia, was im Altgriechischen *(metánoia)* so viel wie »Umkehr der Gesinnung« heißt und katholisch als Reue interpretiert wird. Wo diese Möglichkeit wegen mangelnder kirchlicher Anbindung nicht mehr besteht, muss Ersatz her. Deshalb wohl suchte Ex-US-Außenminister Colin Powell (1937–2021) das helle Licht der Öffentlichkeit, um zu gestehen und um Verzeihung zu bitten. Er gab zu, dass seine Behauptung vor der UNO-Vollversammlung, der Irak besitze Massenvernichtungswaffen, eine Lüge und ein Schandfleck und Tiefpunkt seiner Karriere gewesen sei. Ob das von ihm selbst gewählte Beichtritual, ohne Gott einzubeziehen, dieselbe erleichternde Wirkung wie das katholische hatte, wissen wir nicht. Auch sind dadurch unzählige im durch diese Lüge angezettelten Krieg verletzte und umgekommene Iraker und US-Soldaten nicht wieder geheilt beziehungsweise lebendig geworden.

Die sieben Sakramente gaben auch hierzulande dem Leben einen rituellen Rahmen, bis die christliche Kultur aufhörte, die Menschen zu verbinden, und wir mangels verbindlichen *Kult*es im strengeren Sinn aufhörten, *Kult*ur zu sein.

Da die Schwellen- und Übergangsrituale heute weitgehend entladen und entwertet sind, entwickelte sich diesbezüglich eine Fülle von Ersatzritualen. Wie sich aber an diesen zeigte, erfüllen sie ihre Funktion nicht mehr befriedigend. Trotz dauernder Wiederholung ist ihre befreiende Wirkung minimal und oft sogar ge-

genteilig. Die bewussten Vorbilder fehlen uns mehr, als wir uns vorstellen können, schon im Hinblick auf die Lebensübergänge, aber auch, um uns neu zu besinnen und umzuorientieren und alte Programme gegen neue, zeitgemäße umzutauschen.

Rituale und ihr Wirken

Selbst unter strengster wissenschaftlicher Überprüfung treten etwa in Lourdes häufig rituelle Heilungen auf. Der Naturwissenschaft am nächsten kommt die Erklärung solcher Phänomene meines Erachtens von Rupert Sheldrake und seiner Theorie der morphischen beziehungsweise morphogenetischen (gestaltgebenden) Felder (gr. *morphḗ* [Gestalt]). Er war bei Experimenten aufgetretenen unverständlichen Phänomenen nachgegangen. In einem Versuch zur Klärung der Frage, ob erlerntes Wissen vererbbar ist, hatten Wissenschaftler Ratten trainiert, in kurzer Zeit aus einem Labyrinth herauszufinden. Bei der Kreuzung dieser Ratten untereinander konnten deren Junge die Aufgabe schließlich in derselben Zeit wie ihre Eltern lösen. Damit wie auch später mit den Erkenntnissen der Epigenetik schien die Vererbung von Erlerntem, wie sie der französische Botaniker Jean-Baptiste de Lamarck (1744–1829) immer behauptet hatte, beweisbar zu sein.

Andere Wissenschaftler in einem anderen Teil der Welt glaubten nicht daran und wiederholten das Experiment. Im gleichen Labyrinth schafften es deren Ratten von Anfang an in derselben Zeit wie die Jungen der trainierten Ratten. Man wiederholte das Experiment noch öfter und fand das immer gleich verblüffende Ergebnis: Die Ratten der Welt waren immer auf demselben Stand, und das ohne herkömmlich bekannte Kommunikationsmöglichkeit. Sie mussten in einer logisch und kausal unverständlichen, aber eben doch in Kommunikation miteinander sein. Daraus formulierte Sheldrake seine Theorie formgebender Felder, die Verbindungen über beliebige Entfernungen herstellen, ohne sich auf bisher bekannte materielle oder energetische Strukturen zu stützen oder dem Gesetz der Zeit zu gehorchen.

Die sogenannte zönästhetische Wahrnehmung zwischen Müttern und ihren neugeborenen Kindern (auch als »Gürtelgefühl« bezeichnet) ist ein ähnliches Phänomen (gr. *koinós* [allgemein], *aísthēsis* [Wahrnehmung]). Mütter reagieren auch im Schlaf auf die geringsten akustischen Signale ihrer Babys, wohingegen sie viel lautere Töne aus anderen Quellen überhören.

Der US-amerikanische Kommunikationswissenschaftler William S. Conden belegte mittels hochempfindlicher Super Slow Motion, wie miteinander kommunizierende Menschen über Mikrobewegungen verbunden sind, die Betroffene selbst nicht wahrnehmen. Statt um zeitlich versetzte Reaktionen auf Gehörtes handelt sich dabei um simultanes Mitschwingen. Das betrifft alle Menschen außer autistischen Kindern.

Dass Felder oder Muster unsere Wirklichkeit strukturieren, erlaubt uns, eine Reihe anderer, bisher unerklärlicher Phänomene wenigstens einzuordnen. In der Embryologie lässt sich dadurch besser verstehen, dass sich Glieder und Organe von sogenannten Keimzentren aus entwickeln. Auch dass Zellen in Kulturen unbegrenzt wuchern, in entsprechenden Geweben und Organen aber nicht, passt hierher. Offenbar fehlt ihnen in künstlichen Kulturen das Bild, der Plan der fertigen Struktur.

Dass übersättigte chemische Lösungen oft trotzdem nicht auskristallisieren, sobald sie aber ein einziges Kristall als Vorlage bekommen, es geradezu explosionsartig geschieht, wird so ebenfalls klarer. Sie brauchen ein Bild oder Muster, um sich daran zu orientieren.

Der sogenannte Siedeverzug passt hierher, bei dem Wasser manchmal auch über dem Siedepunkt einfach nicht zu kochen beginnt. Rührt man aber ein wenig darin oder wirft man einen Siedestein hinein, passiert es schlagartig, offenbar weil das Muster der Blasenbildung nun ins Spiel kam.

Auch die Wirkung von Impfungen noch nach Jahren lässt sich so erklären. Es reicht wohl ein einziger Antikörper als Vorlage für das Immunsystem, um nach dieser Vorlage, diesem Muster sehr rasch viele zu produzieren.

Mit diesen Informationsfeldern lässt sich auch die Wirkung von homöopathischen Hochpotenzen verstehen, bei denen durch »Verdünnen« kaum noch ein oder gar kein Molekül der Ursubstanz mehr vorhanden ist und das Feld dieses Wirkstoffs durch Verschütteln immer weiter übertragen wird. Es braucht dann schlicht keine Materie mehr, solange das Muster weitervermittelt wird.

Einmal in die Welt gesetzte Bilder können offenbar – ohne dafür Zeit zu brauchen – bis in die materielle Ebene hineinwirken. Logisch und im alten Modell der Kausalität ist das bisher noch unerklärlich. Da sie von Beginn an offenbar überall zugleich wirksam sind und Entfernung keine Rolle spielt, wie die Erfahrung mit den Rattenversuchen zeigte, ist das zugleich eine Bestätigung dafür, dass Raum und Zeit relativ sind, wie es die neue Physik belegt.

Wie gesagt: Was östliche Religionen seit Jahrtausenden verkünden und die moderne Physik nun beweist, dass nämlich Synchronizität[16] und Analogien eine tiefere Wirklichkeit abbilden als Kausalität, findet nur schwer Zugang ins kollektive Bewusstsein. Dabei weiß die neue Physik schon lange, dass Kausalität zwar ein plausibler, aber doch ein Denkfehler ist, dass Spiegelgesetze der Wirklichkeit am nächsten kommen und in Wirklichkeit Synchronizität herrscht. Die Physik hat also längst das neue synchrone Weltbild bewiesen und übernommen. Es hat nur noch kaum Eingang in unser individuelles und gesellschaftliches Leben gefunden.

Aber jetzt, in unserer konfliktreichen Krisenzeit könnte sich das ändern. Damit würden naturwissenschaftliches und spirituelles Weltbild einander nicht nur näher, sondern sogar zur Deckung kommen.

Letztlich bestätigen auch alltägliche Erfahrungen diese Situation. Eine Analogie bietet der Bauplan jedes Hauses, der unter

Umständen nur im Kopf der Baufrau oder des Bauherrn existiert. Ohne ihn lässt sich nicht bauen. Dabei ist er gänzlich immateriell. Er geht nie materiell in den Bau mit ein, sondern nur als Idee, die von Anfang bis Ende in allen Bereichen des Hauses existiert und überall gleichzeitig wirkt.

Vor Jahrzehnten baute ich ein erstes Haus, das mehr Energie produzierte als verbrauchte. Der Bayerische Rundfunk drehte einen kleinen Film darüber. Wenig später gab es schon viele solcher Häuser.

Sheldrakes Theorie hat der Biologie wohl jenen Schritt aufgedrückt, den die Anfang des letzten Jahrhunderts neue Quantenphysik der alten newtonschen Physik aufzwang, als sie die Kausalität zugunsten der Synchronizität überwand. Seitdem wissen wir auch offiziell, dass alles in der Schöpfung mit allem zusammenhängt, und zwar nicht kausal, sondern synchronizistisch, auch wenn wir dieses Wissen noch nicht umsetzen. Sobald wir damit anfangen, wird sich uns eine neue Welt erschließen, die spirituelle Erfahrungen in einem bisher unvorstellbaren Ausmaß der Mehrheit eröffnet.

Fassen wir noch einmal zusammen: Auf dieser Grundlage ist die Wirkung von Mustern zwanglos einzuordnen. Rituale bauen demnach Muster und Felder auf, die ohne materielle Vermittlung und unabhängig von Zeit und Raum existieren und wirken. Das heißt, wir können mit Ritualen neue Felder schaffen, unsere alten Programme durch neue, der letzten Wirklichkeit viel besser entsprechende ersetzen. So ließen sich Konflikte lösen und Krisen vorbeugend verhindern. Wir könnten mit ihrer Hilfe – unabhängig von Zeit und Raum, also von unserem Alter und unserer Heimat – erwachsen werden, könnten lange schwelende Konflikte lösen und Dauerkrisen beenden.

Rituale bieten Möglichkeiten, sich von Raum und Zeit zu lösen. Wenn wir sie nutzen, wird uns Unglaubliches möglich. Spontanremissionen könnten alltäglich werden. Diese Möglichkeiten ließen sich viral über alle Bereiche des Lebens ausbreiten. Erleuchtungserlebnisse würden alltäglich, beruhen sie doch immer auf einem Ausstieg aus der Welt der Täuscher Raum und Zeit.

Felder und Muster

Ganz offensichtlich werden Felder durch Wiederholung und genauen Nachvollzug des Ritualmusters aufgebaut, und ebenso sicher spielt die energetische Ladung, die durch Bewusstheit, Begeisterung und Enthusiasmus entsteht, eine entscheidend wichtige Rolle für ihre Kraft.

Bewusstsein erschafft das Ritual im vorgegebenen Rahmen ständig neu und verankert es mit jeder Wiederholung tiefer in der Matrix der Wirklichkeit. Wie gesagt beeinflusst dabei jede bewusste Wahrnehmung bewiesenermaßen das Wahrgenommene. Würden wir nur das in unser Alltagsleben umsetzen, entwickelten sich schon ganz andere, ungleich menschlichere und gleichberechtigte, fairere Beziehungen, wie sie der bereits zitierte Gerald Hüther seit Jahren propagiert. Dann könnten sich alle als *Subjekte* statt als Objekte behandeln.

Im Mangel an gefühlsmäßiger und emotionaler Aufladung und Begeisterung liegt die Erklärung, warum aus fremden Kulturkreisen entlehnte Rituale bei uns häufig kaum wirken. Wir können sie nicht wirklich wahrnehmen, weil sie für uns noch nicht wahr sind, noch kein Feld haben. Am Anfang mangelt es oft auch an der Fähigkeit des genauen Nachvollzugs, der Schlüssel passt nicht exakt zum Schloss. Deshalb öffnet er die Tür zur wirksamen Ebene nicht. So kommt der Verstärkungsfaktor durch Wiederholung auch nicht zum Tragen. Oft ist auch die bewusste Ladung gar nicht möglich, weil die Symbole des Rituals in den Teilnehmenden keine Resonanz finden und sich so weder Begeisterung noch Enthusiasmus aufbauen.

Offenbar haben wir aber einen natürlichen Zugang zu den Grundsymbolen der Kultur, in die wir hineingeboren sind. Sie zu erkennen, fällt uns leichter, und nur sie lösen jenes innere intensive Mitschwingen aus, das für Rituale wesentlich und für ihr Wirken entscheidend notwendig ist. Zu fremden Symbolen und Mustern müssten wir erst eine innere Beziehung entwickeln. Meist bleiben wir aber gar nicht lange genug dabei, eben weil sie schon anfangs nicht besonders eindrucksvoll auf uns wirken.

Der erste Schritt beim Aufbau eines neuen Feldes ist immer der schwerste. Der Volksmund weiß: »Aller Anfang ist schwer.« Jeder von uns kennt das aus Erfahrung. Mit der Zeit geht alles leichter. Das hat einerseits mit der Schattenseite Routine zu tun, andererseits mit dem Feldaufbau.

Ist ein Feld dagegen aufgebaut, gewinnt es beeindruckende Stabilität. Die ersten Schritte fallen dem Baby schwer, aber dann geht es immer besser und einfacher. Schließlich geht es ganz leicht, und dann geht etwas auch im übertragenen Sinne. Das gilt generell. Auch die ersten Schwimmzüge bei der späten Rückkehr ins ursprüngliche Heimatelement Wasser fallen schwer. Wer aber schwimmen gelernt hat, kann es für alle Zeiten. Selbst wer zehn Jahre nicht mehr geschwommen ist, bewahrt irgendwie und irgendwo die Fähigkeit dazu. Die Frage ist, wo diese Fähigkeit gespeichert bleibt. Alle Körperzellen sind spätestens nach sieben Jahren ausgetauscht, selbst bei den Nervenzellen sind durch Stoffwechsel auch die letzten Atome nach zehn Jahren erneuert. Das Muster »Schwimmen« bleibt trotzdem erhalten – ohne materielle Basis und unabhängig von verstrichener Zeit.

Tatsächlich ist es nicht so erstaunlich, wenn wir uns erinnern, dass wir über 99,9 Prozent Energie sind und dieses Wissen folglich im energetischen Feld verankert ist.

Ein geringes Verblassen findet sich zwar bei Ritualen, die sehr lange nicht mehr bewusst vollzogen wurden, aber Bewusstheit bleibt die entscheidende Energie dahinter. Auch das kennen wir aus der Alltagserfahrung. Sehr bewusst vollzogene Handlungsabläufe prägen sich wesentlich schneller ein als nur mechanisch nachgeahmte. Aber selbst einfachstes Nachäffen lässt nicht nur bei kleinen Primaten verlässliche Muster entstehen, insbesondere wenn es mit entsprechender Inbrunst geschieht.

Unsere Handlungen beeinflussen ganz offensichtlich unsere eigene innere und die allgemeine äußere Wirklichkeit umso eindrucksvoller, je bewusster sie ausgeführt werden. Die Beeinflussung der Innenwelt ist bei allen erlernten Fähigkeiten deutlich, die der Außenwelt bei vielen Gelegenheiten. Das in einem Tempel oder in einer Kathedrale entstandene Feld, in dem über lange Zeiten viele Menschen ausschließlich meditiert und gebetet haben, spüren auch diesbezüglich Unerfahrene und manchmal sogar Atheisten – jedenfalls im Vergleich zum Feld eines großen Hauptbahnhofs oder Flughafens.

Die Wirkungsweise von Ritualen und Feldern genau zu bestimmen, fällt uns schwer, weil wir in diesen seelischen und energetischen Bereichen weniger wissen als jede(r) Medizinfrau/-mann oder HeilerIn. Der Punkt bleibender Stabilität wird wohl erst erreicht, wenn uns das Ritualmuster in Fleisch und Blut übergegangen ist, wir es aber trotzdem weiter mit Inbrunst beleben und nicht mit Routine durch- und runterleiern.

Felder bekommen selbstverständliche Beständigkeit, wenn wir uns nicht mehr intellektuell dabei anstrengen müssen, also etwa wie beim Gehen, Schwimmen oder Autofahren ohne besondere Konzentration, gleichsam aus sich heraus. Felder sind genauso in uns wie wir in ihnen, da räumlich und zeitlich unbestimmbar. Sie sind überall und (für die »alte« Physik) nirgends zugleich. Wir können in sie wie in einen Raum eintreten, uns jederzeit in sie einklinken und haben sie in uns und sind in ihnen.

Wo Affinität zu ihnen besteht und Kontakt aufgenommen wird, wirken sie. Wo wir uns nicht um sie kümmern, bleiben sie von uns meist unbemerkt. Aber es wäre naiv, deshalb zu behaupten, sie existierten nicht. Wer keinen Fernseher besitzt, sollte nicht davon ausgehen, es gäbe keine TV-Programme. Lediglich für ihn existieren sie zurzeit nicht, weil er keine Antenne dafür, keinen Draht dazu hat.

Jeder lebt tatsächlich in der Wirklichkeit seiner eigenen Programme und Felder. Für den Eingeborenen, der glaubt, nur in seinem Stamm (über)leben zu können, ist der Ausschluss aus der Gemeinschaft in der Regel sein Ende und damit tödlich. Doch als ich beispielsweise meine verliehene österreichische Staatsbürgerschaft nicht auf Wunsch der bayerischen Behörden aufgeben wollte, entzogen sie mir die deutsche. Das schadete mir kein bisschen, im Gegenteil, es nützte mir und befreite mich gleichsam von einigen so empfundenen typisch deutschen Zwängen. Ich überspielte das pessimistische Mantra »Hoffentlich passiert nichts« mit dem optimistischeren »Passt scho'«.

Möglicherweise sterben wir auch am Ende nur, weil das zu unserem Wirklichkeitsfeld gehört. Dass unsere Zellen altern müssen, ist Argument einer offenbar untergeordneten Wirklichkeitsebene; und dass die Genetik sich der Epigenetik unterordnen kann und damit das Erbe dem Lebensstil, ist inzwischen Stand des Wissens. Die Zellen ordnen sich möglicherweise auch dem Sterbeprogramm des jungen, gerade noch vitalen Eingeborenen unter, der in dem Feld lebt und absolut überzeugt davon ist, abgetrennt von seinem Stamm nicht existieren zu können.

Fühlen nicht auch wir uns nach einer von der Norm abweichenden »Untat« schlecht, weil wir in Konflikt mit unseren Feldern geraten? Sie sind nur offensichtlich unterschiedlich in uns ausgeprägt. Das sogenannte schlechte Gewissen tritt immer in Aktion, wenn wir ein Muster unseres Feldes brechen. Andere aber scheinen gar keines zu haben. Für manche hört beim Geld die Freundschaft auf, und für andere fängt sie da erst richtig an.

Pädagogik kreiert ganz bewusst Felder, Erziehung versucht, so etwas wie Gewissen zu verankern. Wer in einer Akademikerfamilie ständig gefragt wird, was er studieren will, lebt nach einer gewissen Zeit im Feld »Studium«. Geschickte Eltern lassen ihre Kinder gar nicht erst auf »unpassende« Ideen von einer anderen Ausbildung kommen. Letztlich wissen wir, wie sehr wir mit unseren Erwartungen die Wirklichkeit bestimmen. Der Psychologie ist der Terminus *self-fulfilling prophecy* (selbsterfüllende Prophezeiung) vertraut. Er besagt, dass wir unbewusst dafür sorgen, Prophezeiungen in Erfüllung gehen zu lassen. Auch hier wirkt ein Feld. Solche Felder können wir uns selbst »einbilden«, aber starke Persönlichkeiten können sie auch mittels ihrer Suggestivkraft in fremdes Bewusstsein drücken. Beeindruckung ist wohl schon der erste Schritt zur Feldbildung beziehungsweise seiner Anbahnung.

Wer sich also mit großer Empathie und Begeisterung ein rituelles Feld oder Muster aufbaut, ob er ein altes seiner Kultur wiederbelebt oder sich ein neues kreiert und es oft mit Inbrunst wiederholt, hat beste Chancen, ein neues Programm in seinem Leben zu verankern und seine Wirklichkeit nachhaltig zu verändern.

Wie gesagt, nach meinen Erfahrungen sind geführte Meditationen die dafür zugleich beste wie auch einfachste Methode, wissen wir doch, dass innere Vorstellungen und äußere Handlungen für unser Gehirn gleichwertig sind. Entscheidend ist, wie wir sie aufladen. In 45 Arztjahren ist mir aufgefallen, dass sie die Heilung bei bösartigen Tumoren wie Gebärmutterkrebs deutlich besser unterstützen als bei gutartigen wie Myomen. Dass KrebspatientInnen mehr bewegen, hat sicher auch etwas mit ihrer größeren Inbrunst und Emotion bei ihren Heilritualmeditationen zu tun. Gefahr und Lebensbedrohung mobilisieren offenbar deutlich mehr Gefühle und Emotionen.

Indigene Ritualwelten

Von den Ritualen archaischer Kulturen können auch wir noch viel lernen. Sie gewährleisten in der Regel einen sicheren Rahmen und gute Vorbereitung, die wir oft mit »Feierlichkeit« umschreiben. Entscheidender dabei sind aber – wie schon angedeutet – Inbrunst und Enthusiasmus. Äußere und vor allem innere Vorbereitungen nehmen breiten Raum ein und ermöglichen den verlässlichen Rahmen. Oft schaffen lang andauernde, schon rituelle Tänze und Gesänge die notwendige innere Stimmung und Sammlung, um hilfreiche Trancezustände zu erreichen. Gesichts- und Körperbemalungen, Masken und besondere Ritualgewänder bringen Ritualpriester und -teilnehmende in einen der Zeitqualität entsprechenden Bewusstseinszustand. Alles steht im Dienst des Rituals und jenes Musters, dem es lebendigen Ausdruck verleiht, um es in der geistig-seelischen Wirklichkeit fest zu verankern. All das lässt sich auch auf der Vorstellungsebene verwirklichen, selbst die Inbrunst, Gefühlstiefe und Emotionen, sind diese doch immer innerseelische Erfahrungen.

Menschen, die wir fälschlich und anmaßend »primitiv« nennen, erzielen damit große Wirkung. Sie haben nie den Anspruch, mit ihren Gesängen, Tänzen und Ritualgewändern etwas Neues oder Einmaliges nach unserer Auffassung von Kunst zu schaffen. Ihr Ziel ist einzig der Nachvollzug des bestehenden Feldes und seine Wiederbelebung in Gestalt des Rituals. Ihr großer Vorteil den meisten von uns gegenüber ist, dass sie kein Problem mit der Existenz lebendiger, wenn auch unsichtbarer Strukturen haben. Im tiefsten Sinn erleben sie die Wiederholung der ursprünglichen Situation im Moment des Rituals. Es ist zwar eine Neukreation im Augenblick, ohne dass sie sich dabei allerdings als Schöpfer fühlen. Viel eher erleben sie sich als Zeugen der Schöpfung im Augenblick des Rituals. Für sie ist alles lebendig und von höherer Ebene vorgegeben. Sie selbst sind mit dem Nachvollzug der lebendigen zeitlosen Muster im jeweiligen Augenblick vollauf beschäftigt und zufrieden. Da sie in diesem Moment das ursprüngliche Geschehen völlig authentisch erleben, kann dabei für sie niemals Langeweile aufkommen, wie wir sie fast alle bei oberflächlich-stereotypen Gottesdiensten und vielfach konstruierten Predigten empfinden.

Letztlich wird auch uns etwa Weihnachten mit seinen Ritualen erst dann zu einer lebendigen Erfahrung, wenn der Heiland in uns im selben Moment geboren wird. Ansonsten bleibt es sinnlose leere Form. Sobald wir die ganze Zeit auf die Bescherung beziehungsweise Geschenke gepolt sind, versäumen wir die eigentliche innere Bereicherung, bei der uns in der dunkelsten Nacht des Jahres innerlich »ein Licht aufgehen« könnte.

Indigenen Menschen geht es nie um Geschichtliches oder Einmaliges, weshalb sie es auch nicht aufschreiben. Aber Geschichten sind ihnen überaus wichtig, und sie (er)leben sie wie auch Rituale im Augenblick und verleihen damit dem ewigen, das heißt zeitlosen Wandel lebendigen Ausdruck.

Rituale sind ihnen dabei wesentliche Möglichkeit, besondere Zeitpunkte – wie Übergänge – zu betonen, zu begleiten und zu erleichtern. Sowohl bei alltäglichen als auch bei herausragenden Geschehnissen bieten sie die Möglichkeit, dem Ereignis einen würdigen Rahmen zu verleihen und es in ihre (Muster)welt zu integrieren.

Ein großer Vorteil für die einzelnen Stammesmitglieder liegt darin, Übergangsprobleme nicht mit persönlichen Schwierigkeiten zu verwechseln, sondern in ihnen notwendige Schritte zu erkennen, die jede(r) zu meistern hat und auch meistern wird. Auf diese Weise helfen Rituale, individuelle Erfahrungen zu verallgemeinern und sie und sich so ins große Ganze einzuordnen. Bei uns fürchten Jugendliche in Pubertäts- oder Erwachsene in Wechseljahrzeiten oft, die Einzigen mit diesen beängstigenden Problemen zu sein. Während sie glauben, mit ihrem Erleben jeden Rahmen zu sprengen, wissen Eingeborene, wie sehr all das dazugehört und sie dazugehören und dass alles vollkommen im Rahmen und in (der) Ordnung ist. Das gibt ihnen Sicherheit und nimmt Angst.

Ein nächster enormer Vorteil bewussten Umgangs mit Ritualen liegt darin, dass ihr gezielter Einsatz Eltern und die Gemeinschaft einbezieht und damit zugleich erheblich entlastet. Wo unsere Jugendlichen sich in Pubertätszeiten die Drachen und Monster für anstehende Kämpfe selbst schaffen müssen und oft die Eltern dafür missbrauchen, werden jungen Eingeborenen notwendige Dämonen in überlieferter, stimmiger Art und Weise dargeboten.

Falls für das Erlebnis ihres Todes auf der einen und die Auferstehung auf der anderen, nächsten Ebene heilige Pflanzenextrakte oder sonstige Drogen als Reisebegleiter und -vertiefer notwendig sind, finden sie sich auch diesbezüglich in sicheren Händen im erprobten Rahmen des Rituals. Sie bekommen, soweit notwendig, entsprechende psychedelische Substanzen im sicheren Rahmen ihres Kultes nach entsprechender seelischer und körperlicher Vorbereitung aus kompetenter Hand der Schamanen. Im Film »Der Smaragdwald« aus dem Jahr 1985 (Regie: John Boorman) wird das sehr anschaulich deutlich. Selbstverständlich schweben sie in keinerlei Gefahr, süchtig zu werden, sondern bekommen wirksame Hilfe und die Chance, auf die nächste Entwicklungsstufe zu wechseln.

Wie wichtig es ist, an die Wirkung von Ritualen zu glauben, erinnern wir aus der Kindheit. Solange wir ans Nikolausritual und den Besuch mit seinem Knecht Ruprecht oder (im alpenländischen Raum) dem Krampus glaubten, hatte es nachhaltige Wirkung auf unsere Seele. Sobald es aber als elterliche Inszenierung durchschaut war und dadurch gleichsam auf die Ebene von Schummelei rutschte, war es damit vorbei.

Wir Heutigen erleben die Umbrüche und Übergänge im Leben wie gesagt meist konflikt- und krisenhaft ohne Hilfe der Gemeinschaft und in bedrückender Vereinsamung. Spätere psychotherapeutische Nachbe- und -verarbeitung im Sinne gängiger Psychotherapien sind bei Übergangskrisen selten mehr als Nothilfe. Im Rahmen der Schattentherapie etwa ist es möglich, an archaischen, wirksamen Ritualen direkt zu partizipieren und, da sie in Trance stattfindet, auch in die dazugehörigen Emotionen und Gefühle einzutauchen. Der amerikanische Psychologe Paul Rebillot (1931–2010) bearbeitete in diesem Zusammenhang die Thematik der modernen Heldenreise und ihrer Rituale, der amerikanische Mythologe Joseph Campbell (1904–1987) analysierte und beschrieb sie in all ihren Stufen.[17]

Heilungsrituale

Ist ein Mitglied einer indigenen Gemeinschaft aus der Ordnung gefallen und Opfer einer Krankheit oder eines Unfalls, bedarf es eines Heilungsrituals, um die durch das Ereignis offenbar gewordene Kluft zwischen Betroffenen und der bestehenden Ordnung wieder zu schließen, ähnlich wie wir eine Wunde nach gründlicher Reinigung durch neuerliches Zusammenfügen der Wundränder behandeln. Beim Heilungsritual geschieht also dasselbe im übertragenen Sinne. Ganz selbstverständlich verlassen sich Schamanen dabei neben der eigenen Erfahrung auf Hilfe von allen ihnen zugänglichen höheren Ebenen für die Wiedereinordnung beziehungsweise -vereinigung. Dabei vollführen sie symbolische Handlungen als adäquate Mittel der übertragenen Ebene. Erfahrene Heiler haben ein Gespür, wie weit sie eingreifen dürfen, und überlassen die Entscheidung den Göttern, wie sie es nennen – indem sie sich mit der göttlichen Einheit verbinden.

Bei einer körperlichen Wunde kann es unter Umständen gefährlich sein, sie einfach zu schließen, weil es die Entzündungsneigung verstärkt, wenn anaerobe Bakterien wie etwa die des Wundstarrkrampfs luftdicht eingeschlossen werden. Nur eine saubere Wunde darf zugenäht werden. Analog dürfen auch nur bestimmte Probleme wieder »behoben« werden, andere bedürfen weiterer Aufmerksamkeit und Zuwendung.

Auch wenn solche Rituale keine Deutungen in unserem Sinn umfassen, kommt den Betroffenen dabei doch oft zu Bewusstsein, wie das Ereignis in ihr Leben passt und was es ihnen sagen will. Menschen archaischer Gemeinschaften neigen ohnehin viel mehr dazu, wichtigen Ereignissen Be-Deutung auf tieferer Ebene beizumessen. Da sie sich immer unter den Fittichen des großen Geistes oder einer vergleichbaren göttlichen Instanz wissen, kann es für sie grundsätzlich keinen blinden Zufall geben. Sie empfinden ihr *Schick*sal meist als sinnvoll ge*schick*t und zu Wachstum anregend. Dem damit einhergehenden Vertrauen entspringen analog eindrucksvolle Heilungen. Ihnen fehlt einiges, was nur die Schulmedizin leisten kann, wir aber hätten die wundervolle Möglichkeit, die alte, zeitlich »lange« Medizin der Vorfahren und die neue, »kurze« der naturwissenschaftlichen Medizin zu kombinieren, sodass sich das Ganze zu mehr als der Summe seiner Teile entwickeln kann.

In der indigenen Gemeinschaft liegt es zudem nahe, dass der Hierarchie des Stammes auf höherer Ebene die ihrer Götter entspricht. Wie der Häuptling in weltlichen und der Schamane in religiösen und heilerischen Angelegenheiten oberste Instanz ist, kommt dem obersten Gott oder Großen Geist allumfassende Kompetenz zu. Hierarchie wird hier noch als Herrschaft des Heiligen verstanden. Wenn auf Erden etwas aus den Fugen gerät, setzt sich der Schamane mit einer möglichst hohen Instanz in der göttlichen Rangordnung in Verbindung, weil dort alles noch in *Ordnung* ist. Indem er sich an dieser Vorlage orientiert, strebt er an, oben und unten wieder in Einklang zu bringen.

Christen ist die Auffassung nahe, das Oben entspräche dem Unten, beten wir doch im Vaterunser »Dein Wille geschehe – wie im Himmel, so auf Erden«. Das entspricht fast allen auf Ritualen gründenden alten Kulturen und auch dem spirituellen Grundsatz »Wie oben, so unten – wie innen, so außen«.

Wie gesagt finden solche Weltbilder seit geraumer Zeit auch bei der Naturwissenschaft Beachtung und manchmal sogar Anerkennung, hat die Physik als am weitesten fortgeschrittene wissenschaftliche Disziplin doch erkannt, dass die höchsten Gesetze jene der Symmetrie sind. Sich symmetrisch spiegelnde Ebenen (von oben und unten) sind zugleich die Basis archaischer und religiöser Weltbilder und des Analogiedenkens.

Psychologisch ließe sich das ganze Geschehen auch nach innen verlegen und westlichen Menschen damit der Zugang erleichtern. Wenn, in christlichen Begriffen gesprochen, das Himmelreich Gottes in uns liegt oder, wie Buddhisten sagen, die Außenwelt nur eine Spiegelung der Innenwelt ist, spielt sich alles in uns ab. Der Schamane nimmt dann Kontakt mit den höheren Ebenen in sich auf und holt sich von hier die notwendigen Eingebungen. Letztlich stimmen nach dem Polaritätsgesetz beide Vorstellungen. Was wir aufgrund des eigenen Betrachtungswinkels erwarten, wird sich in der Wirklichkeit der eigenen Felder bestätigen.

Heilungsrituale leitenden SchamanInnen ist es wichtig, das Reich von Krankheit gut zu kennen, wenn auch auf ganz andere Weise, als es unsere Medizin fordert. Während moderne Medizinmänner theoretisch möglichst alles über alle Krankheitsbilder wissen sollten, ist es archaischen Kulturen wichtig, dass HeilerInnen das Reich der Krankheit persönlich bereist und gründlich erlebt haben. Für uns ungewohnt, ist das aber eigentlich logisch. Buchen wir eine Asienreise, wünschen wir uns doch auch lieber einen erfahrenen Reiseleiter, der selbst schon dort war. Er kann uns aus lebendiger Erfahrung besser führen als einer, der nur viel über das Land gelesen hat.

Wundervoll verdeutlicht das der Film »Der Doktor – Ein gewöhnlicher Patient« (1991) mit William Hurt (Regie: Randa Haines), der als perfekter Mediziner erst durch eigene Krankheit im Sinne einer Einweihungskrankheit zum Arzt reift. Der Film ist ein Muss für PatientInnen und Mediziner, die zu Ärzten heranwachsen wollen, und in unserem Buch *Die Spielfilmtherapie* ausführlich gedeutet.

Krankheit als ein Bewusstseinsfeld zu betrachten, ist nicht nur im Denken archaischer Kulturen sinnvoll. Wer hätte ernsthaft Zweifel daran, dass Krankheitsbilder bewusstseinsverändernde

Qualität mit sich bringen und unser Lebensgefühl vollkommen verwandeln können? Viele unserer PatientInnen spüren deutlich, wie sehr sie überstandener Krankheit eine neue Weltanschauung verdanken. Krankheit stellt ein eigenes Bewusstseinsreich dar. So warten angehende Schamanen manchmal geradezu auf ihre Einweihungskrankheit. Erst sie kann ihnen Zugang zu ihrem künftigen Aufgabenfeld verschaffen und sie zugleich lehren – ganz ähnlich wie sein Krebs den Chefarzt alias William Hurt im erwähnten Film.

Offensichtlich bekommt Krankheit durch eine solche Haltung eine für uns Heutige ungewohnt positive Dimension, was viele LeserInnen schon von der Krankheitsbilderdeutung kennen. Wer Krankheit neben ihrer Rolle als Korrektur von Unbewusstheit generell auch Einweihungscharakter in neue Lebensaufgaben zugesteht, wie es viele alte Kulturen und auch der Ansatz von *Krankheit als Symbol* tun, verändert seine persönliche Haltung zum Leben.

Kranke werden dann nicht mehr an den Rand der Gesellschaft gedrängt und abgesondert, sondern im Gegenteil mit Aufmerksamkeit bedacht, sind sie es doch, mit denen das Schicksal in besonderen Kontakt tritt. Das ist auch die Erklärung für die uns unverständliche Hochachtung, die in manchen Kulturen Epileptiker und Geisteskranke erfuhren, während diese bei uns in der Vergangenheit in »Irrenhäusern« gemartert wurden.

Einweihungsrituale

Der wesentliche Unterschied zu Heilungsritualen liegt bei denen der Einweihung darin, dass bei ihnen der Hinweis des Schicksals nicht von oben kommt, sondern aus der Stammeskultur und von dem/der Medizinmann/-frau. Die Verantwortung für Verletzungen beziehungsweise Krankheitssymptome liegt beim Einweihungsritual in Händen der SchamanInnen. Zwar trägt auch das Schicksal durch körperliche und seelische Reifezeichen seinen Teil dazu bei, zu verdeutlichen, dass eine Veränderung ansteht, aber wesentlich ist es Aufgabe berufener Menschen, für die notwendige Zäsur zu sorgen.

Vor diesem Hintergrund lässt sich verstehen, warum der Heiler, Schamane oder Medizinmann nun sogar zum Verletzenden wird. Bei der Einweihung etwa ins Erwachsenenleben wird die Härte, die Einzuweihende in diesem Bewusstseinsfeld erwartet, durch rituelle Maßnahmen vorweggenommen. Manchmal werden diese körperlich verletzt, wobei etwa die Beschneidung auch in uns nahen Kulturen wie Judentum und Islam eine Rolle spielt. In diesen Bereich gehören absichtlich beigebrachte Wunden, haarsträubende Mutproben, wie etwa gefesselt auf einem Ameisenhaufen stehen zu müssen, bis zum Hals eingegraben allen möglichen Insekten hilflos ausgeliefert zu sein oder zeitweilig aus dem Stammesgefüge verstoßen zu werden mit zum Teil langen, beängstigenden Zeiten in der Wildnis, auf Bäumen oder in einsamen Höhlen. Auch wird bewusst Todesangst ausgelöst durch simulierte nächtliche Geisterüberfälle und dergleichen mehr.

Solche Wunden im Konkreten oder Übertragenen setzen die notwendige Zäsur im Leben und bringen in Kontakt mit der neuen, durch die körperlichen Reifungsprozesse schon vorbereitete Bewusstseinsebene. Mit ihr versöhnt der zu Hilfe eilende Schamane die jungen Leute nun durch aktive und passive Symbolarbeit. Insofern gleicht das Einweihungsritual in seiner zweiten Phase weitgehend dem Heilungsritual. Statt vom Schicksal stammt die Unterbrechung der Kontinuität, die Zäsur, jetzt wie gesagt vom Schamanen. Das anschließende Ritual zur Aussöhnung mit der neuen Ebene entspricht vom Rahmen her aber ganz dem Heilungsritual. Die durch natürliche Reifungs- und Wachstumsprozesse aufgetretene Kluft zwischen dem alten Kinder- und dem anstehenden Erwachsenenbewusstsein gilt es so zu schließen. Beigebrachte Verletzungen symbolisieren darüber hinaus das Unheile, Polare, das nun erfahren wird. Die heile Kinderwelt, das Paradies, ist verloren und muss verlassen werden. Dabei sind gewisse Schmerzen und Ängste normal und bekommen ihren Platz und ihre Zeit zugewiesen.

Die enorme Wirkung der von allen Stammesmitgliedern getragenen Bewusstseinsfelder wird nach dem vollzogenen Ritual deutlich. Die Jugendlichen sind tatsächlich der Einweihung ins Erwachsensein teilhaftig, sind Teil der Erwachsenenwelt, ohne deren Regeln oder Verhaltensnormen lernen zu müssen oder sich irgendwelchem weiteren Training zu unterziehen. Der Prozess verläuft mit großer Sicherheit jenseits der intellektuellen Ebene und damit auch unseres Verständnisses. Das morphogenetische Feld nimmt den Erwachsenen auf und prägt ihn von nun an. Es setzt aus sich heraus die neuen Grenzen und Werte. Für die solcherart Eingeweihten ist es undenkbar, in kindliche Muster zurückzufallen.

So wenig wir uns die Wirksamkeit derartiger Übergangsrituale vorstellen können, so wenig Verständnis haben Indigene für unsere Probleme mit Lebensübergängen. Grundsätzlich ist das Dasein so für sie leichter und stressfreier. Die Entscheidung bei jedem Übergang wird ihnen vom Stamm abgenommen und die Weiche unbewusst in die richtige Entwicklungsrichtung gestellt. Erwachsen zu werden, ist hier kein persönliches Verdienst, sondern so selbstverständlich wie für uns körperliche Veränderungen der Pubertät.

Alle Stammesangehörigen stammen wie Äste eines Baumes vom selben Stamm und sind in allem aufeinander angewiesen. Der Stamm sorgt auf der Ebene des Feldes für seine Mitglieder. Krisen im Sinne von schwierigen individuellen Entscheidungen sind kaum denkbar, eigenständige Entwicklungen und Fortschritt allerdings auch nicht. Alle gehen zusammen den Weg der Tradition ihres Stammes. Ein eigenständiger Weg wäre unmöglich, weil ein abgetrenntes Glied ohne den gemeinsamen Stamm überhaupt nicht lebensfähig ist. Wer ausschert und gegen ein Tabu verstößt, ist damit zugleich von seinem Stamm und seinem Leben abgeschnitten. Allein auf sich gestellt zu existieren, was uns schwerfallen mag, aber doch möglich ist, erscheint archaischen Menschen unvorstellbar, da es dafür keinen Raum in ihrem Feld gibt. Hier liegt die Wurzel für ihre starke Fortschrittsfeindlichkeit. Jede Neuerung ist zugleich ein Bruch mit der Tradition und richtet sich damit gegen den Stamm, die Ahnen und das Leben selbst. So zielsicher sich ursprüngliche Menschen im Kreis ihres vorgegebenen Feldes entwickeln, so wenig Entwicklung und Fortschritt in unserem Sinne der Selbstverwirklichung ist ihnen möglich. Insofern können sie uns auch nicht wirklich Vorbild sein.

Wir können aber dennoch sehr viel von ihnen lernen auf unserem Weg und bei unserer Aufgabe, wieder zu werden »wie die Kinder«. Es liegt allerdings ein deutlicher Unterschied zwischen »wieder werden wie Kinder« und »Kinder bleiben«. Naivität und egolose Gruppenbezogenheit in archaischen Kulturen kann für uns nur auf höherer Entwicklungsstufe Modellcharakter haben. Wir haben keinen Versuch unterlassen, tiefer in die Polarität vorzudringen, und die Unschuld verloren. Wir können nur mehr als verlorene Söhne und Töchter heimkehren in die Einheit. Aber wie das christliche Gleichnis vom verlorenen Sohn belegt, geht es genau darum: hinauszugehen aus dem Nest der Kindheit, um dann wieder heimzukehren. Nicht Kinder *bleiben,* sondern *wieder werden wie sie* ist unsere Aufgabe.

Von Routinen zu Ritualen

Wir haben so viele Routinen im Alltag, die geradezu darauf warten, in Rituale verwandelt zu werden, um uns zu unserem und zum Besten aller zu wandeln. Würden wir uns beispielsweise täglich schon zu Tagesbeginn in einer Meditation bewusst, wie sehr wir als Energiewesen in einer Energiewelt leben, könnte das rasch unsere Wahrnehmung in Richtung wirklich wirkender Wirklichkeit verändern. Denn im Anfang liegt – wie gesagt – alles.

Jede Meditationsart kommt dafür infrage, etwa eine östliche direkt auf Gedankenfreiheit zielende wie Zazen, die buddhistische Sitzmeditation, in der wir mit offenen Augen den Blick knapp vor uns am Boden ablegen, die Atemzüge bis zehn zählen und dann immer wieder von vorn beginnen. Vipassana, die hinduistische Variante, ist ganz ähnlich, nur mit geschlossenen Augen. Oder eine Mantra- wie die Transzendentale Meditation (TM), die bei uns bekannt wurde, als die Beatles sie übten und viele berühmte Popgrößen wie die Beach Boys und Donovan. Eine abendländische Meditation ist die Übung der Kontemplation oder die innere Bilderreise in der Seelen-Bilder-Welt auf der Suche nach dem eigenen Kraftplatz.

Doch wir sollten uns abholen, wo wir sind. Vielleicht beginnen wir den Tag schon rituell mit der Morgenhygiene. Besser, wir duschen uns selbst (auch kalt im Wechsel mit heiß), als es anderen zu überlassen und unerwartetes Opfer einer kalten Dusche zu werden. Diese hat im übertragenen Sinn einen so schlechten Ruf, dabei ist sie konkret ein wundervolles Morgen- und auch Abendritual.

Gesundheitlich wäre es am besten, kalt zu beginnen und zu enden. Das könnte einer niederländischen Studie zufolge die Anzahl unserer Erkältungstage statistisch halbieren.[18] Wichtiger aber ist noch, sich unter der Dusche als Energiewesen zu spüren mit großer Offenheit für das Seelenelement Wasser und es durch uns hindurchzulassen, durch unseren Körper und unsere deutlich weitere Aura. Das wird nicht nur besser und tiefer reinigen, sondern die Wahrnehmung unserer selbst erweitern.

Am Ende ist die bildliche Vorstellung hilfreich, dass wir der letzten kalten Dusche erlauben, die körperlichen Poren wieder zu schließen, und das Energiefeld einladen, sich über die Hautgrenzen hinaus zu erweitern und den neuen Tag so weit und offen zu beginnen.

Gönnen wir uns Ähnliches am Abend, bekommt unser Tag einen angemessenen Rahmen, und unsere Weite und Offenheit wird noch weit darüber hinausgehen und auch die Nacht mit ihren Träumen einschließen.

Bürsten kann – mit dem entsprechenden Bewusstsein ausgeführt – auf dem Weg zu sich selbst ähnlich wirksam sein. Und wieder ist es so viel besser, sich selbst freiwillig und bewusst abzubürsten, als es anderen (im übertragenen Sinne) zu überlassen. Höchstens wenn es ausdrücklich in liebevoller Absicht geschieht, kann sich eine Bürstenmassage vom Partner noch besser anfühlen.

Persönlich bürste ich mich jeden Morgen, was über die Körperreflexzonen jedes Organ, Gelenk und Gewebe erreicht und verblüffend belebt. Und ja, ich verwende die extra dazu selbst ausgewählte, wegen ihrer festen Naturborsten beim ersten Versuch unsympathische TamanGa-Variante. Sie ist sehr günstig, aber letztlich durch das damit verbundene Ritual unbezahlbar. Bei all seiner Einfachheit hat das Bürsten schon vielen meiner PatientInnen Hüft- und Kniegelenks-Austauschoperationen erspart – insbesondere verbunden mit einer anschließenden Ein- und Abreibung mit nativem Kokosöl. Anfangs habe ich es dem Neurologenfreund, von dem ich es vor Jahren übernommen habe, selbst nicht glauben wollen. Aber inzwischen durfte ich es so oft miterleben, dass ich es nicht mehr glauben muss, sondern weiß. Allen KollegInnen, denen ich es empfahl, ging es ebenso. Wir sind anders geprägt und trauen so einfachen Dingen nichts zu. Dabei ist alles Große, Wichtige und Wirksame oft so einfach.

Wer bereit ist, viel Elend an dieses kleine Ritual abzugeben, wird staunen, wie viele Abbürstungen und Abreibungen er sich erspart und morgendliche Belebung erfährt. Mit der Zeit lernen wir, alle Bereiche einzubeziehen, auch den Po, auf dem wir viel zu viel herumsitzen. Er kann diese Belebung sehr gut er- und vertragen. Weil Bürsten das Gewebe besser durchblutet und so auf Dauer die Haut strafft, erfreut es sich, nachdem ein Mondzyklus durchbürstet ist, größter Beliebtheit – nicht nur bei Damen.

Wer möchte, kann mit der Zeit auch spüren lernen, welche Reflexzonen gerade angeregt werden. Die äußere Daumenlinie etwa entspricht der Wirbelsäule ähnlich wie die innere Fußlinie vom großen Zeh bis zur Ferse. So eine doppelte Rückenreflexzonen-Massage wird sehr guttun; und nichts hindert uns daran, die langen Rückenmuskeln auch noch direkt abzubürsten und unsere Gelenkigkeit dabei herauszufordern und zu fördern.

Der Tag ist voller Routinen und damit Gelegenheiten, sich für Rituale zu weiten und zu öffnen. Jedes Händewaschen ist vom medizinischen Hygienestandpunkt unzulänglich. Aber energetisch könnten wir uns jeweils die Hände in sprichwörtlicher Unschuld vor dem Essen waschen. Auf Dauer wird diese Unschuldsvermutung dazu führen, die Kost kostbarer zu gestalten, und zwar schon bei der Auswahl. Denn zu Tode gequälte Tiere lassen sich weder mit Unschuld noch mit Anstand essen. Dem Energiewesen, das wir sind, wird das mit der Zeit sehr entgegenkommen, einfach weil ihm Qualfleisch nicht mehr entspricht und schlussendlich Fleisch gar nicht mehr bekommt. Wo dieser Prozess der Geschmacksveränderung länger dauert, ist das auch kein Problem – wie gesagt holen wir uns mit diesen in Rituale verwandelten Routinen ab, wo wir sind. Es geht keineswegs darum, sich etwas vorzumachen oder aufzuzwingen.

Händewaschrituale können unsere Tage mit ihren vielen Erfahrungen der Weite und Offenheit auflockern und die Enge der Angst daraus nebenbei (er)lösen. Der Begriff »Angst« kommt von dem lateinischen Wort *angustus,* was so viel wie »eng« heißt. In einer Haltung der Weite hat die Enge ebenso wenig Bestand wie Dunkelheit im Licht. Solche Veränderungen ergeben sich wie von selbst, und tatsächlich finden sie statt, während wir uns vom Ich zum Selbst entwickeln.

Im Buch *Angst frisst Seele* findet sich ein Ritual zur Auflösung von Angst, das sich schon seit Jahrzehnten bestens bewährt. Dabei wird der Angst täglich eine halbe Stunde gewidmet, wo man nur für sie da ist. Dafür aber bleiben die übrigen 23,5 Stunden davon frei. Bei so viel Offenheit wird sich allerdings die Angst auch in ihrer halben Stunde kaum hervorwagen. Wer dieses Ritual – idealerweise – täglich immer zur selben Zeit durchhält, wird mit der Angst im besten Sinne fertigwerden.

Aber auch jede Routinebegrüßung lässt sich leicht und beschwingt in ein Ritual wandeln. Wir zeigen oder reichen unsere offene Hand, die Friedfertigkeit und gute Absichten symbolisiert, und es ist ein Kinderspiel, diese dabei auch zu fühlen.

Wer routiniert »Guten Tag« oder besser noch »Grüß Gott« sagen kann, wird dabei auch einfach erleben, wie leicht es fällt, das ehrlich zu meinen. Warum nicht *wirklich* einen guten Tag wünschen, wenn wir es schon sagen? In einer Partnerschaft ist es eine Kleinigkeit, sich jeden Morgen von Herzen einen guten Tag zu wünschen und es nicht nur zu sagen, sondern auch so zu empfinden. Damit verschwindet automatisch viel Unehrlichkeit aus unserem Alltagsleben. Solch ein kleines Ritual wird mit der Zeit wachsender Achtsamkeit Großes bewirken in der Partnerschaft und darüber hinaus. Ganz nebenbei werden wir so auch allgemein öfter meinen, was wir routinemäßig sagen und tun. Und das kann schon einiges ändern, denn niemand ist wirklich gern unehrlich. Wir verstellen uns auch gar nicht so gern. Ehrlich zu sein, ist am einfachsten und letztlich bequemsten und bringt einfach und leicht mehr Freu(n)de ins Leben: ins eigene und das anderer. Und die meisten von uns sind so oft unehrlich – ganz ohne Not.

Beim südlichen »Grüß Gott« wird der Anspruch deutlicher und höher als in anderen Grußformeln. Es verlangt heute allerdings schon wieder Mut. Wer Gott wirklich im anderen grüßt, ist auf einem sehr anspruchsvollen Weg. Der Bibel zufolge wissen wir als Christen aus Jesu Mund, dass das Himmelreich Gottes in uns ist. Wenn wir es im anderen erkennen und ihm direkt ins Gesicht sagen: Was für eine Geste und welch ein Geschenk! Tatsächlich könnte uns in jedem Menschen Christus »selbst« begegnen; wies er uns doch ausdrücklich darauf hin, dass wir ihm tun, was wir dem Geringsten unserer Brüder tun.

Das lässt sich ähnlich natürlich auf jede andere Religion übertragen, ob wir »Salam aleikum«, »Shalom« oder »Friede sei mit dir« sagen. Wir können es einfach auch so *meinen* und werden nebenbei eine verblüffend zauberhafte Ehrlichkeit erfahren.

Obwohl nicht katholisch, verwende ich Weihwasser bei jeder sich bietenden Gelegenheit – als Ritual der Achtsamkeit beim Überschreiten einer Schwelle. Ich habe es beibehalten seit einem Zenkurs vor Jahrzehnten. Ein teilnehmender Priester machte mir den Vorschlag, solange er sich in unserer »Fasten-Schweigen-Meditations«-Zeit vor dem Zensaal und dem Sitzkissen verbeuge – aus Respekt und weil wir auf ihm Befreiung finden können –, möge ich mich doch an jedem »Marterl« auch vor dem Heiland bekreuzigen. Denn dabei sei es ebenfalls möglich, Befreiung zu finden. Seitdem nutze ich jede Gelegenheit dazu, und es bewirkt etwas in mir und meiner Umgebung. Es verwandelt einen Schwellenübertritt aus Routine in ein Ritual der Bewusstheit. Außerdem hat mir ein psychotherapeutisch begnadeter Jesuit vor langer Zeit anlässlich eines Exorzismus gezeigt, welche Macht sein heiliges Wasser im Vergleich zu Leitungswasser hat.

Wie wäre es, ebenso bei jedem »Danke« das auch wirklich zu denken, noch besser sogar: zu fühlen und dabei herauszufinden, warum wir jetzt gerade diesem Menschen dankbar sein dürfen? Schon ergäbe sich auch hier aus einer ständigen Routine, die wir bereits Kindern aus Höflichkeit beibringen statt aus Dankbarkeit, ein liebenswürdiges Ritual.

Dankbarkeit kann ein zauberhaftes Ritual werden. Ein amerikanischer Coach, der extra die beschwerliche Reise ins hinterste Indien auf sich nahm, um das absolut sichere Zaubermantra zur Erleuchtung von einem besonderen Guru zu erhalten, war genervt, als der damit ewig nicht herausrücken wollte. Aber schwer enttäuscht war er, als der es endlich tat und sagte: »Mein Mantra für dich ist ›Danke‹.« Dem frustrierten Coach entfuhr ein »Das ist alles?«. »Nein«, entgegnete der Guru. »Das ist *dein* Mantra. Meines ist ›Danke‹.« Weil er schon den ganzen beschwerlichen Weg auf sich genommen hatte, versuchte es der Coach dann doch bei jeder Gelegenheit mit dem Zaubermantra »Danke« und fand, es wirke wirklich Wunder. Wird uns jeder Ge*danke* zum Danke, wandelt sich unser Leben von Grund auf.

Wer jedes Routine-»Danke« in ein Dankesritual verwandelt, wird sich selbst und zum Selbst wandeln. Sein Alltag wird sich wie von allein mit Ritualen der Achtsamkeit und Dankbarkeit füllen. Mit der Zeit wird man zunehmend erleben und spüren, wie viel weiter und offener man in Wirklichkeit gemeint ist und sich jederzeit sein lassen kann.

Zeit für Rituale und Feste

Unsere Schwierigkeiten, die für Indigene selbstverständlichen Rituale zu verstehen und nachzuvollziehen, hängen wesentlich mit unseren unterschiedlichen Lebensschwerpunkten zusammen. Geht es uns im Rahmen der Geld-Welt-Religion mittlerweile zuvorderst um Quantität, kannten und kennen sie vor allem Qualität.

Das gilt für materielle Besitztümer wie auch für die Zeit. Wir versuchen Letztere ständig einzusparen, weil wir uns auf die absurde Gleichung »Zeit = Geld« einschwören ließen, obwohl jede(r) weiß, dass Zeit am Ende für kein Geld der Welt einzutauschen ist. Und obschon wir sie ständig einsparen, haben wir doch immer weniger davon. Während Indigene nicht mal auf die Idee kommen, mit ihr zu haushalten, haben sie sie doch ständig im Überfluss. Wir haben Uhren, sie haben Zeit.

Die Antike kannte beide Bereiche der Zeit und hatte unterschiedliche Namen für sie. Bei den Griechen stand der Titan Kronos (bei den Römern Saturn) für die Zeit*quantität,* die Gottheit Kairos für die Zeit*qualität,* den günstigen Augenblick. Arbeiter moderner Industriestaaten verkaufen ihre Zeit nach dem Stundenmaß und messen ihre Leistung mittels Stechuhr. Kreative Köpfe und fühlende Herzen wissen: Qualität ist wertvoller. Die Idee eines genialen Augenblicks kann mehr bewirken und letztlich auch bringen als stundenlanges angestrengtes Denken beziehungsweise »Hirnen«.

Wir schreiben Geschichte chronologisch auf, was archaischen Menschen fremd ist. Sie erzählen sich Geschichten wie wir früher ebenfalls in Mythen, Märchen und Legenden. Diese mythischen Begebenheiten waren nicht zwingend historisch, aber zeitlos wichtig.

Feste sind für Indigene nicht Erinnerungen alter Zeiten und Ereignisse, sondern finden immer im Augenblick statt. Sie erfahren ihre Mythen unmittelbar und (er)leben sie im Hier und Jetzt. Ihre Geschichten sind vergessen oder lebendig. Unsere sind zum Vergessen, weil so unlebendig und geradezu tot – oder jedenfalls todlangweilig. Die meisten von uns erinnern sich an die Langeweile im Geschichtsunterricht. Erzählt der Schamane die Mythen der Ahnen, werden sie in den Wortbildern lebendig und prägen das Feld oder Muster der Gegenwart für die Lebenden. Gute Lehrer würden vor dem inneren Auge der Schüler mit Begeisterung die Vergangenheit zu neuem Leben erwecken und sie so begeistern. Nur dann brächte Geschichte Freude, und Schüler könnten daraus lernen. Stattdessen lernen sie sie widerwillig auswendig und vergessen sie nach der Prüfung rasch. Angelsachsen kennen wenigstens noch den Anspruch, mit dem Herzen zu lernen: »Auswendig lernen« heißt bei ihnen *learning by heart.* Religiöse Geschichten haben auch bei uns noch den Anspruch, zu berühren und zu lebendigem Nachvollzug anzuregen. Auch christliche Feste sind ursprünglich nicht als historische Erinnerungsfeiern gedacht, sondern zum Miterleben des lebendigen Mythos.

Der schlesische Lyriker, Theologe und Arzt Angelus Silesius (1624–1677) reimte: »Und wäre Christus tausendmal in Bethlehem geboren, / doch nicht in dir, du gingest ewiglich verloren.«[19] Da meinte er offenbar diesen lebendigen Gegenwartsbezug.

Auf persönlicher Ebene kennen selbst wir Heutigen noch qualitative Zeitbezüge. An wichtige Lebensereignisse erinnern wir uns nicht nur, sondern durchleben sie auch immer wieder und sprechen von Hoch-Zeiten und Tief-Punkten in unserem Dasein. Wir kennen und schätzen also auch Zeiten besonderer Qualität und beachten abergläubisch Vorzeichen, die uns von früheren Ereignissen bekannt sind. Wir nehmen Lehren von ihnen an, sie bedeuten wieder dasselbe und leiten ein ähnliches oder sogar gleiches Geschehen ein.

So weit sind wir also gar nicht von unseren Ahnen entfernt. Die meisten vermuten es, viele ahnen es. Genießen können wir an der Zeit immer nur den Augenblick, ihre Qualität. Die Quantität ist ein intellektuelles Konstrukt, das uns wenig bringt außer Zeitmangel und -not. Rituale führen uns zurück in den Augenblick, sie leben von dieser einzig wirklichen Zeit.

Morgen- und Abendritual

Wer den Tag mit einer Morgenmeditationsübung beginnt, könnte etwa mit folgender Einleitung starten, die ich vor Jahrzehnten vom Schweizer Esoteriker Oskar Schlag (1907–1990) übermittelt bekam. Später fand ich einen ähnlichen Text in einer Schrift der Transaktionsanalyse, die auf den italienischen Psychiater Roberto Assagioli (1888–1974) zurückging. Seit Langem starte ich damit in meinen Tag. Das macht mich für die wirklich wirkende Wirklichkeit empfänglicher, und ich fühle sie so auch immer mehr.

Wir sind auf der energetischen Ebene mit allen und allem verbunden, und unser Selbst entspricht dem großen Selbst, das unendlich weiter als unser Körper alle anderen und alles andere mit umfasst. Das Ich verhält sich analog zum Selbst wie unser »Körperland« zur Erdkugel oder sogar zum Universum. »Atman« bezeichnet im Hinduismus die unzerstörbare Essenz des Geistes.

Der mit ein wenig Übung leicht zu verinnerlichende Textvorschlag von Oskar Schlag lautet wie folgt:

»Der hier sitzt und atmet, das bin ich nicht,
ich bin das Selbst.
Der Strom der Gefühle und Empfindungen,
das bin ich nicht, ich bin das ruhende Selbst.
Der Fluss der Gedanken, das bin ich nicht, ich bin das
unbewegte Selbst.
Ich bin Selbst, mein wahres Selbst ist unveränderlich,
mein Selbst ist Licht, so wie das Selbst der Welt
ist mein ewiges, unveränderliches lichtvolles Selbst.
Atman ist das Selbst der Welt.
Ich bin Atman.
Dies bin ich: ewiges lichtvolles Selbst.«

Oder man startet mit einem Mantra aus der indisch-vedischen Tradition: »Tat twam asi.« – »Ich bin das und das und alles.« Das heißt, meine wahre Realität ist göttlicher Natur. Damit lässt sich jede Art von Meditationsübung beginnen in dem Bewusstsein, viel größer als der kleine Körper zu sein und dieses Morgenritual als Energiewesen zu erfahren.

Beginnen wir den Tag morgens mit einem solchen Ritual, sind wir uns bewusst, dass im Anfang alles liegt, und beenden wir ihn am Abend entsprechend, bekommt er einen Rahmen wie auch unser Leben, das sich aus lauter Tagen zusammensetzt.

Gebete als Rituale

Früher war es auch bei uns üblich, dem Tag über Gebete einen Rahmen zu geben. Beide christlichen Großkirchen haben es aber leider geschafft, die Mehrheit der Bevölkerung nicht nur aus ihren heiligen Hallen zu vertreiben, einer der letzten Höhepunkt war, sie als »Impftempel« zu entweihen und ihnen das Gefühl fürs Beten zu nehmen. Ein Gott, der so schwach vertreten wird, hat offenbar drastisch an Attraktivität verloren.

Der Wunsch jedenfalls, mit ihm ins Gespräch zu kommen, hat in weiten Kreisen der Bevölkerung sehr stark nachgelassen, was nicht nur verheerend für die christliche Kultur ist, sondern auch für das Leben der Einzelnen.

Aus persönlicher Erfahrung weiß ich, dass Beten, und damit meine ich das Gespräch mit Gott beziehungsweise der Einheit, immer ein entscheidendes Ritual war und weiter ist, das ich sehr empfehlen kann. Der ehemalige Fernsehpfarrer Jürgen Fliege hat mit seinem Buch *Beten – Anleitungen für dein Gespräch mit Gott* Beten wieder als Entwicklungsweg belebt, als Reise zum Selbst.[20] Statt der üblichen kindlichen Bettelei wird darin eine erwachsene Begegnung mit dem Göttlichen als Herausforderung und Förderung der Seele deutlich. Die dazu notwendige »Tugend« der Tapferkeit und entsprechendes Selbstvertrauen werden eindringlich entfacht und mit Beistand und Trost belohnt.

Am Vaterunser, dem einzigen uns von Christus selbst vermachten Gebet, offenbart sich so das Geheimnis des Betens und Spiritualität als seine Essenz: Gottes Wille geschieht immer und überall – oben so wie unten, im Himmel wie auf Erden. Wir lernen hier das Lauschen auf diese Wahrheit, die nicht nur eine Frage des Glaubens, sondern schlicht auch der Intelligenz ist. Es ist so und war immer so, auf allen Ebenen, in uns und um uns – entsprechend dem Gesetz der Resonanz. Dieses Lauschen nach innen ist die bewussteste Art des Betens, um das Himmelreich Gottes in uns zu finden. Solches Beten ist ein Ja zur Schöpfung. Wer zudem noch den Gedanken des Dankens schafft dafür, darin leben und sein zu dürfen, ist auf bestem Weg zum Großen und Ganzen.

Diese große Zustimmung ist als morgendliches und abendliches Gebet der Schlüssel zu Einheit und Allverbundenheit. So wird Beten zum Weg zu ihrer Erfahrung und unglaublich modern, aber mehr noch zeitlos. Die Wiederentdeckung des Betens auf diese Art und Weise kann die Wiederverzauberung der Schöpfung fördern und durch dieses uralte, alle Kulturen verbindende Ritual unsere mit schwelenden und offenen Konflikten und in unbewältigten Krisen dahinsiechende Welt wiederbeleben.

Feier-Abend-Rituale

Eine zeitgemäße Hinführung, die uns abholt, wo wir sind, mehrheitlich vor dem Fernseher, ist die Zehn-Filme-Serie zum Thema »Zeit«, wie im Buch *Die Hollywood-Therapie – was Filme über uns verraten* vorgeschlagen. Diese Filme erlauben uns, die großen Probleme mit der Zeit, die unser modernes Leben prägen, zu konfrontieren – ob der Wunsch der Verjüngung in »Der seltsame Fall des Benjamin Button« von 2008 (Regie: David Fincher) seine Antwort findet oder das Bedürfnis, nicht zu altern, in »Für immer Adaline« von 2015 (Regie: Lee Toland Krieger), der Augenblick der Zeitlosigkeit, das Eintreten in den Moment in »Die Legende von Bagger Vance« von 2000 (Regie: Robert Redford) erfahrbar wird oder sich im letzten und bitte nicht vorzuziehenden Höhepunkt »Alles eine Frage der Zeit« von 2013 (Regie: Richard Curtis) eine wahre Psychotherapie bietet. Jeder dieser Filme wird – bewusst geschaut statt oberflächlich gesehen – etwas Wesentliches in uns berühren und verändern.

Alltags-Zauber-Ritual

Analog dem Film »Alles eine Frage der Zeit« können wir unser Leben mit einer einfachen Methode umkrempeln und zum Guten wenden. Darin erleben wir mit, wie der jugendliche Hauptdarsteller durch die Fähigkeit, in der Zeit zurückzureisen, sein Leben immer wieder repariert. Nur glauben wir, das nicht zu können. Aber wir können es noch während des Filmes lernen – und zwar leicht und beschwingt oder smart statt hart. In einem nächsten Schritt wiederholt der Filmheld grundsätzlich jeden Tag und verbessert ihn rückwirkend.

Das aber können wir in diesem Abend- und Alltagsritual ebenfalls. Indem wir jeden Tag abends nochmals vor unserem inneren Auge Revue passieren lassen und uns dabei daran erinnern, was zu verbessern wäre, bereiten wir nicht nur die Nacht mit ihren Traumreisen wundervoll vor, sondern auch den kommenden Tag, der mit der Zeit immer bewusster wird. Dieses regelmäßig durchgeführte Abendritual wird in Zukunft alle Tage verändern. Denn mit der Zeit lassen wir Dinge sein, die wir am Abend zu optimieren hätten. Unser Tag erhält die Chance, immer besser zu werden, und kommt schließlich unverbesserlich gut heraus, sodass kaum noch etwas über das Abendritual auszubügeln ist. Insofern hat dieses Ritual tatsächlich vorbeugende Wirkung auf kommende Tage und damit das kommende Leben.

Idealerweise schauen wir die ganze Filmserie mit dem Höhepunkt »Alles eine Frage der Zeit« und nutzen diesen Film zum Einstieg in den Umstieg. Und wieder geht es um nicht weniger als die Wiederverzauberung unseres Lebens mittels zugleich spannender und entspannender Filmrituale mit einem wirklichen Happy End.

Das Glücksdrachenritual

Am Mittag lässt sich spielerisch und erholsam zugleich noch solch ein Ritualanker in den Tag einbauen mit einem Mittagsschlaf, Powernap oder einer Tiefenentspannung. Das gibt der Tagesmitte Gewicht und Bewusstheit und rettet zudem energetisch den Nachmittag.

Denn wenn uns klar wird, was für einen natürlichen Energiegipfel wir am Morgen und Vormittag haben – im Anfang liegt alles –, wird aus dem »normalen« energetischen Eselsrückenmuster ohne Höhen und Tiefen das eines Dromedars mit einem frühen Höhepunkt. Eine Mittagsruhe verschafft uns einen weiteren Energie-»Hype« am Nachmittag und ein Kamelprofil mit zwei Höhepunkten, einer Doppel*hoch*zeit sozusagen. Wer dann noch am Übergang zum Abend eine weitere Tiefenentspannung in sein Tagesprofil integriert, entwickelt es zu dem eines Glücksdrachen – aller guten Dinge sind drei – und erblüht zu einem Leben voller Höhepunkte und Entspannungsrituale, die es wie wenig anderes vertiefen, erweitern und bereichern.

Das »Zusammenzwickritual« als Beispiel

Wie wir jeden neuen Tagesbeginn mit einem Morgenritual in Form einer stillen Meditation oder einem entsprechenden Gebet, einem bewegten Ritual wie beim Tai-Chi oder Qigong feiern können, ist das – *nomen est omen* – auch mit dem Feierabend möglich. Er hieße nicht so, wäre das nicht früher sogar üblich gewesen. Statt ihn mit dem – nachweislich alzheimerträchtigen[21] – Fernsehprogramm zu verbringen, könnten wir ihn mit Liebesfesten oder die Seele erhebenden Filmen feiern. Beides führt in den Augenblick – vorausgesetzt, wir verzichten auf die moderne Unsitte, Mehreres gleichzeitig zu tun und damit alles zu ruinieren.

Rituale zwischen Morgen und Abend bilden anfangs kleine Inseln der Bewusstheit. Manchmal werden wir dafür belächelt, und es wäre gut, das positiv aufzunehmen und sich selbst dabei zuzulächeln. Mit der Zeit fühlen wir uns dadurch zunehmend beschenkt. Und ist es nicht wundervoll, andere mit so einfachen Ritualen zum Lächeln und sich selbst zum Schmunzeln zu verführen? Der eigenen Kreativität sind hier keine Grenzen gesetzt.

Der österreichische Kabarettist und Psychologe Bernhard Ludwig hat uns angehalten, bevor wir einen Telefonhörer abheben, fünfmal den »PC-Muskel« zusammenzukneifen. Das ist der Muskel, den wir benutzen, wenn wir das Wasserlassen unterbrechen wollen (Musculus *p*ubo*c*occygeus oder Schambein-Steißbein-Muskel). Auch das kann durch entsprechende Bewusstheit zum Ritual werden wie alles, dem wir Bewusstsein schenken.

Solches Ritualbewusstsein hat bezaubernde Nebenwirkungen. Wir sind dann nicht nur bewusster beim Abheben des Hörers und entspannter, sondern vermitteln auch den Eindruck, nicht auf den Anruf gewartet zu haben, und stärken nebenbei den Beckenboden, was die Blase in Form hält und verhindert, dass sie im Alter beim Lachen überläuft, aber auch Liebesfeste nachhaltig unterstützt.

Jeder Tag ist voller entsprechender Gelegenheiten.

Weitere Alltagsrituale

Ein klassisches Morgenritual wäre der »Sonnengruß«, eine Abfolge von zwölf Yogahaltungen, die im Atemrhythmus ineinander übergehend geübt werden. Videos und Anleitungen dazu findet man zuhauf mit der Suchmaschine des Internets. Wer den »Sonnengruß« bewusst ausführt, wird seinen sonnigen Seelenanteil anregen und den Tag be*sonne*ner beginnen. Aber jede Form von Yoga kommt natürlich infrage.

Eine Tai-Chi-Form an besonderen Stellen auszuführen, ist eine flexible Art von Ritual, das Orten Bedeutung gibt. Sie ist aber natürlich auch im Garten, Park oder auf dem Balkon möglich und wirksam.

So wie ein bewusstes Danke die Gedanken in ein Danken verwandelt und häufiges Danken die Tage mit Dank füllt, lässt sich auch jede Bitte in ein Ritual wandeln. Häufiges bewusstes Bitten bringt Demut in unsere Tage und ins Leben, rückt unsere Position zurecht und dient als Schutz vor Arroganz und Hybris. Sind wir doch tatsächlich in der Position von Bittstellern, weil »Sein Wille« immer geschieht, wie uns jede bewusste Rückschau eröffnet.

Das bereits erwähnte Benutzen von Weihwasser mag uns auch weit darüber hinaus die Bedeutung des Segnens zu Bewusstsein bringen. Früher segneten Eltern ihre Kinder, heute wünschen sie ihnen oft unbewusst Schreckliches an den Hals. Besonders süße und freundliche Kinder müssen sich oft Sätze anhören wie beispielsweise »Bleib so, wie du bist«. Was für ein entwicklungsfeindlicher Wunsch! Scheußlicher nur noch das mehrfach zitierte deutsche Mantra »Hoffentlich passiert nichts!«, das auch meine Mutter mir mit auf den Weg zu meiner ersten Indienreise gab. Dabei wünschte ich mir doch nichts mehr, als dass sehr wohl endlich etwas passieren möge, nämlich die schon so lange ersehnte Erleuchtung. Nun möchte ich nicht unterstellen, dass meine Mutter schuld daran war, dass ich in Indien über heftigen Durchfall nicht hinauskam. Aber ihr Segen wäre doch so viel schöner gewesen. Hier wird deutlich, wie unangemessen kausales Denken in solchem Zusammenhang ist. Das Gesetz des Anfangs und das der Resonanz bieten hier die angemessenen Interpretationen. Würden gleich zu Beginn die Weichen richtig und auf Resonanz gestellt, würde das gewünschte Ergebnis jedenfalls wahrscheinlicher, weil ich selbst mich auch noch viel mehr auf dieses Ziel eingestellt hätte.

Ein schöner Segenswunsch zum Abschied wäre für mich: »Ich wünsche dir, was du dir wünschst, und bedenke, es könnte dir gewährt werden.«

Essensrituale

Sein Essen zu segnen, kann gute pflanzlich-vollwertige Kost nicht ersetzen, macht aber jede Mahlzeit bekömmlicher. Das braucht keinen großen Aufwand im Sinne von vielen Worten und gegenseitigem Händereichen, wobei auch das in einem kleinen, feinen Kreis sehr schön und seelisch wirksam sein kann. Ein kurzer Augenblick der Besinnung auf diese Mahlzeit und der Dankbarkeit an alle, die dazu beigetragen haben, kann schon Wunder wirken. Das ist zudem eine kleine, aber wichtige Zäsur zwischen der normalen und der Mahl-Zeit.

Früher war ein Dankgebet vor dem Essen üblich und erfüllte all das ganz nebenbei. Fast jeder kennt noch die Kurzform »Komm, Herr Jesus, sei unser Gast und segne, was du uns bescheret hast«. Da ist der Segen eingeschlossen und die Dankbarkeit und die Gastfreundschaft, die uns immer wieder in Erinnerung rufen kann, dass wir alle (nur) Gäste sind auf dieser wundervollen Mutter Erde und uns auch besser so verhalten sollten, um uns und sie für uns möglichst lange zu erhalten.

Stellen wir uns nun vor, wir reduzierten unsere Mahlzeiten auf zwei und wandelten sie in Rituale und Inseln der Achtsamkeit. So ergeben sich »die fünf Ws des Essens« wie von selbst:

- An erster Stelle kommt das *W*ann beim Essen: eben eher selten und die Essenszeiten nah beieinander. Im Buch *Kurzzeitfasten* habe ich die vielen Vorteile oder positiven Nebenwirkungen beschrieben.
- An zweiter Stelle folgt das *W*ie, also langsam, bewusst und gut kauend im Sinne der altbewährten Mayr-Kur.
- Die Frage »In *w*elcher Reihenfolge?« folgt an dritter Stelle: erst Ballaststoffe in Frischkostform – Schnellzug vor Bummelzug –, dann Fett und Eiweiß und erst zum Schluss Kohlenhydrate und nur komplexe und niemals raffinierte.
- Das *W*as an vierter Stelle ergibt sich aus den ersten drei wie von selbst und läuft allmählich auf pflanzlich-vollwertiges *Peace Food* hinaus.
- Das *W*ieviel ist dann ein Kinderspiel und folgt organisch aus den ersten vier Kriterien.

Essen verdeutlicht »Weniger ist mehr«. Lieber nur zwei- oder sogar nur einmal im Sinne der Krieger- oder Warrior-Diät, aber dafür bewusst und rituell, langsam, dafür wenig und gut. Genaueres dazu findet man im E-Book *Abnehmen – (er)leichter(t) leben* (über dahlke4you.com).

TamanGa-Natur-Kur-Rituale

TamanGa, unser Gäste- und Seminarzentrum in Südösterreich, steht unter diesem Motto, und ich erkläre das auch am Anfang meiner Seminare. In TamanGa ist der Gast nicht König, denn so viel Personal haben wir gar nicht. Wir sind alle Gäste und wollen in diesem Lebensgarten zusammen wachsen. Wir essen miteinander und können uns auch in den Pools begegnen – es ist ein Ort der Begegnung mit sich selbst und anderen und Mutter Natur, aber auch der Kultur und selbst modernster Bewusstseinstechnik etwa im Brainlight-Saal und in den Waldsälen.

Die TamanGa-Natur-Kur ist am wirksamsten als eine Kette von Ritualen, ob du dich zwischen zwei mächtigen Buchenstämmen in der Hängematte wiegen lässt und kontemplativ ins große Grün schaust, um die von der heiligen Hildegard von Bingen (1098–1179) so sehr empfohlene Grünkraft aufzunehmen. Oder im Brainlight-Sessel eine gleichsam vielhändige Shiatsu-Massage bei einer geführten Meditation erlebst, deren eigens komponierte Musik deine Gehirnhälften mit einem aus binauralen (zwei Ohren betreffenden [zweikanaligen]) Tönen[22] gewebten Klangteppich synchronisiert und eine spezielle Brille das auch über Lichtreize auf deine geschlossenen Augenlider bewirkt. So kannst du sinnlich über die solcherart bewirkten Synergien erleben, wie viel mehr das Ganze ist als die Summe der Teile.

Und je nach Geschmack kannst du solche Erfahrungen auch neu kombinieren und über Brainlight-Mobil die geführte Meditation einschließend der Musik, Tonmuster und Lichtreize mit in die Hängematte nehmen, um dir mitten im Wald mehr als ein Licht aufgehen zu lassen.

Eine ganz normale Woche ohne spezielles Seminar in TamanGa ist voller solcher Ritualmöglichkeiten, sodass du hier üben könntest, deinen ganzen Tag mit all seinen Routinen in ein großes Ritual und zugleich dich zu verwandeln.

Arbeitsrituale

*Wunder*voll ist es, wenn auf der Arbeit, mit der wir modernen Menschen unsere meiste Zeit verbringen, Segen liegt. Und nichts hindert uns, sie bewusst bei jedem Beginn zu segnen und an ihrem Ende zu danken – dafür, dass wir Arbeit haben und sie uns erfüllt.

Seit ich aus meiner vielen Schreibarbeit den Arbeitsaspekt gestrichen und sie in eine Meditation und ein Ritual gewandelt habe, fällt sie mir noch ungleich leichter und geht mir noch flüssiger von der Hand. Heute weiß ich gar nicht mehr, was mir lieber ist, meine Zazen-, meine Schreibmeditationen oder meine Atemsitzungen, ob ich sie gebe oder von guten Freunden bekomme.

Es ist so einfach und auf viele andere, früher als Arbeit verkannte Exerzitien zu übertragen. Ich setze oder stelle mich heute immer öfter zu meinem Laptop, schließe immer kürzer die Augen und verbinde mich mit den himmlischen Kräften aus dem Luftreich des Himmelsgottes Uranus und seinen Inspirationen und stelle mir vor, wie diese Kräfte von oben auf mich herab in mein Kronenchakra (feinstoffliches Energiezentrum) kommen und sich auf den Weg in die Herzmitte begeben. Anschließend stelle ich mir vor, wie die irdischen Kräfte der großen Mutter durch meine Wurzeln über mein Becken in den Herzraum aufsteigen und sich dort mit den oberen verbinden. Das geschah über die Jahre immer rascher, und sobald ich spüre, wie die Energie durch die Arme meine Finger erreicht, lasse ich diese übers Keyboard tanzen. Das ist schon längst keine Arbeit mehr, sondern eine vergnügliche Meditationsübung, die sich auch gut beibehalten ließ, als ich vermehrt ans Stehpult wechselte. Im Stehen lässt sich genauso gut meditieren, die Aufmerksamkeit ist sogar noch erhöht und das sonst häufige Wegträumen zumindest erschwert.

Wegerituale

Zu Fuß zur Arbeit zu gehen, kann zum Ritual werden. Wie natürlich auch Spaziergänge, besonders günstig im Wald mit der wissenschaftlich nachgewiesenen Immunsystemkräftigung durch Shinrin-yoku (»Waldbaden«).

Beim Verlassen der Wohnung kann man sich oder dem Fahrzeug schon den Segen – zum Beispiel mit Weihwasser – geben. Ähnlich beim Betreten des Büros etwa in einem Schwellenritual, wie es beim Betreten von Tempeln oder Kirchen üblich ist. So könnte auch der Übertritt von der Außen- in die Arbeitswelt mit einem kleinen bewussten Ritual ein Feld von Wachstum im Bereich der Berufung werden. Eine Bitte um Schutz und Begleitung etwa.

Schwellenrituale könnten aus einer angedeuteten Verbeugung bestehen oder einer bewussten Begrüßung der bereits anwesenden Kollegen und Kolleginnen.

Auch zu Beginn einer Therapiesitzung hat es mir immer geholfen, im Bewusstsein alles für eine erfolgreiche Therapie Notwendige getan zu haben und bestens vorbereitet zu sein, ein stilles »Dein Wille geschehe« zu denken.

Beim Verlassen des Arbeitsplatzes hat es sich bewährt, ihn rituell wieder so in Ordnung zu bringen, wie man ihn am nächsten Tag vorfinden möchte. Beim Verlassen der Praxis war mir immer ein Danke wichtig, wenn wieder einmal alles gut gegangen war.

Zu Hause angekommen, kann ein Duschritual Fremdenergien abwaschen und so auch seelische Reinigung und Erfrischung mit sich bringen, insbesondere wenn die letzte abschließende Duschrunde kalt ausfällt.

Heimische Ritualplätze

Bestimmte festgelegte Plätze können die Wirkung von Ritualen noch verstärken. In der eigenen Wohnung lassen sie sich fast beliebig schaffen, aber auch in der Natur. Die Mischung von Kultur und Natur kann ihren eigenen Charme entfalten. In der inneren Bilderwelt ist es besonders leicht und reizvoll, weil die Möglichkeiten ungleich vielfältiger sind als in der äußeren Realität.

Sowohl konkrete Orte der Kraft in der äußeren Welt als auch in der inneren Seelen-Bilder-Welt lassen sich durch häufige Abhaltung und ständige Wiederholung der Rituale noch vertiefen. Emotionale Ladungen kommen entsprechend hinzu, wie auch Anregungen der anderen Sinne über Düfte und Musik. Für Liebespaare, die ein Lied haben, wird sich dieses mit jedem gemeinsamen Hören fester in ihrer Seelenwelt verankern und ihre Liebe vertiefen.

Räume wie Küche, Ess- und Schlafzimmer, aber auch Schreibtisch oder Bett können mit Ritualen in bestimmtem Sinn eingeweiht und mit einem Thema oder Motto versehen werden.

Im Zen gibt es das Ritual des Kinhin, des bewussten Gehens. Tatsächlich geht etwas, wenn wir gehen. Je mehr wir gehen, desto besser kommen wir voran.

Im Freien beim Barfußgehen können wir uns dadurch von Mutter Erde darüber hinaus mit Antioxidanzien beschenken lassen, die dem Organismus ausgesprochen guttun, insbesondere den Mitochondrien oder Zellkraftwerken, die uns mit Energie versorgen.

Ein wundervolles Ritual ist auch die morgendliche »Liebende-Güte-Meditation«, bei der wir uns zuerst und sehr bewusst mit uns selbst verbinden, anschließend mit all unseren Lieben, dann mit denjenigen, mit denen wir ein Problem haben, schließlich auf liebevolle Weise mit unseren »Feinden« und zum Abschluss mit dem Universum.

Schließlich können auch Mantren zu einem Ritual werden, vor allem wenn sie nebenbei zum langen Atem der Sieger führen. Bei jedem Atemzug kann dabei das Ausatmen verlängert werden.

Die kreisenden Qigongkugeln, die die Finger erst in einer Hand umeinander kreisen lassen, ohne dass sie aneinanderstoßen, können schließlich auch die andere Hand in Bewegung bringen und so die Meridiane, die in den Nagelbettendpunkten beginnen und enden, aktivieren. Ursprünglich habe ich diese Übung Patienten mit Dupuytren-Kontraktur oder palmarer Fibromatose, dem Zusammenziehen der Sehnenplatte im Innern der Handflächen, mit Erfolg empfohlen. Aber mit der Zeit teilten mir nicht wenige mit, wie sie dadurch nicht nur Fingerfertigkeit und Beweglichkeit, sondern auch ihr ganzes Leben besser in den Griff bekommen hätten.

Unserer Fantasie sind also beim Entwickeln von Ritualen aus Routinen keine Grenzen gesetzt, denn wir leben mit einem Überfluss an Gewohnheiten und Routinen. Wichtig ist, sich anfangs nicht zu viele, sondern lieber weniger und dafür nachhaltige Rituale vorzunehmen, die wir mögen, schätzen und deshalb auch durchhalten können. Am besten ist, sie begeistern uns und machen geradezu Freude.

Feiern, Feste und Fixpunkte im Jahr

Wie wir unseren Tagen rituelle Rahmen verpassen können, gelingt das auch mit jeder der 52 Wochen und den zwölf Monaten des Jahres. Aber auch mit jedem Jahr kann es klappen, mit allen Jahrzehnten, den beiden Lebenshälften und dem ganzen Leben. Statt am Montagmorgen um 9.30 Uhr den Höhepunkt der Herzinfarkte durch Verschluss entscheidender Herzkranzgefäße zu erleiden wie im Moment so viele von uns, könnten wir uns auch jeder neuen Woche bewusst und rituell öffnen. Jede ist eine neue von 52 Chancen. Wir können uns auch zwölf wachere Monate oder Tierkreiszeichen-Zeiten beziehungsweise dreizehn ebensolche Mondzyklen schenken und rituell feiern. Wer sich pro Woche einen Tag der Muße schenkt wie früher am siebten oder Ruhetag, dem Schabbat alttestamentarischer Zeiten, gewinnt einen idealen Zeitraum für Rituale, die einerseits unsere kostbare Zeit erfordern, aber andererseits unsere Lebensqualität fördern und unsere Zeit entsprechend gestalten.

Zwölfmal pro Jahr treten wir symbolisch im Sinne der Tierkreiszeichen in eine neue Zeitqualität, was uns mit den zwölf grundsätzlichen Ur- oder Lebensprinzipien verbindet und unserem Dasein so viel mehr Tiefe und Inhalt verleihen kann. Wir könnten uns mit Eintritt in ein neues Lebensprinzip mit einem für dieses Prinzip (arche)typischen Film darauf einstellen und auch daraus zwölf Rituale werden lassen, die uns helfen, Kairos näherzukommen und damit der wirklich wirkenden Zeitqualität. Im

Buch *Die Hollywood-Therapie – was Filme über uns verraten* finden sich Interpretationen von über hundert der besten Filme, geordnet nach den Ur- oder Lebensprinzipien.

Jedes Jahr kann als ein Kreis aufgefasst werden, sprechen wir doch auch ausdrücklich vom Jahres*kreis*. Das Feste darin sind seine Feste, seine Fixpunkte. Die vier fixen Feste – je zwei Tagundnachtgleichen in Frühling und Herbst, die sogenannten Äquinoktien, und die kürzeste Nacht im Sommer und die längste im Winter, die beiden Solstitien (lat. *solstitium* [Sonnenwende, eigentlich Sonnenstillstand]) – teilen jedes Jahr in vier Abschnitte und in unseren Breiten in vier Jahreszeiten, die auch den vier Lebensphasen entsprechen. Hier ist so verstanden die »Quadratur des Kreises« geglückt. Die vier Fixpunkte sind bestechend objektiv und waren sogar schon unseren frühen Vorfahren der Megalithkultur bekannt, wie viele Steinkreise dieser Zeit und auch ägyptische und aztekische Pyramiden belegen.

Diese Fixpunkte wurden wohl zu allen Zeiten als *Feste* gefeiert. Ihr Feld war so wirkmächtig, dass später aufkommende Religionen wie etwa das Christentum nach anfänglichem Widerstreben nicht umhinkonnten, ihre großen Feste nach diesen »heidnischen« Zeiten auszurichten. So wurde Christi Geburt nach einigen von der Bevölkerung nicht angenommenen Fehlversuchen auf Anlass von Papst Julius I. (gest. 352) in unmittelbare Nähe des Wintersolstitiums verlegt. Schließlich wählte Papst Liberius (gest. 366) im Jahr 354 endgültig den 25. Dezember als »Geburtstag des Herrn«. Das Weihnachtsfest wurde damit weiterhin in der bereits vorhergehenden Kulturen heiligen geweihten Zeit gefeiert. In ihr ist die Dunkelheit am tiefsten und das Licht am schwächsten, aber die Hoffnung auf seine Rückkehr am größten.

Im Verständnis vieler archaischer und spiritueller Kulturen spiegelt sich im Jahreslauf auch unser Lebenslauf und in jedem Teil das Ganze. Dieses sogenannte Pars-pro-toto-Prinzip ist inzwischen auch von der Wissenschaft gut belegt: Genetiker gehen davon aus, dass in jeder Zelle die Information für den ganzen Menschen liegt. Die Chaosforschung kennt die sogenannte Mandelbrotmenge, das Apfelmännchen. In jeder Einzelstruktur dieser Figur findet sich wieder das Ganze. Der Naturheilkunde ist dieses Denken gut vertraut, etwa wenn wir über die Reflexzonen der Füße oder des Ohrs den ganzen Organismus behandeln. Eine technische Analogie sind dreidimensionale Laserhologramme, die erlauben, aus jedem einzelnen Teil des Bildes das Ganze zu rekonstruieren.

Nach dem Pars-pro-toto-Gesetz muss jede kleine Einheit das Ganze enthalten, der Tag also die Woche, den Monat, das Jahr, das Leben und die Summe der Leben. Folglich muss sich auch das Mandalagrundmuster des Kreises in all diesen Strukturen widerspiegeln. Tatsächlich lässt sich aus der Art, wie jemand seine Tage beginnt, schließen, wie er sein Leben angeht. Wir sprechen vom Lebensabend und beziehen dabei das Muster des Tagesablaufs aufs ganze irdische Dasein. Wie wir während des Tages 1 bis 2 Zentimeter infolge des nachlassenden Bandscheibendrucks schrumpfen, sinken wir im Laufe des Lebens unter unserer eigenen Last einige Zentimeter zusammen.

Das mag belegen, wie wichtig es ist, jeden Tag als Übungsfeld zu nutzen und mit einem Ritual zu beginnen, das unserer Vision, unserem Traum von einem erfüllten Leben entspricht. Eine gute Vorlage liefert der Film »Und täglich grüßt das Murmeltier« von 1993 (Regie: Harold Ramis), in dem Hauptdarsteller Bill Murray zeigt, wie aufwendig, aber auch beglückend und erfolgreich das ist.

Und auch jede Woche ist eine Chance, ihre sieben, den großen Urprinzipien der Antike zugeordneten Tage mit Bewusstheit für Rituale zu nutzen. Etwa in meditativer Form die jeweiligen *heilsamen Tugenden* im eigenen Bewusstseinsfeld zu verankern: am Montag die der Fürsorge, am Dienstag der Tapferkeit, am Mittwoch der Kommunikation, am Donnerstag die der Sinnfindung, am Freitag der Beziehung, am Samstag der Klarheit und am Sonntag die der Kreativität.

Der Mond- und Monatszyklus stellt das Licht empfangende, widerspiegelnde Prinzip dar und ist das weibliche Symbol, das mit seinen dreizehn Monden à 27,3 Tagen den ganzen Jahreslauf abbildet. Darin ist Neumond der Punkt tiefster Dunkelheit, der im Jahr dem Winter und im Leben dem Alter und der Er-Lösung entspricht. Tatsächlich menstruieren – frei vom Einfluss künstlichen Lichts – alle Frauen zu Neumond, was früher insofern eine sakrosankte Ritualzeit war und als Blutopfer an die große Muttergöttin rituell begangen wurde. Daher ist die Menstruation auch heute noch ein energetisch besonderer Zeitraum für ein weibliches Ritual. Im Mondkreis gibt es genügend Zeiträume für Rituale, die nach wie vor der Würdigung und Segnung bedürfen und den weiblichen Pol auf einer tieferen Ebene stärken.

Im Sonnen- und Jahreskreis dient im größten Teil der Welt der 1. Januar als Anfangspunkt des profanen Jahres, was in etwa der Wintersonnenwende entspricht. Die Umkehr findet statt, lange bevor wir sie wahrnehmen, ähnlich wie wir auch die Empfängnis selten bewusst bemerken. Nie ist mehr Nacht als in dieser heiligen und damit vollkommen dunklen Zeit. Der Geburt des Lichtkeims entspricht die Empfängnis. Dabei taucht die Seele in die Dunkelheit der Körperlichkeit ein und verkörpert sich, meist ohne von modernen Müttern bemerkt zu werden. Anschließend hat sie die Aufgabe, den Körper zu beseelen – ein Leben lang.

Zuerst wächst das Licht – wie der Embryo – im Geheimen, und alles bleibt noch weitgehend im Dunkeln. Fast unmerklich nehmen die Tage aber bereits zu. Spätestens zur Frühlings-Tagundnachtgleiche, die der Geburt und dem Sonnenaufgang entspricht, wird der Siegeszug des Lichts für alle sichtbar. Die Sonne gewinnt zusehends an Kraft, und das Wachstum im Luftreich der äußeren Welt nimmt seinen Lauf. Über die Pubertät, dem jungen Morgen des Lebens entsprechend, geht der Aufstieg der Lichtkräfte über die Adoleszenz, den Vormittag des Lebens, bis zum Höhepunkt des Tages und Jahres.

Mittag und Sommersolstitium zeichnen sich durch den höchsten Sonnenstand und das intensivste Licht aus. Der längste Tag und das stärkste Licht beleuchten diesen Höhepunkt, die Klimax des Jahres und Lebens. Es ist beider Wende- und Wechselzeit. Bisher ging es stetig aufwärts, auf den Berg der Welle. Ab jetzt geht es hinab ins Wellental des Lichtkreislaufs. Auch wenn das wiederum noch kaum zu merken sein mag, ist der Wechsel der Richtung doch unwiderruflich. Oft lassen wir ihn zur Krise im negativen Sinn verkommen. Dabei könnte die Lebensmitte eben auch Klimax, Höhepunkt, sein und Zeit für ein Ritual im Hinblick sowohl auf den Nachmittag als auch die zweite Lebenshälfte.

Jeder Lebensübergang ist auch Bilanzzeit und Gelegenheit für rituelle Neuorientierung. Im Lebenskreis ist in der Mitte die Peripherie des Mandalas erreicht. Menschen unserer Zeit mag das ungebührlich früh vorkommen, aber es geht doch um Wechsel*jahre* und nicht etwa -tage, also genug Zeit, um die Änderung der Lebensrichtung auch inhaltlich nachzuvollziehen.

Wie Weihnachten und Wintersolstitium Tiefpunkt, ist das Sommersolstitium Höhepunkt des Jahres. Ab jetzt ist Erntezeit. Die Kraft der Sonne spiegeln oft auch von der Signatur nachempfundene pralle reife Früchte wider. Die bei uns oft verhasste Zeit der Wechseljahre ist in Wahrheit der wirkliche Höhepunkt des Lebens, der Moment der Rückkehr nach Hause zur (Er)lösung in der Mitte des Lebensmandalas, die Zeit des Beginns der Ernte und des Genusses der Früchte des Lebens. Enteilten wir nicht ständig der einzig wirklichen Zeit des Augenblicks weit in die Zukunft, ließe sich diese Zeit in vollen Zügen und in entsprechenden Erntedankritualen genießen.

Im frühen Herbst könnte sich ruhiges Genießen ergeben, nach dem sich so viele ein Leben lang sehnen. Nur laufen so viele in der Moderne Gefahr, vor lauter Zukunftsangst und -orientierung diesen Genuss zu verpassen, weil sie nicht bei sich, nicht wirklich zu Hause und auch zeitlich einfach nicht da sind. Rituale sind die ideale Gelegenheit, wieder nach Hause zu sich selbst zurückzukehren und in den Augenblick einzutauchen. Geführte Meditationen sind ein geeigneter Weg dazu.

Ab der Herbst-Tagundnachtgleiche gerät das Licht gegenüber dem Dunkel ins Hintertreffen, die Tage werden kürzer als die Nächte. Wir nähern uns in Analogie am Tag dem Sonnenuntergang, der Abenddämmerung, und im Leben dem (Lebens)abend. Ab jetzt ist Abnehmen angesagt, körperlich, aber auch im übertragenen Sinn. Ballast will abgeworfen werden – es geht ums Abschiednehmen, um Loslassen von allem, was nicht mehr notwendig ist für den weiteren (Lebens)weg. Mit dem Spätherbst ist auch in Mutter Natur Abscheiden und Loslassen beherrschendes Thema bis hin zum schließlichen Verscheiden. Das Licht wird immer schwächer, häufig auch das Augenlicht; die äußeren Sinne lassen nach, ab jetzt geht es um den letzten und tiefsten Sinn (des Lebens). Zwar leuchten im Herbst nochmals im Außen kurz die Farben auf, aber nur, um sich anschließend endgültig zu verabschieden. Grau tritt nicht nur bei der Haarfarbe in den Vordergrund, sondern erfüllt auch viele mit Grauen. Darauf folgt Weiß, die Farbe der Vollkommenheit, die alle anderen in sich enthält und in unseren Breiten bald alles zudeckt mit einer Schneedecke – poetisch auch »Leichentuch« genannt. Auch diese symbolischen Farbenspiele bieten wundervolle Gelegenheiten zu Ritualen in Gestalt geführter Meditationen.

Zur Abnahme des äußeren Lichts kontrastiert im Idealfall die Zunahme des inneren. Von der Empfängnis bis zur Midlife-Crisis bestimmt Wachstum die Stimmung. Nun wird (Gesund)schrumpfen zur Aufgabe, bis am Ende nur noch Wesentliches übrig bleibt. Alles Überflüssige können weder Sensenmann noch erst recht der Hüter der Schwelle passieren lassen. Schluss und Anfang zugleich bildet wieder das Dunkel der Mitternacht, das Wintersolstitium im Jahr. Es ist (Er)lösung, Tod und Empfängnis in einem.

Diese Betrachtung des Mandalalebenskreises erfasst eine zentrale Dimension unseres Lebens. Der Kreis ist ungleich wirklicher als die Gerade, der Pfeil, das Symbol modernen Fortschritts, dem wir im Westen nachjagen. Letztlich gibt es gar keine Gerade. Als Kunstprodukt der euklidischen Geometrie wird in letzter Wirklichkeit jede Gerade, die lang genug ist, zum Kreis.

Letzte Wahrheit aber liegt in der Mitte. Kulturen, die sich ausschließlich auf den Kreis beziehen, drehen sich mit der Zeit auch im Kreis und erleben keine Entwicklung. Gesellschaften, die nur auf den (eingebildet geraden, aber nicht existenten) Pfeil des Fortschritts setzen, verlassen die Ordnung und gefährden sich und die Welt. Verbinden wir Kreis und Pfeil in einem gemeinsamen Symbol, entsteht die Spirale, das Ursymbol des Lebens. Tatsächlich ist sie ein Kreis mit Richtung – ein Kreisen, bis alles in den einen Mittelpunkt zurückkehrt. Lassen wir die Spirale sich nach oben zu verjüngen, bis sie in einem Punkt direkt über ihrem Mittelpunkt endet, haben wir ein perfektes Symbol unserer Entwicklung.

Jede Umdrehung bildet ein Jahr ab, und die Gesamtheit der Jahreskreise formt die Spirale. Diesem Bild entspricht auch die Erfahrung, dass die Jahre mit den Jahren subjektiv kürzer erscheinen. Die Pendelausschläge, die uns immer wieder in die Polarität zwingen, werden kleiner, während wir und alles sich dem Mittelpunkt der Einheit nähert.

Wer sich dieses Grundmuster allen Lebens zu Herzen nimmt, wird viele wundervolle Zeitpunkte für Rituale finden und erleben, die an einem Tag sein ganzes Leben wandeln können. Das ergibt den bezaubernden Charme des erwähnten Films »Und täglich grüßt das Murmeltier«. Tatsächlich können wir von jedem Tag aus in Form von Ritualen Bewusstheit in unser ganzes Leben einfließen lassen, wenn wir dieses Wissen an- und ernst nehmen. So lässt sich alles darin rückwirkend reparieren und vorausschauend optimieren.

»Wem nur ein einmaliger Sitz sich fügt, dem verschwindet unermessliches Leid«, besagt das Lied des Zenmeisters Hakuin

(1686–1769), ein wesentlicher Zentext. Wem nur ein einziger Tag wirklich gelingt, dem wird das ganze Leben gelingen. Rituale sind der entscheidende Schritt dazu. Das wirksamste und nachhaltigste ist eine Sitzung mit dem »verbundenen Atem«, das Erfahrungen der Ekstase und Einheit ermöglicht wie nichts anderes mir Bekanntes. Im Zazen zielen die Rituale inhaltsfrei auf die Stille des Geistes, in geführten Meditationen nutzen sie die großen Themen des Lebens.

Rituelles Segnen

Unsere Vorfahren, die die Welt noch in Gottes Hand statt in ihrer wähnten, haben viel(es) gesegnet, zum Beispiel auch Rituale, und damit die TeilnehmerInnen oder sich dem Segen der Einheit unterstellt. Aus Erfahrung weiß ich, dass das noch heute hilft, auch wenn wir nicht mehr viel darauf geben und kaum Übung darin haben. Gottes Segen oder den der großen Göttin beziehungsweise der Einheit zu erbitten, ist einfach und noch immer wirksam. Wir können Bitten und Beten wieder entdecken und ausprobieren – es wirkt. Der US-Psychotherapeut Larry Dossey konnte das bezüglich des Betens sogar wissenschaftlich belegen.[23]

Das Beispiel des Segens beim Abschied mag das verdeutlichen. Bei diesem Anlass haben unsere Ahnen den Kindern ihren Segen mitgegeben statt ihre Befürchtungen und Sorgen. Wie schön, daran erinnert zu werden und zu wissen, in Gottes Hand zu sein, und niemals tiefer sinken oder fallen zu können.

Um grundsätzliche Konflikte, den Kampf zwischen widerstreitenden Kräften, nicht generell in Krisen ausarten zu lassen, wären ein Umdenken in diese Richtung und gute Vorbereitung die ideale Lösung. Wo das Kind schon mit dem Bade ausgeschüttet wurde, bieten rituelle, energiegeladene Wiederholungen missglückter Übergänge die beste Chance, ungeschickt gestellte Weichen und hinderliche Programme zu wechseln.

Dazu ist es bekanntlich nicht nur notwendig, neue Programme

in Ritualform zu kreieren, sondern sich vorher auch bewusst zu machen, was schiefgelaufen ist, also die Problematik zu durchschauen und ausreichend *Motiv*ation für Neuanfänge aufzubauen. Das ist der erste Schritt des Heilwerdens, der Salutogenese, und Voraussetzung für den zweiten – Veränderung und Wandel.

TEIL II
LEBENSÜBERGÄNGE ALS KRISEN ODER CHANCEN

Die Geburt – Eintritt in die Welt der Gegensätze

Was für die Raupe das Ende der Welt, sei für den Meister ein Schmetterling, lautet eine alte Weisheit, die Richard Bach so berührend zitiert. In William Shakespeares (1564–1616) *König Lear* heißt es: »Wir Neugeborenen weinen, zu betreten / Die große Narrenbühne …« (IV, 6). Wir hatten schon eingangs gesehen, wie entscheidend das Thema »Geburt« weit über die *Frauen-Heil-Kunde*[24] hinaus in so viele Lebensbereiche reicht. Wie gesagt: Im Anfang liegt alles.

Jede Lebenskrise wird zur Bilanz des vergangenen Lebensabschnitts. Ist die Schwangerschaft von akzeptierenden Gefühlen geprägt und das Kind freudig erwartet, kann die Geburt ungleich leichter verlaufen. Schon die Tatsache des großen Erfolgs von Frédérick Leboyers (1918–2017) Buch *Geburt ohne Gewalt* ist ein Indiz dafür, wie krisenanfällig der Schritt ins Leben sein kann.[25] Denn der französische Gynäkologe gibt – nach seinen eigenen Worten – eigentlich nur selbstverständliche Tipps zur Begrüßung neuer Erdenbürger. Lediglich in einer Gesellschaft, die sich weit vom Selbstverständlichen entfernt und die Geburt ihrer Natürlichkeit beraubt und oft in eine schulmedizinische Farce verwandelt hatte, konnte es zu solch einer Offenbarung werden. Ein Blick zurück auf die Geburtspraxis des letzten Jahrhunderts mag andeuten, wie weit wir uns verirrt hatten.

Die Gynäkologie als relativ neue Disziplin der Medizin mit einem gewissen Nachholbedarf an Legitimation hat es tatsächlich geschafft, die Frauen bei der Geburt aufs Kreuz zu legen, eine der ungünstigsten Geburtslagen, in der Schwangere kaum genügend Kraft zum Pressen entwickeln können. Vor allem aber drückt der Kopf des Kindes dabei auf den Damm statt auf die dafür vorgesehene Öffnung des Gebärmuttermunds. Der Vorteil dieser Position liegt einzig aufseiten der Gynäkologen, denen sich dadurch ein bequemes übersichtliches Arbeitsfeld bietet. Wie ungeschickt diese Lage ist, können auch Männer nachfühlen bei dem Gedanken, auf dem Rücken liegend mit in die Luft erhobenen Beinen Stuhlgang zu produzieren. Wo mangels Gegendruck nicht einmal ein so bescheidenes Würstchen hinauskommt, hat es der Kindskopf noch um einiges schwerer.

Indigene Menschen wählten Haltungen wie die Hocke, um mit mehr Nachdruck und dafür ohne Dammschnitt zu gebären. Da sie Dammschnitte weder durchführen noch entsprechende Risse nähen konnten, blieb ihnen keine andere Wahl, als natürlicher und sicherer zu gebären. Wo dagegen Gynäkologen Dammschnitte beherrschen, wird zum Teil bis heute die Gelegenheit genutzt. Sudanesische traditionelle Seilhebammen lassen noch heute ihr Seil von der Decke, das die Gebärende ergreifen kann, während sie in der Hocke gestützt wird. Auf Borneo sitzen Frauen zur Geburt auf vorgewärmten Holzschüsseln, auf den Osterinseln stehen sie mit gespreizten Beinen und lehnen sich an Geburtshelferinnen. Mizteka-Frauen in Mexiko knien mit gespreizten Beinen auf dafür gewebten Strohmatten.

In modernen Zeiten ist allerdings zu bedenken, dass nicht wenige Frauen von sich aus die Rückenlage wünschen, weil sie – schlecht vorbereitet – oft rasch zu erschöpft sind. Dann sind natürlich HelferInnen notwendig und in ihrer Geschicklichkeit gefordert.

Mit dem Kopf durch die Wand

Wenn auch menschlich verständlich, ist es doch symbolisch und konkret problematisch, schon zu Beginn auf die falsche Stelle zu zielen. In mütterlicher Rückenlage geborene Kinder müssen notgedrungen mit dem Kopf durch die Wand beziehungsweise den Damm. So fließt schon deutlich mehr Blut als nötig, was keine ideale Begrüßung ist. Erschwerend kommt hinzu, wie sehr moderne Kinder vor allem mit viel zu viel Tierprotein wie Milchprodukten entsprechend überernährt und folglich zu schwer sind. Das solcherart viel zu lange gegen die Wand (des Dammes) gedrückte Kind wird schließlich durch eine blutende Wunde aus Scheide und geschnittenem beziehungsweise gerissenem Damm gequält. Damit die Mediziner dabei gut sehen können, strahlten früher OP-Scheinwerfer auf den Damm und blendeten das Neugeborene zur Begrüßung mit hellstem Licht. Nach zehn Monden Dunkelheit ist das ein schmerzhafter Schockempfang in einer kalten Welt mit einer Temperaturdifferenz zwischen Mutterleib und Kreißsaal von annähernd 15 Grad. Der überfallartige Wechsel von ruhiger Atmosphäre der Verbundenheit im Mutterleib zur hektischen Geschäftigkeit moderner Kreißsäle kam hinzu.

Nach der Begrüßungstortur mittels Licht, Kälte und Hektik wurden Kinder viel zu früh abgenabelt und erlebten das Durchtrennen der noch pulsierenden Nabelschnur äußerst schmerzhaft. Mediziner behaupteten, das sei mangels Nerven in der Nabelschnur unmöglich. In der Schattentherapie erlebten es aber sehr viele ehemalige Kinder sehr deutlich. Beim Neugeborenen führte es immer zu Erstickungsanfällen mit brennendem Schmerz.

Mit der voreiligen Durchtrennung der noch pulsierenden Nabelschnur wurden »Geburtshelfer« zu Behinderern, die Neugeborenen eine Portion Blut entzogen, die sie gut hätten brauchen können. Der plötzliche Energiemangel führt zu explosionsartigem, wie heißes Brennen empfundenem Aufblähen der Lungenflügel. Auf dieses Trauma des ersten Atemzugs mit Schmerz, Engegefühl und Erstickungsangst gehen viele Atmungsfehler zurück. Was so wehtat, wiederholt das Baby nicht und atmet nie mehr so tief und voll ein.

Neugeborene, die unter dieser Tortur noch nicht zu brüllen begannen, wurden früher an den Füßen hochgehalten und auf den nackten Po geklopft, bis sie brüllten und mehr Punkte im APGAR-Schema bekamen. Dieses Akronym steht für den ersten Gesundheitscheck für Babys und bedeutet *A*tmung, *P*uls, *G*rundtonus, *A*ussehen und *R*eflexe. Die Höchstpunktzahl bei diesem wissenschaftlichen Willkommensritual ist geradezu ein archetypisches Symbol der (Hoch)leistungsgesellschaft. Hier bestätigt sich, wie sehr im Anfang bereits alles liegt. Es wird kaum der letzte Leistungstest sein, sondern der Start zu einem lebenslangen Rattenrennen um Punkte. In Rotchina ist dieser lebenslange Kampf beziehungsweise Albtraum für Plus- und gegen Minuspunkte schon brutale soziale Wirklichkeit.

Den angesichts dieser Begrüßung meist brüllenden Kindern wurden früher noch die Augen mit scharfer Silbernitratlösung verätzt, inzwischen mit milderen Antibiotikatropfen. Das diente einer etwaigen Infektion der Augen mit Trippererregern. Heute ist die Zahl an Gonorrhö infizierter Mütter längst zu vernachlässigen und wäre mit einem einfachen Bluttest klärbar …

Geburten sind Übergänge, die einen Durchbruch erfordern und dazu Aggression zur Überwindung der Enge benötigen. (Ur)prinzipiell ist es kein sanftes Geschehen, ließe sich aber so viel einfühlsamer begleiten und vorbereiten. Das würde den Krafteinsatz der Mutter sogar erleichtern. Auch aus Sicht der Neugeborenen ist eine Geburt alles andere als sanft. Leboyer sprach von der »Geburt ohne Gewalt«. Der Moment der Befreiung ist letztlich eine überwältigende Erleichterung und manchmal ein unbeschreibliches Triumphgefühl.

Breast is best

Als wäre alles Erwähnte nicht genug, zeigte man lange Zeit der erschöpften Mutter das Neugeborene früher nur kurz, um es dann in den Säuglingssaal zu verbringen, wo die Neuankömmlinge brüllten, was das Zeug hielt, während die meisten Mütter Sehnsucht nach ihnen empfanden. Den Gynäkologen galt solches Schreien als lungenkräftigend und Zeichen gesunder Vitalität, Stillen dagegen war ihnen die längste Zeit verdächtig und wurde vielfach ausgeredet. Die angeführten Rationalisierungen erwiesen sich als völlig falsch. Heute kommt aus den USA zurück: »Breast is best«, obwohl Muttermilch weiterhin hochgradig mit Schadstoffen belastet bleibt. Dass es für Stoffe wie DDT in Muttermilch überhaupt zulässige Grenzwerte gibt, ist an sich schon ein schlimmes, einzig dem Lobbyismus der Produzenten geschuldetes Zeichen. Dass die Werte so hoch sind, dass Muttermilch nach deutschem Recht als Sondermüll zu gelten hat, ist ein Skandal.

Daraus zu schließen, adaptierter Muttermilchersatz sei besser, ist ein typischer – längst aufgeklärter – schulmedizinischer Denkfehler. Die scheußliche Verseuchungssituation wiegt immer noch viel geringer als der Gewinn an seelischer Geborgenheit und der Einfluss von Liebe, den das Kind beim Stillen erlebt. Wie der Name »Stillen« besagt, bewältigen Mütter damit auch seelische Not und nicht nur Hunger. Babys werden still und zufrieden.

Dass Schreien im Allgemeinen ein Zeichen von Not und Bedrängnis und nicht Training ist, wird jeder halbwegs empfindsame Mensch nachfühlen. Schulmedizinische Gynäkologen konnten es offenbar jahrzehntelang nicht.

Die frühe Trennung von der Mutter, für die Schulmediziner ebenfalls »gelehrte« Argumente zusammentrugen, wurde mittlerweile mit US-amerikanischer »Forschungshilfe« überwunden. Diese Untersuchungen fanden es für Mutter und Kind tatsächlich gesünder, zusammenzubleiben.

Vieles hat sich in Sachen Geburtshilfe tatsächlich verbessert, verbunden mit den beiden großen französischen Gynäkologen Frédérick Leboyer und Michel Odent. Die patriarchale Schulmedizin hat in der Geschichte erstaunlichen Schwachsinn an Frauen und Kindern, den beide Repräsentanten des weiblichen Mondprinzips, ausgelassen. Neugeborenen wurde sehr konkret »der Kopf zurechtgesetzt«, das heißt mit massiver Gewalt verbogen und neu geformt, oder das Zungenbändchen unter der Zunge gleich zur Begrüßung durchtrennt, damit sie sprechen lernten. Es brauchte schon eine gute Durchblutung, die zum Glück im Mundbereich (von Natur aus) gegeben ist, um derlei zu kompensieren.

Das Leben als Kette von Geburten

Aber gerade aus dem alten Elend lässt sich lernen, insbesondere weil das Leben eine Kette von Geburten ist, die wir uns nicht ständig erschweren (lassen) müssen. Jeder Schritt in Neuland ist eine Neugeburt und könnte mit frischem Mut und klarem Verstand zur Chance werden – vor allem wenn wir uns an der idealen Geburt orientieren und selbst zur/zum GeburtshelferIn in eigener Sache werden.

Die ideale Geburt könnte uns diesbezüglich so viel beibringen! Optimal wäre natürlich, wenn uns unsere Mutter seelisch darauf einstellte, wie es meist bei indigenen Völkern der Fall ist. Dann können wir dem natürlichen Trend ohne Widerstand folgen, wie ihn Mutter Natur und ihre Gebär*mutter* vorgeben. Alles läuft dann auf den Kopfsprung ins Leben als beste Lösung hinaus – statt sich mit Po oder Füßen voran ins Leben und auf die nächste Ebene zu schmuggeln. Mutig Kopf voran ist besser und letztlich auch sicherer, als sich mit dem unteren Rücken voran ins Leben zu drücken. Das ist eher etwas für Drückeberger.

Denn dann kommt das dicke Ende, die *Haupt*sache, später nach und führt nicht selten zu Energiemangelproblemen, und dann wird es richtig eng. Das Leben konfrontieren, ihm die Stirn bieten, das ist immer der beste Weg, der Offenheit signalisiert, Mut zeigt und die Tugend der Tapferkeit geradeheraus verkörpert. So kommen wir am besten voran, müssen uns dafür aber im Mutterleib erst umdrehen und auf den Kopfsprung vorbereiten. Das ist weder angenehm noch bequem. Denn dafür muss sich unser Kopf in die Enge des kleinen Beckens unserer Mutter drücken lassen. Welle für Wehenwelle, Stoß für Stoß müssen wir uns der schmerzenden Entwicklung im Idealfall hingeben und, ohne Widerstand zu leisten, der Lebensrichtung folgen.

Wer dieser Richtung den Rücken bietet oder sich gar querlegt, wird im wahrsten Sinne des Wortes zum Quertreiber und gefährdet das eigene wie das Leben seiner Mutter. »Go with the flow«, wie die Jungen sagen, ist das optimale Motto für jede Entwicklung und Geburt.

Das ideale Nachgeburtsritual hat sich schon durchgesetzt oder ist doch stark im Kommen: Das Baby kommt gleich nach der Befreiung auf Mutters Bauch bei noch auspulsierender Nabelschnur. Während es ihre gewohnte Wärme nun von außen weiter genießen kann, bekommt es noch einen großen Schluck Lebensenergie; und beide, Mutter und Kind, gewinnen Zeit, sich der neuen Ebene, dem Luftreich, anzupassen, und können den eigenen (Lungen) flügeln noch etwas Zeit zur Entfaltung lassen.

Anschließend entwickelte man(n) ein »völlig neues Verfahren« und nannte es »Rooming-in«. Es ist das uralte von Mutter Natur. In Privatkliniken zuerst als Sensation eingeführt, setzte es sich rasch durch. Im Rückblick eigentlich ganz einfach. Man(n) braucht nur lange genug am Unfug festzuhalten, dann lässt sich die Rückkehr zum Natürlichen als medizinische Großleistung feiern und entsprechend verkaufen. Ein erfahrener Gynäkologe bezeichnete denn auch Rooming-in sehr schlicht und treffend als längst überfälliges Ende jahrzehntelanger Schikanen.

Dem Geburtsprozess seinen natürlichen Lauf lassen

Was viele Mütter fühlten, sogenannte »Primitive« schon immer ahnten, was Hebammen abseits der Schulmedizin intuitiv erlaubten, durfte nicht besser sein als von studierten Medizinern wissenschaftlich abgesichertes seelenloses Wissen. Rooming-in und *Breast is best* wurden lange mit seelenloser, aber wissenschaftlicher Unvernunft bekämpft. So selbstverständlich heute Hygiene im Gebärzimmer ist, so überfällig ist längst auch Bewusstheit gegenüber den seelischen Bedürfnissen von Mutter und Kind.

Auch im übertragenen Sinn braucht jeder Neuanfang eine saubere Basis und Bewusstheit gegenüber den seelischen Bedürfnissen der Beteiligten, ohne dabei die Fähigkeiten moderner Geburtshilfe aus dem Auge zu verlieren. Ideal wäre, sowohl einer erfahrenen Hebamme vertrauen zu können als auch einer entsprechenden Gynäkologin, die es nicht nötig hat, ihre und die vielen Fähigkeiten moderner Medizin dauernd unter Beweis zu stellen.

Kindergebären ist doch weniger krank als natürlich, etwas sehr Körperliches, aber ebenso Seelisches.

Tatsächlich gibt es inzwischen auch in Kliniken Geburtszimmer, die von der Atmosphäre mehr Geborgenheit und Annehmlichkeiten bieten als alte laute Kreißsäle. Bei dezentem Licht, entspannender Musik und relativ kinderfreundlicher Raumtemperatur wird selbstverständlich auf hormonelle Geburtseinleitung mittels Wehenmittel verzichtet. Man wartet, bis sich das Geschehen im ihm eigenen natürlichen Rhythmus entwickelt. Es erleichtert die Geburt ungemein, die Gewebe sich in natürlicher Zeit vorbereiten und dadurch weicher und nachgiebiger werden zu lassen. Meist wird auch die Geburtshaltung mittlerweile zur freien Wahl gestellt. In manchen Kliniken sind wieder Geburtsstühle in Betrieb, und zunehmend werden Unterwassergeburten ermöglicht, wie sie Michel Odent Delfinen abgeschaut hat.

Manch moderne Mütter haben sich selbst und vor allem ihr Ungeborenes so gut auf die Geburt vorbereitet, dass sie gar keiner

Entbindung mehr bedürfen, sondern dem Geburtsprozess einfach seinen natürlichen freien Lauf lassen können und mit ihrer Energie und Kraft alles Notwendige beisteuern. Ausdrücke wie das »Fest der Geburt«, für das letzte Jahrhundert fast ein Hohn, erscheinen plötzlich angemessen. Von Schwangeren zu sagen, sie seien guter Hoffnung, ergibt wieder Sinn. Die bergende Höhle des Mutterleibs zu verlassen, ist ein so entscheidender Schritt im Leben, wie es wohl der Schritt aus den bergenden Höhlen der Mutter Erde für die frühe Menschheit war. Ihn mit einfühlsamer Bewusstheit zu fördern und zu feiern, ist naheliegend. Immerhin war es ein Entwicklungssprung wie der vom (Frucht)wasser- zum Luftwesen, vom Vierfüßler zum Aufrechten oder eben vom Höhlen- zum modernen Menschen.

Stellen wir uns vor, diese Optimierung der Geburt in der Medizin durch Verbindung von Mutter Natur und Seele mit den Möglichkeiten der Hightechmedizin auf andere erste Schritte im Leben zu übertragen. Wie viel wäre gewonnen, würden wir die Selbstheilungskräfte von Mutter Natur wieder in die Medizin integrieren? Wie viel könnten beide Seiten voneinander haben! Neuerungen grundsätzlich abzulehnen oder alles Neue unzureichend geprüft hochzujubeln, sind fatale Extreme. Der Volksmund weiß schon lange: »Zu wenig und zu viel ist der Narren Ziel.«

Und es ist noch so viel mehr aus dem Geburtsvorgang und seiner Vorbereitung zu lernen. Die alten Atemübungen brachten im Stress der Geburt oft wenig, nicht selten eher das Gefühl des Versagens für die Mutter.

Inzwischen nehmen viele Mütter das selbst in die Hand, klären mit geeigneten Methoden wie verbundenem Atem oder Schattentherapie ihr eigenes Geburtstrauma. Damit sind sie sicher, ihre eigene entsprechende Traumatisierung nicht mit der anstehenden Geburt ihres Kindes zu vermischen, und verwirklichen ganz nebenbei die beste denkbare Geburtsvorbereitung.

Mit der rechtzeitig und am besten schon vor Beginn der

Schwangerschaft begonnenen Methode des verbundenen Atems ist es möglich, mit voller Kraft und Energie atmend, dem Kind das Leben bei bester Sauerstoffversorgung zu schenken. Die Methode erhöht die Kraft bei den Presswehen enorm. Schafft es die Mutter, in Verbindung zu ihrer eigenen Kraft zu halten und die Geburt – am besten in der Hocke – bewusst durchzustehen, kann der Geburtsakt einem orgiastischen Geschehen ähneln. GeburtshelferInnen haben dabei zwar ein schwerer einsehbares Arbeitsfeld, dafür aber weniger Arbeit durch geringere Komplikationen. Sich die Kraft und das Bad im Energieüberfluss beim verbundenen Atem immer wieder zu gönnen, ist auch ein ideales Vorbereitungsritual für andere erste Schritte auf neue Ebenen und kann dem ganzen Leben ekstatische Energie schenken.

Der Kontakt zu inneren Persönlichkeitsanteilen

Die in indigenen Kulturen übliche Geburtsvorbereitung des Ungeborenen mittels seelischen Kontakts über die innere Stimme leistet unschätzbare Dienste. Mütter indigener Herkunft sind dabei ungleich weiter als wir. Sie könnten sich Quer- und Steißlagen bei der Geburt auch gar nicht leisten. Eine optimistische und vorwärtsgewandte offensive Einstellung ist sowohl bei der Mutter als auch beim Kind entscheidend. Auch hier ist es wie beim verbundenen Atem von großem Vorteil, wenn die Mutter rechtzeitig, das heißt möglichst vor der Schwangerschaft, Kontakt zu ihrer inneren Stimme gefunden hat – etwa durch Üben mit geführten Meditationen. Aber auch zu Schwangerschaftsbeginn ist noch Zeit, sich in die eigene Seelen-Bilder-Welt einzufühlen und Kontakt zum Kind herzustellen. Natürlich ist es wundervoll, wenn die Mutter schon vorher auch Kontakt zu ihrem eigenen inneren Kind im seelischen Sinn gefunden hat.

Selbstverständlich ist auch in anderen Lebensbereichen neben der Geburt Kontakt zur inneren Stimme, der des inneren Arztes, der inneren Heilerin oder des Gewissens, von unschätzbarem

Wert. Jeder Neustart wird besser gelingen, wenn Innen- und Außenwelt in Harmonie miteinander schwingen.

Gut vorbereitete und eingestellte Ungeborene lassen sich natürlich besser in Empfang nehmen. Tatsächlich müssen Kinder schon vorher bei der Empfängnis empfangen werden, was heute gar nicht mehr so leicht ist. Bei der Geburt sind sie wieder zu empfangen und auf- und anzunehmen. Insofern ist auch die Empfängnis ein archetypisches Muster wie die Geburt.

Die Extreme lassen hier keinen Zweifel an der Wichtigkeit der seelischen Einstimmung und -stellung. Ein ersehntes Wunschkind, in Liebe gezeugt und empfangen und während zehn Schwangerschaftsmonden mit Liebe genährt, wird natürlich und selbstverständlich auch bei seiner Geburt liebevoll erwartet und empfangen. Im anderen Extrem wird ein bei einer Vergewaltigung unfreiwillig »empfangenes«, also aufgezwungenes Kind in der Schwangerschaft wohl kaum mit viel Liebe bedacht. Seine Mutter wider Willen wird seine Existenz wohl so lange wie möglich verdrängen und es nur entsprechend widerwillig zur Welt bringen. Heute würde sie es – außer unter extrem katholischen Bedingungen – sehr wahrscheinlich abtreiben.

Die Entwertung des Aggressionsprinzips

Die seelischen Auswirkungen der Prägung Neugeborener auf das Krankenhauspersonal ist meines Wissens nie untersucht worden, dürfte aber eines der größeren psychologischen Probleme moderner Zeiten sein. Dadurch wurden so viele Kinder schon zu Beginn ihres Lebens falsch eingespurt. Infolge dieser Prägung auf Fremde geriet eine Art Verlassenheitsgefühl zur ersten Mitgift, eine Art Fehlprägung. Durch solche Fehlinszenierung fühlten sich viele gar nie richtig in dieser Welt angenommen. Aber vor allem auch, weil das Bewusstsein schon den Geburtsstress nicht ertrug und in Ohnmacht flüchtete. Da im Anfang alles liegt, bleibt das ohnmächtige Gefühl, das Leben nicht im Griff zu haben und nicht in selbigen zu bekommen. Und natürlich bekommt dann solch ein vorbelastetes Leben auch nicht so gut. Hier kann später ein bewusstes Ritual im Sinne eines nochmaligen Erlebens der Geburt, eines Relaunchs sozusagen, sehr helfen.

Es gibt noch weitere Problemwurzeln: zum einen mangelndes Urvertrauen, zum anderen fehlende Austreibungskraft und Energie. Wenn sich in der intrauterinen Anfangszeit zu wenig oder kein Urvertrauen bilden konnte wegen eines katastrophalen Beginns, kann kaum ein Kind loslassen von einer Situation, die ihm noch nicht gegeben hat, was es zum Leben so notwendig braucht.

Das ist am Ende jeder weiteren Lebensphase so. Kinder suchen sich etwa, wenn sie die Geburtserfahrung nicht wirklich bewältigt haben, ihre eigenen Ersatzrituale. Sie verwandeln jeden Karton der neuen Waschmaschine oder des Geschirrspülers in eine (Gebärmutter)höhle und kriechen ständig hinein und hinaus, sie lieben Höhlen in der Natur und spielen darin Geburt in der unbewussten Hoffnung, das Geburtstrauma doch noch zu bewältigen. Manche Unternehmen nutzen das und locken sie mit Spielplätzen voll fantastischer Geburtskanäle an, durch die sie sich mit Begeisterung winden.

In unserer Zeit, die zwar der Geburt zunehmend einfühlsamer, dafür aber der Empfängnis und der hochsensiblen Phase danach zunehmend unsensibel begegnet, wird Urvertrauen immer seltener. Das erschwert den Kopfsprung ins Leben, weil solche Kinder sich noch nicht ausreichend versorgt fühlen, um das Nest »schon« zu verlassen. Die ständig steigende Anzahl von sogenannten Risikogeburten beziehungsweise Kaiserschnitten könnte hier einen weiteren Grund liefern.

Bei der Austreibungsschwäche mangels Energie dürfte weniger Entscheidungsfähigkeit das Problem sein als unser unbewusster Umgang mit der Lebensenergie, der Aggression oder Marskraft (lat. *aggredi* [herangehen, angreifen, vorstoßen, vordringen]). Bei der Geburt ist Aggression als Grundkraft unverzichtbar, wie die Presswehen zeigen.

Da wir heute aber das Aggressionsprinzip entwerten, ist es schwer, damit vernünftig umzugehen. Es ist mütterlicherseits notwendig für die Presswehen und kindlicherseits, um sich auf den mutigen Kopfsprung ins Leben einzustellen und ihn zu wagen. Die Urkraft dieser Aggressions- beziehungsweise Marsenergie, die jeden Neubeginn erst ermöglicht und die notwendige Energie dafür zur Verfügung stellt, bestimmt jeden Anfang, so auch den des Lebens. Sie ist der »Motor« jeder Geburt. Auch ein Küken braucht Energie zum Ausschlüpfen, um mit spitzem Schnabel die Eischale aufzupicken. Sein Schnabel symbolisiert die Signatur des Aggressionsprinzips: die Spitze, das Akute und Gefährliche. Es ist dieselbe Spitze von Lanze, Pfeil und Messer, Düsenjäger und Rakete wie auch von Knospen und Keimen. Der Frühling ist die natürliche Aggressions- und Geburtszeit. Die meisten Tiere werden jetzt geboren, Bäume schlagen aus, Keime durchbohren Mutter Erde, Knospen sprengen ihre Hüllen, und der Salat »schießt« sogar. All das geschieht weder böswillig noch brutal, sondern mit der aggressiven Kraft und Energie des Marsprinzips.

Wir Menschen haben die Wahl und können diesem Prinzip, das Heraklit zum Vater aller Dinge erklärt hat, erlöstere Seiten abgewinnen als ausgerechnet Gewalt, Brutalität und Krieg durch ein mutiges Leben, entschlossene erste Schritte in neue Be-Reiche, durch Neugierde und Offensivkraft, mit der wir unsere Probleme und die heißen Eisen des Lebens anpacken und das Leben insgesamt entschlossen und offen in Angriff nehmen. Statt uns gegenseitig zu attackieren, können wir (gedanklich) alte Grenzen durchbrechen und geistiges Neuland erobern.

Mit einseitig negativ verstandenem Aggressionsprinzip beginnen wir, auch entschlossenes, mutiges Herangehen an Herausforderungen abzulehnen, und schaffen uns Probleme und Feinde. So sinkt die Aggression insgesamt in den Schatten, und wir werden im destruktiv-unerlösten Sinne aggressiv. Das aber macht Aggression erst wirklich gefährlich. Statt eine konstruktiv-erlöste Streitkultur zu entwickeln und uns im übertragenen Sinne dem Leben mutig zu stellen und mit seinen Themen auseinanderzusetzen, versuchen wir, nach außen betont friedliebend zu leben, und ernten innen den Schatten oder das Gegenteil. Obwohl wir und alle Menschen und Völker Frieden wollen und davon reden, haben wir Politikern und Konzernherren »erlaubt«, eine waffenstarrende Welt zu schaffen.

Kein Krankheitsbild nimmt so rasant zu wie Allergien, diese aussichtslosen Kriege, die immer mehr von uns auf der Körperebene gegen materiell harmlose Stoffe wie Blütenpollen und Katzenhaare, Hausstaub und Nahrungsmittel ausfechten. Alle Allergiker der Welt zusammengenommen werden die Blütenpollen doch nicht im Geringsten reduzieren. Diese sind materiell auch völlig harmlos, ja sogar lebensnotwendig, aber als männlicher Samen der Pflanzen symbolisch und für manche Seele provozierend gefährlich. In Allergien wird verdrängte und folglich unbewusste Aggression auf der Körperbühne ausgelebt. Sie sind im Mikrokosmos so sinnlos wie Kriege im Makrokosmos. Wohin wir auch blicken, überall finden wir Beispiele unerlöster, in den Schattenbereich gesunkener Aggression als Wurzel zunehmender Geburtsprobleme.

Das bringt uns zum Grundthema der meisten Entwicklungskrisen, der Entscheidungsschwäche. Wir neigen zunehmend dazu, uns nicht rechtzeitig zum Einsatz notwendiger Energie zu bekennen, und ernten dafür später unerlöste Formen der Aggression. Im Spiel ist sie jedenfalls, denn auch bei Damm- und Kaiserschnitt kommen messerscharfe Skalpelle zum Einsatz und lassen Blut fließen. Die bei der Geburt so notwendige Marsenergie wird »nur« von den eigentlich Betroffenen auf Geburtshelfer verschoben. Aggressionsenergie lässt sich entweder mit Mut, Kraft, Wehen und Kopfsprung, mit dem Skalpell oder schreiend und tobend ausleben. Abschaffen geht nicht, Aufschieben ist menschlich verständlich, aber auch bedrohlich und oft gefährlich. Bei der Geburt wird das nur besonders deutlich, gilt aber generell. An Aggressionsenergie zu verzagen und sie auf später zu vertagen, lässt sie nur gefährlich wachsen.

Von Natur aus gehört sehr viel Aggression zur Geburt. Wird diese nicht offen zugelassen, sucht sie sich andere, versteckte und dadurch meist gefährlichere Wege. Gebärende, die keine Wehen produzieren, provozieren das Skalpell der GynäkologInnen. Sind diese nicht zur Stelle, weil ganz auf Natur und etwa noch auf Geburt im Wald gesetzt wurde, wird es lebensgefährlich für Mutter und Kind. Auch über die Gefahr kommt Mars ins Spiel. Eine so grundlegende Urkraft wie die Marsenergie lässt sich eben nie ausschließen, sondern zwingt sie notgedrungen auf unerwartete und unerlöste Wege, die wir »Katastrophen« nennen.

Ähnliches gilt für jede der zwölf Grundkräfte wie etwa auch für die Mondenergie während der Schwangerschaft. Nur zu verständliche Reaktionen auf zu funktionales, gefühlsarmes Vorgehen der Schulmedizin können gefährlich werden und Kindern bei zu alternativen Haus- und erst recht Unterwassergeburten schaden. Möglichkeiten moderner Medizin prinzipiell auszuschließen, bedeutet manchmal, das Kind mit dem Bade auszuschütten.

Komplikationen bei der Geburt

Steißlage

Wer kann es dem Ungeborenen da verdenken, statt des riskanten Kopfsprungs ins Leben lieber den scheinbar sichereren Weg mit Steiß voran zu »wählen«? Dabei bräuchte es nur der Energie und dem Fluss oder Flow zu folgen und sich der kurzfristig herausfordernderen, aber langfristig sichereren Strömung hingeben. Ideal natürlich, wenn die Mutter es auf die Situation einstellt. Hat es ihr zehn Monde zu vertrauen gelernt, wird es sich weniger sträuben und ihrer Weglosung widerstandslos und (frei)willig folgen.

Hilfreich auch, dass die Seele in dieser frühen Lebensphase noch die Grundaufgaben des vor ihr liegenden Lebens überblickt und sich daran erinnert, diese selbst gewählt zu haben.

Dem mutigen Kopfsprung ins Leben ist leichter zu folgen, je besser er vorbereitet ist. Bei der Steißlage lässt sich das Ungeborene gar nicht erst darauf ein und bleibt in Opposition. Das ist nachvollziehbar, besonders wenn adäquate Aufklärung über die Konsequenzen fehlt.

Stellen wir uns vor, im Schwimmbad auf dem Zehnmeterturm zu stehen und auf das von hier oben recht klein anmutende blaue Becken hinabzuschauen, das es zu treffen gilt. Was liegt näher, als den Sprung zu verweigern? Ist aber der Rückzug versperrt und der Druck zu springen wächst ständig, was läge allen Warnungen zum Trotz näher, als mit den Füßen voran zu springen?

Das ist die Situation, in der das Baby dem Leben, statt ihm die Stirn zu bieten, seinen Steiß entgegenstreckt. Dem Eingang zum Leben den Rücken zu weisen, ist symbolisch ein sich selbst erklärendes Phänomen, das nicht nur Verweigerung zum Ausdruck bringt, sondern auch Protest. Die Geste ist eindeutig und in jeder Hinsicht verständlich. Das »Ihr könnt mich mal am A… lecken!« bezüglich der nächsten Lebensstufe geht fast immer zu eigenen Lasten. Wird die Enge in der mütterlichen Höhle immer bedrückender und der Druck der Wehen irgendwann zu groß, beginnt der Geburtsprozess auch falsch herum. Die Verweigerung scheint sich sogar auf den ersten Blick zu lohnen, denn das kleine Becken rutscht leicht hinaus, und auch Bauch und Oberkörper folgen problemlos.

Dann aber kommt das dicke Ende: Der Kopf blockiert als Haupt(sache) den Engpass bei seiner Passage komplett. Die Nabelschnur wird dadurch abgedrückt, es kommt zu Versorgungsmangel und Erstickungsgefühlen. Je länger diese Situation anhält, desto bedrohlicher ist sie in erster Linie fürs Gehirn. Schwächer wird das Kind insgesamt durch die Unterversorgung mit Lebensenergie. Umso aufgeregter (re)agieren die Helfer, und desto verzweifelter wird der Kampf der Mutter. Sauerstoffmangel kann enorme Probleme heraufbeschwören von unvorstellbaren Beklemmungsgefühlen mit Todesangst bis zu bleibenden Gehirnschäden. Was das Kind so unbedingt vermeiden wollte, bekommt es nun in Gestalt dieser lebensbedrohlichen Situation.

Wie gesagt: Die (Ver)meidung des Aggressionsprinzips – in der Verweigerung des mutigen Kopfsprungs – wird nie gelingen, sondern nur zu unerlösten und tendenziell bösartigen Ausdrucksformen des Marsprinzips führen.

Die Steißlage verrät als Muster eine frühzeitige ängstliche Abkehr vom Leben, der vorgezeichneten, natürlichen Richtung nicht folgen zu wollen und das deutlich zu zeigen. Diese Tendenz zu Widerstand und dazu, sich vorgegebenen Mustern zu widersetzen zugunsten des eigenen Kopfes, koste es, was es wolle, und sei es das eigene Leben oder die geistige Gesundheit, wird in solch einer Geburtssituation deutlich. Dieser Weg ins Leben zeugt von einer gewissen bis zu lebensgefährlichen Sturheit und Dickköpfigkeit – ohne Rücksicht auf (eigene) Verluste. Auch eine gewisse Verweigerung notwendiger Hingabe und Demut wird erkennbar. Der Kopf wird nicht nach unten genommen, um sich nicht gänzlich auszuliefern. »Kopf hoch«, »sich ja nicht unterkriegen lassen«, »immer den Kopf oben behalten« mögen im späteren Leben etwa in Wirtschaft oder (Box)sport erfolgversprechende Strategien sein. Bei Geburt und Liebesspiel ist solch überzogene Selbstbehauptung, gepaart mit Dickköpfigkeit, unpassend bis gefährlich. Auch die Idee, den eigenen (Dick)kopf um jeden Preis zu schonen, kann letztlich teuer zu stehen kommen. Vertreter dieses Musters verrechnen sich leicht und massiv und geraten in Hilflosigkeit, wenn das dicke Ende kommt.

Die Gefahr liegt darin, auch weiterhin im Leben im übertragenen Sinn die Steißlage zu bevorzugen. Spätere Geburtssituationen, die Mut und sogar ein gewisses Draufgängertum erfordern, wird das Leben in Fülle bieten. Wer dazu neigt, diesen Herausforderungen den Rücken zuzukehren, um sich auf andere Art – sozusagen hintenherum – durchzusetzen, wird das meist teuer bezahlen und das Nachsehen haben, weil hinten die Augen fehlen.

Solch ein mit der Geburt gegebenes und also geprägtes Muster ist durch nichts mehr loszuwerden, ähnlich wie Planetenstände mit der Geburt feststehen. Wer aber – und sei es rückwirkend – die wirkenden Prinzipien erkennt, braucht sie nicht weiterhin in ihren unerlösten Varianten zu erleiden. Das in dieser Lage deutlich werdende erhöhte Schutzbedürfnis und die große Angst lassen sich im späteren Leben auch durch entsprechende Vorsicht(smaßnahmen) und als Übergang zur anfangs vermiedenen Aggression etwa mit dem Erlernen von Schlagfertigkeit auf verschiedenen Ebenen konstruktiver (er)lösen.

Die sich mit der Steißlage andeutenden Marsprobleme lassen sich durch mutige Hingabe an dieses Prinzip und Aussöhnung damit bearbeiten und sogar erlösen. Das im Buch *Angst frisst Seele* und vor allem auf der zugehörigen CD vorgegebene Ritual hat sich diesbezüglich sehr bewährt. Hier ließe sich auch an den *Pfad des friedvollen Kriegers* nach Dan Millman denken.[26]

Zur rituellen Erlösung ideal als Ausgangsbasis ist hier das neuerliche Durchleben des von Angst und Verzagtheit geprägten Geburtserlebnisses auf der inneren Seelen-Bilder-Ebene, also in Trance unter Anleitung beziehungsweise fachkundlicher Begleitung. Erleichternd sind dabei scheibenwischerartige Bewegungen der Augäpfel ohne Mitbewegungen des Kopfes, die helfen, den emotionalen Stress der Situation zu lösen. Anschließend lässt sich auf der Ebene innerer Bilder ein Kopfsprung vom Ein-, dann Drei-, Fünf- und Zehnmeterbrett erleben mit allen zugehörigen Emotionen. Danach dann als ritueller Schlusspunkt der Relaunch der Geburt mit einer inneren Umkehr im Mutterleib, dem entsprechenden Abstieg des (Dick)kopfes in die Enge des mütterlichen kleinen Beckens mit finalem Kopfsprung ins Leben und dem Gefühl der Befreiung.

Querlage

Die direkte Opposition bei Steißlagen ist noch viel eher und leichter lösbar als das Überkreuzsein mit der Entwicklungsrichtung bei Querlage. Wer sich »querlegt« wie in dieser Situation das Ungeborene, verrät – symbolisch –, gar nicht weiter mitmachen zu wollen, und geht in eine Totalverweigerung. Das Kind will nicht hinaus in dieses (aus spiritueller Sicht) selbstgewählte Leben: Es spielt (dieses Spiel) nicht länger mit.

Wer in Opposition zu einer Bestrebung steht, ist immerhin noch in derselben Richtung unterwegs, wenn auch mit umgekehrtem Vorzeichen. HeldInnen und Feiglinge bearbeiten dasselbe Thema nur mit entgegengesetzter Richtung. Wo die Veganerin und der Fleischtiger leidenschaftlich miteinander kämpfen, teilen sie doch die Leidenschaft miteinander und haben ein gemeinsames Thema sowie viel Gesprächsstoff zum Streiten. Opponenten bekämpfen sich zwar, aber immerhin am selben in kämpferischer Eintracht geteilten Thema, sie ziehen sozusagen am selben Strick, nur in entgegengesetzter Richtung.

Legt sich hingegen einer von beiden quer, geht gar nichts mehr und nichts weiter, die Verweigerung ist vollkommen. Ein Kind, das nicht hinaus in die Welt will und sich stattdessen in der scheinbar sicheren (Mutter)höhle verkeilt und verbarrikadiert, ist nur noch von außen zu retten – und seine Mutter mit ihm.

Ab und zu gelingt es erfahrenen Hebammen, widerspenstige und widerstrebende Kinder noch zu drehen und sowohl aus Oppositions- wie auch Querlagen heraus in die optimale, wenn auch herausfordernde Entwicklungslage zu locken. Solche kunstvollen, erlösenden und zugleich befreienden »Eingriffe« gehen weit über Mechanik und anatomisches Wissen hinaus. In Wahrheit handelt es sich um eine schwer vermittelbare, Körper und Seele einbeziehende Kunst, die auf reichlich Erfahrung und viel Intuition beruht. Solche weisen Frauen sind immer seltener zur Verfügung. Möglicherweise sind auch Ungeborene zunehmend schwerer in ihrem Widerstand gegenüber dieser Welt zu erweichen. So bleibt immer häufiger nur der Kaiserschnitt. Das heißt, Kinder kommen immer widerwilliger und schwerer auf die Welt, und der ursprünglich natürliche Geburtsakt wird häufiger zu einer Operation und letztlich einem, wenn auch oft lebensrettenden Gewaltakt.

Der Kaiserschnitt ist aus Sicht des Kindes (s)ein Sieg, errungen allerdings durch destruktive Trotzhaltung. Das Kind erspart sich auf operativem Weg den harten Kampf ums (Über)leben nach dem bequemeren Motto »Sollen die doch zusehen, dass aus mir was wird«. Das allerdings ist eine ungeschickte Einstellung fürs Leben, stehen doch bei weiteren, oft schweren Geburten keineswegs regelmäßig bewaffnete Gynäkologen, Skalpell bei der Hand, bereit.

Kurzfristig und -sichtig bietet der Eingriff einige Vorteile. Die Mutter erspart sich durch die Lumbalanästhesie, eine Art Unterleibsnarkose, zunächst den Schmerz, breitet doch der Gott des Schlafes, Hypnos, seinen samtenen Mantel um ihre untere weibliche Hälfte und entlässt sie scheinbar aus aller Verantwortung. Das Kind kann in Ruhe abwarten und erspart sich alle Mitarbeit, ja sogar -hilfe, weil plötzlich wie von selbst der Vorhang aufgeht und sterile GynäkologInnenhände es aus seinem Versteck heben. Es hat seinen Kopf statt konkret lieber im übertragenen Sinne durchgesetzt und ihm und sich den Durchbruch durch den Engpass und die damit verbundene Enge und Angst erspart. Bei Langzeitbeobachtungen von Kaiserschnittkindern erweist sich allerdings, wie wenig günstig dieser Weg für beide letztlich ist. Frauen sind nach einem Kaiserschnitt (Sectio caesarea) einem dreimal höheren Risiko ausgesetzt zu sterben als bei einer natürlichen Geburt. Auch das Risiko für Kinder steigt auf breiter Front.[27]

Da Mutter und Kind in jedem Fall eng miteinander verbunden sind, haben zumeist auch beide ihren Anteil an der Situation. Verweigert das Kind die Verantwortung, muss auch die Mutter daraus (in die Narkose) entlassen werden. Boykottiert das Kind den

Sprung ins Leben konsequent, kann auch die Mutter nichts mehr tun. Entlässt die Mutter das Kind nicht bewusst und verweigert sie die not*wendigen* Presswehen, gilt auch fürs Kind: »Mitgehangen – mitgefangen.« Es kann nicht aus eigener Kraft (zur Welt) kommen.

Auf diese unweisen Weisen bekommen beide nicht viel vom Ritual der Geburt mit. Da Rituale von der Bewusstheit leben, ist es tatsächlich keines. Nicht selten erleben wir beim verbundenen Atem, wie Frauen eine Gebärsituation durcherleben und hinterher darauf hinweisen, in Wirklichkeit aber per Kaiserschnitt entbunden zu haben. Hier zeigt sich das natürliche Bedürfnis von Mutter Natur, dieses Ritual nachzuholen und so das Leben zu vervollständigen. Auffällig häufig ist auch der Wunsch vieler Frauen, nach einer Kaiserschnittgeburt noch eine natürliche zu erleben, wogegen sich GynäkologInnen meist sträuben – mit dem Argument, die Gebärmutter könne reißen. Davon aber habe ich noch nie etwas gehört, denn nicht wenige Mütter setzen diesen Wunsch gegen den erklärten Willen der GynäkologInnen durch.

Das Muster des kaiserschnittgeborenen Querkopfes hat einiges mit dem Namen des Eingriffs zu tun: Es ist ein recht kaiserlicher (Aus)weg ins Leben. Das Motto ist einfach: »Ich lege mich quer, sollen sie mich doch holen, wenn sie mich wollen.« Was zu Anfang so bequem ist, kann sich im Laufe des Lebens wie gesagt zu einem recht lästigen Schema entwickeln. Denn später sind nicht immer andere bereit und verfügbar, einem wie bei der Geburt das ganze Risiko und alles Engagement abzunehmen. Das Bestreben, mit Neuanfängen auf besonders schlaue, für sich selbst risikoarme und faule Weise durch Verweigerung fertigzuwerden, kann bleiben, sich allerdings kaum noch so elegant lösen lassen wie zu Beginn des Lebens. Im Anfang liegt eben alles.

Aber auch hier gibt es natürlich konstruktiv-erlöste Varianten dieses Verweigerungsprinzips, etwa gleich von Anfang an zu lernen, Hilfe bereitwillig und dann auch dankbar anzunehmen.

Wichtig ist für Kaiserschnittgeborene auch das Eingeständnis, wie unmöglich es letztlich ist, den Wunsch, einfach im Schlaraffenland des Mutterleibs zu bleiben, durchzusetzen. Die Energie hinter der Verweigerung ist zu regressiv und würde ohne gynäkologisches Eingreifen in die Katastrophe für beide führen. In späteren Lebenskrisen ohne »Geburtshelfer« besteht die Gefahr, anstehende Neuanfänge zu verweigern und sich eigenen Aufgaben und vorgezeichneten Wegen zu entziehen. Wer nicht von Anfang an lernt, Enge und Angst zu bewältigen, weil seine Frustrationsgrenze so niedrig ist, wird Ängste stauen, bis sein Leben in Enge zu ersticken droht.

Statt sich zu stellen, neigen »Quertreiber« später dazu, in Verweigerung zu verharren und für lange Zeit das »ängstliche Baby« zu bleiben. Mama oder Papa, Staat oder Gesellschaft werden's in der Regel nicht richten. Wer gern lange am Rockzipfel der Mutter hängen bleibt, sich hinter seinem Papa versteckt oder unter Mamas Rock verkriecht, wechselt nach der Schule nicht selten unter die Fittiche der Alma Mater und erhofft sich oft Sicherheit davon, als Beamte(r) bei Vater Staat unterzuschlüpfen.

Das bei der Geburt so allgegenwärtige wie notwendige Aggressionsthema kommt dann trotzdem zum Zuge, wenn auch auf GynäkologInnen abgewälzt. Beim Aufschneiden eines so prallen Bauches mit einem so scharfen Messer fließt mehr Blut als im Normalfall. Dennoch: Neugeborene lernen so schon nicht, ihre Energie für Neuanfänge zu nutzen, sondern im Gegenteil die Flucht aus der Verantwortung. Später ständig auf fremde Hilfe zu vertrauen, erweist sich wie gesagt als schwere Hypothek.

Es wäre gut, dieses Muster zu durchschauen und in konstruktiv-erlöstere Varianten zu wandeln. Statt Querlegen, Quertreiben, Verweigern und Blockieren als destruktive Varianten ließen sich im Rahmen desselben Ur- oder Lebensprinzips (zehnte Lebensbühne) auch konstruktiv Klarheit, Struktur und Reduktion aufs Wesentliche entwickeln (siehe »Die zwölf Lebensbühnen« im Anhang). Letztere kann wie etwa beim Fasten viele Probleme lösen helfen. Auch (Eigen)verantwortung gehört hierher und kann die destruktiven Aspekte der zehnten Lebensbühne konstruktiv ersetzen.

Kaiserschnittfolgen

Als spätere Folge des Kaiserschnitts fehlt Betroffenen also von Anfang an die Erfahrung, couragiert mit Grenzen umzu»gehen« und sie nötigenfalls auch zu *über*springen. Oft entwickeln sie eine Tendenz, Dinge auszusitzen und darauf zu hoffen, andere mögen für sie *ein*springen, weil sie selbst den *Ab*sprung nicht hinkriegen und ihrem Anfangsmuster folgend lieber hocken bleiben. Das führt bis zu verblüffenden Schlaraffenlandansprüchen im weiteren Leben. Darauf eingehende Eltern, die ständig für sie einspringen, erleichtern ihren Kindern kurzfristig vieles und erschweren ihnen langfristig alles oder jedenfalls das Meiste.

Kinder müssen und können lernen, Schwierigkeiten aus eigener Kraft zu bewältigen und sogar zu meistern. Nur Geforderte werden in ihrer Entwicklung gefördert. Wer keinerlei Frustration zu ertragen und zu überwinden lernt, gerät in Gefahr, auch in Zukunft vor jedem Problem zu »kneifen«. Solch frühe Verwöhnung kann später bis zum Ausweichen in Süchte entgleisen.

Als entgegengesetzte Möglichkeit können mittels Kaiserschnitt Befreite nach schlechten Erfahrungen mit diesem Muster in die Kompensation und den Gegenpol nach vorn fliehen und überall vorpreschen, um Mut zu beweisen. Das wirkt dann oft gewollt und demonstrativ.

Dieses Muster in einem Ritual in geführter Meditation bei diesem Geburtsmuster zu durchschauen und anschließend bei allen möglichen Gelegenheiten im bisherigen Leben zu entdecken und zu erkennen, ist der erste Schritt zur Heilung oder Salutogenese.

In einem weiteren Schritt gilt es, bei all den gefundenen Verweigerungen im Laufe des bisherigen Lebens anschließend die mutigere Lösung mit Entschlossenheit und engagiert zu durchleben, bis sie fest verankert ist und das neue Feld der eigenen Wirklichkeit bestimmt. Wichtig ist, dabei nicht ins andere Extrem zu stolpern und »tollkühn« mit »tapfer« zu verwechseln. Es geht hier um die erste der zwölf »Heilsamen Tugenden«, die der ersten Lebensbühne der Aggression, zu der auf der positiven Seite die Tugend der Tapferkeit gehört (siehe »Die zwölf Heilsamen Tugenden« im Anhang).

Ganz konkret fehlt den per Kaiserschnitt Geborenen auch die erste Ausstattung der Darmflora oder des Mikrobioms, das ihnen auf natürlichem Geburtsweg durch die mütterliche Scheide beim Kontakt zum mütterlichen Stuhl zuteilwird. Tatsächlich ziehen heute schon aufgeklärtere Hebammen und sogar GeburtshelferInnen nach einer Sectio einen Gazestreifen durch den mütterlichen Damm und reiben ihn anschließend dem Neugeborenen unter die Nase und um den Mund.

Wenn das Baby zu früh kommt

Beim *vorzeitigen Blasensprung* setzt die Mutter ihr Kind – symbolisch gesprochen – zu früh an die Luft, indem sie ihm das (Frucht) wasser (des Lebens) abgräbt. Nach fast zehn Monden will sie es verständlicherweise nun »loswerden«. Da könnte Ungeduld im Spiel sein, die auch zur ersten Lebensbühne gehört.

Auf dem Trockenen gelandet, aber immer noch gefangen und geradezu eingesperrt, ist für das Kind alle Gemütlichkeit dahin. Es kann nur dem deutlichen Hinweis und dem Fruchtwasser folgen. Der etwas vorgezogene »Hinauswurf« aus dem Paradies ist meist harmloser als zu langes Einbehalten.

Ein verfrühter Fruchtwasserabgang und die daraus folgende *Frühgeburt* lassen vermuten, betroffene Mütter neigen generell zu frühen und möglicherweise unbedachten Entscheidungen und dazu, ihrer Umwelt mit Ungeduld zu begegnen und gern mit der Tür ins Haus zu fallen. Ihre Pläne und Ziele erscheinen häufig noch nicht ganz ausgereift, und sie würden besser noch ein bisschen darüber *brüten*. Der Blasensprung kann aber auch ein relativ sanfter Hinweis von beider Schicksal sein, nun mal in die Gänge zu kommen.

Eine Frühgeburt mag aber genauso auch Fluchttendenzen des Kindes verraten wie den mütterlichen Versuch, es so rasch wie möglich in Eigen- und Selbstständigkeit zu entlassen. Nicht selten kommen beide Motive oder Tendenzen zusammen, was bis zu Sturzgeburten führen kann. Können es beide nicht erwarten, sich auf dieser Ebene zu trennen, sind Taxis, Flugzeuge und sogar Bürgersteige ihnen noch gut genug für verfrühte Sturzflüge ins Leben. In meiner kurzen Gynäkologiezeit brachte eine sogenannte Risikopatientin ihr Kind von einer unverhofften Toilettengeburt mit zurück. Sie hatte es unverletzt aus der Toilettenschüssel geborgen!

Solche Tendenzen sind viel weniger bedrohlich als umgekehrte Versuche, Situationen bis zur Überreife zu (über)treiben. Wenn der Frühstart ins Leben nicht viel zu früh erfolgt, ist er meist harmlos oder sogar entwicklungsförderlich. Menschen sind, verglichen mit einigen anderen Säugetieren, prinzipiell Frühgeburten. Die verlassene Gebärmutterhöhle ist notwendigerweise lange durch ein entsprechend warmes, äußeres Nest zu ersetzen. Unsere Neugeborenen sind ausgeprägtere Nesthocker als die faulsten Vogelbabys. Sie brauchen ein soziales Nest und später ein soziales Netz und ebenfalls entsprechenden Schutz. Dass es im späteren Leben mit dem »Netzschutz« oft so hapert, ist ein großes, weitgehend unterschätztes Problem moderner Zeiten.

Bei Frühchen ist das innere Gebärmutternest durch das künstliche äußere zu ersetzen, früher den sogenannten Brutkasten. Natürlicher ist die sogenannte Kängurumethode nach der österreichischen Kinderärztin Marina Marcovich, welche die Methode von kolumbianischen Ärzten übernommen und weiterentwickelt hat.[28] Dabei wird das Baby nackt in ein Tuch auf Mutters Bauch gebunden. Lediglich Frühstarts mit unter 1 Kilogramm Geburtsgewicht sind lebensbedrohlich, falls Organe wie etwa die Lungenflügel noch zu unreif fürs Leben im Luftreich sind.

Nicht zu verwechseln ist diese Methode mit den Kindersitzen, die sich Eltern zunehmend auf Bauch und Rücken binden. Babys, die noch längst nicht sitzen können, sollten in diesen nicht dazu gezwungen werden. Wer so früh bei keineswegs ausgereifter Wirbelsäule in erzwungener Sitzposition einschläft, zahlt das überhäufig mit Wirbelverschiebungen. Die Wirbelsäule soll später gleichermaßen Wirbeln und als (Lebens)säule auch Tragen ermöglichen. Kommt es durch diese zu frühe Sitzhaltung zu Problemen in der Lebensachse, werden diese häufig zur Ursache einer Überfülle von weiteren Problemen.

Auf dem Gegenpol kommt es zu übertragenen und damit überreifen Kindern. Ähnlich wie Letztere dazu neigen, später gern zu spät zu kommen, sind Frühgeborene immer schon da, was beides unangenehm sein kann. Ungeduldige und Verschlafene haben ein gemeinsames Thema: Finden und Wahl des rechten Zeitraums und entsprechenden -punkts. Kairos, die Qualität der Zeit, wird hier zur Herausforderung.

In einem Ritual in Gestalt einer geführten Meditation gilt es, Kairos, die Zeitqualität, zum Freund zu wählen. Wir können ihn uns mit dem ersten aufsteigenden Gedanken als Gestalt *vorstellen* und *einbilden* und zu allen möglichen »geführten Meditationen« als Begleiter einladen.

Das ist generell ein wesentliches Thema, denn nur mit Kairos im Bunde lassen sich Gipfelerlebnisse erfahren. »Zu wenig und zu viel ist der Narren Ziel«, lautet ein Sprichwort. Zu früh und zu spät sind auch keine Lösung, sondern nur der rechte Moment.

Nabelschnur um den Hals

Die symbolische Bedeutung dieser Problemlage lässt an Deutlichkeit nichts offen. Medizinisch entscheidend ist die Enge der Schlinge. Schlimmstenfalls stranguliert sich das Kind, oder es

»droht« zumindest damit und verdeutlicht so seine Gefährdung. Ultraschalluntersuchungen und intrauterine Aufnahmen zeigen, wie Ungeborene an der Nabelschnur ziehen und hantieren können, was manchmal etwas an das Ziehen der Dienstbotenglocke erinnert. Im Fall der um den eigenen Hals liegenden Nabelschnur versinnbildlicht es gegen sich selbst gerichtete Aggressionen.

Die idealerweise von Weite bis zu ozeanischen Gefühlen geprägte intrauterine Situation steht für diese Kinder unter bedrohlichem Vorzeichen, was in der Regel vom Kind selbst ausgeht. Durchblutungsstörungen vor allem des Gehirns sind ungleich häufigere Folgen als »geglückte« Suizidversuche.

Betroffene können im späteren Leben im Rahmen einer geführten Meditation ihre Selbstgefährdungstendenzen entdecken. Anschließend gilt es ein Ritual zu entwickeln, bei dem sie bewusst den Hals aus der Schlinge ziehen beziehungsweise bei dem sie die Nabelschnurschlinge in der Vorstellung bewusst lösen, bis sie weit wie eine Stola wird, um sie dann ganz abzulegen. Rituell den Hals aus der Schlinge zu ziehen, ist konkret wie symbolisch ein wundervoller Akt der Selbstbefreiung mit Auswirkungen weit über das Anfangsmuster hinaus beziehungsweise vom Beginn ins gesamte Leben ausstrahlend. Die Wirkung ist umso stärker, je geladener die Situation ist und je bewusster das Ritual ausgeführt wird.

Geburtsmuster für das weitere Leben

Aus kindlicher Sicht stellen sich die anfänglichen Übergänge Empfängnis und Geburt als Eintrittspforte ins Leben als dramatische Einschnitte dar, ganz anders als aus Erwachsenensicht. Durch gut dreißigjährige Erfahrung mit der Schattentherapie, die beide Übergänge ausführlich durchleben lässt, ist mir auch die kindliche Sicht sehr vertraut.

Die Empfängnis, die wir oft freudig feiern, erlebt die von den

Behinderungen seitens der beiden Täuscher Raum und Zeit noch freie Seele als extreme Einschränkung und manchmal geradezu als Einkerkerung in den Körper. Die Geburt wird durch den bedrückenden Kampf in der Enge des Geburtskanals und die beschriebenen »geburtshilflichen« Interventionen sehr oft als schreckliche Bedrängnis oder sogar »Vergewaltigung« empfunden. Das Gefühl des Ausgeliefertseins kann extrem werden, obwohl die Inkarnation aus spiritueller Sicht natürlich bewusst gewählt war. Von den Eltern, insbesondere den weniger beteiligten Vätern, wird die Geburt aber oft freudig und sogar mit Stolz gefeiert.

Neuankömmlinge erleben die Zeit vor der Empfängnis ähnlich wie am Ende die Zeit nach der (Er)lösung im Tod als berauschende Erfahrung von Freiheit. Alles dazwischen ist als »Schule des Lebens« entweder beschwerlich, wenn Lernen so erlebt wird, oder spielerisch, wenn das Leben als »Leela«, das kosmische Spiel, erfahren wird, wie es der Hinduismus anregt. Die Geburt als bedrohliche Erfahrung von Enge und damit Angst wird so zum Grundmuster aller späteren Angstsymptome.

Lösung kann hier ein Ritual aus dem Buch *Angst frisst Seele* bringen (siehe auch das Kapitel »Von Routinen zu Ritualen«): Dabei wird gleichsam ein Abkommen mit der personifizierten Angst geschlossen, über eine halbe Stunde jeweils zur selben Zeit am Tag, die nur der Angst gewidmet wird, also dem Versprechen, in dem Moment ganz und ausschließlich für sie da zu sein. In der übrigen Zeit wird die Angst dann jeweils auf dieses Rendezvous verwiesen. Zum abgemachten Zeitpunkt wird sich die Angst aber kaum hervortrauen. So ist man sie erst mal los. Mit der Zeit mag sie sich in kleinsten Portionen hervorwagen, und so kommt man einander näher, und in der neuen Offenheit und Weite wird sich die Enge der Angst allmählich auflösen.

Meldet sie sich trotzdem außerhalb dieser Angstzeit, wird sie einfach auf ihre Zeit verwiesen. In dieser halben Stunde wird sie sich kaum melden können, weil Enge in der Weite des Bewusstseins der Angst gegenüber so wenig Chancen hat wie Dunkelheit im Licht.

Die Umwandlung des Geburtsablaufs vom Drama zum Fest der Geburt ist heute in einer Zeit erwachender Bewusstheit möglich und ein Zeichen der Hoffnung für die Zukunft. Die beste Geburtsvorbereitung werdender Mütter ist die Auflösung ihres eigenen Geburtstraumas. Die Erfahrung der eigenen Geburt mit all ihrer etwaigen Problematik wäre auch der wichtigste Ausbildungsschritt für Hebammen und gynäkologische GeburtshelferInnen, um solche Probleme nicht weiterzugeben und auf Schwangere zu projizieren. Nichts ist gefährlicher bei einer Geburt als unbewusste Angst der HelferInnen vorm eigenen Geburtstrauma. Der Erfahrung nach wählen solche Berufe vor allem Menschen, die mit der eigenen Geburt noch nicht fertiggeworden sind, ähnlich wie diejenigen mit seelischen Problemen dazu neigen, Psychologie zu studieren oder Psychiater zu werden.

Dass solche Ansätze zu Eigentherapie bis heute in gängigen Ausbildungsordnungen fehlen, zeigt, wie sehr uns kollektiv daran gelegen ist, Probleme lieber in der Projektion, also an anderen zu bearbeiten. Das aber kann sie nicht (er)lösen, sondern nur weiterverbreiten.

Jede Geburt ist Mutprobe und Kampf zugleich für Mutter und Kind durch die beispiellos bedrohliche Beengung im Geburtskanal. Enge aber ist eng mit Angst verbunden, was das lateinische *angus*t*us* für »eng« bereits offenbarte. Insofern ist auch eine weitgehend natürliche Geburt immer eine Einweihung in Enge und Angst. Situationen im späteren Leben mit Enge können daher nicht bewältigte Geburtstraumen wiederbeleben.

Praktisch jede Geburt stellt auch ein Trauma dar, denn es tut weh, sich durch den Engpass zu quälen, dabei ist es so notwendig; eine Erfahrung, die mit Kaiserschnitt geborenen Kindern fehlt. Diese Erfahrung bewusst hinter uns zu bringen, stärkt uns. Das gilt weit über die Geburt hinaus. Der Volksmund formuliert es hart:

»Was uns nicht umbringt, macht uns stark.« Es ist obendrein unglaublich erleichternd, nicht ständig Energie aufbringen zu müssen, um Verdrängtes unter der Bewusstseinsschwelle zu halten.

Wie kommt es zum Geburtstrauma? Steigern sich die Schmerzen in der bedrängenden Enge immer weiter, kann sich das Kind irgendwann nicht mehr widersetzen. Es muss sich der hinausdrängenden Macht der Wehen und den von außen einwirkenden Geburtshelfern ergeben. Dieses Aufgeben kann bewusst als Hingabe geschehen oder in der Art Flucht aus dem so sehr schmerzenden Körper in Ohnmacht. Letzteren Falls wird der Körper ebenfalls geboren, aber dabei allein ge- und geradezu verlassen. Erst wenn das Schlimmste überstanden ist, kehrt das Bewusstsein beziehungsweise die Seele zurück. Ihr fehlt aber die Erfahrung, und sie ist nicht ganz angekommen im Körperhaus und in dieser Welt.

Die Vorbereitung des Kindes mittels innerer Stimme der Mutter kann das bewusste Ergeben ins Unabänderliche ungemein erleichtern. Die Kinderseele versteht viel mehr, als Erwachsene ihr zutrauen. Vor allem versteht sie noch die Sprache der Gefühle. Erwachsene haben sie oft verlernt und unterschätzen dann auch ihre Bedeutung.

Flieht die Mutter ihrerseits wegen unerträglich beengendem Schmerz aus dem bewussten Erleben, früher etwa in die schmerzfreie Geborgenheit einer Vollnarkose, fühlte sich das Kind doppelt im Stich gelassen, denn seine Schmerzen halten trotz Narkose an. Eine Narkose ist ja nichts anderes als die Vertreibung des Bewusstseins aus dem Körper. Die Schmerzrezeptoren des Körpers bleiben in Funktion, es ist nur niemand mehr da, der ihre Meldungen annimmt. Der Mutter brachte die heute zum Glück sehr seltene Vollnarkose noch den Nachteil, ihr den Einweihungscharakter ins Frausein, den jede natürliche Geburt mit sich bringt, vorzuenthalten.

Ist die Geburt so furchtbar, dass sich das Bewusstsein davonmacht, fehlt die entsprechende Einweihung auch dem Kind, wodurch beide ein scheußliches Defizit erleiden. Die Mutter kommt nicht im Frausein, ihr Kind nicht in der Welt an.

Betroffene haben in Zukunft Angst vor allen im doppelten Sinne engen Situationen und auch vor Neuanfängen. Andererseits müssen sie unbewusst solche Situationen geradezu suchen, um sich doch noch auszusöhnen. Anders ausgedrückt, wird ihr Schicksal sie ständig ins Spiel bringen, um die Erfahrung nachzuliefern.

Es ist für unerlöste Krisen sogar bezeichnend, dass wir sie fürchten und (ver)meiden wollen, sie aber unbewusst ständig suchen. Die Schule des Lebens funktioniert ähnlich wie die der Kindheit: Wer nicht lesen lernt, wird es bald fürchten und vielleicht sogar hassen. Gerade deshalb wird der/die Betreffende aber immer wieder mit dem Thema konfrontiert, so lange, bis er/sie den Widerstand aufgibt, sich ins Unabänderliche fügt und lernt, was zu lernen ist. Wer mit seiner Verweigerung durchkommt und sich ins Heer der zahlreicher werdenden Analphabeten einreiht, schließt sich praktisch selbst aus dem modernen Leben aus.

Generell gilt: Wo immer wir Lernen verweigern, schließen wir uns vom Fortschritt des Lebens aus und bleiben beim entsprechenden Thema auf der Strecke.

Dass Therapieformen wie der verbundene Atem, der unkonfrontierte Geburtserlebnisse geradezu regelmäßig hervorbringt, so erfolgreich sind, verweist auf die Notwendigkeit dieser Erfahrung. So viele Menschen unserer Zeit haben solch ein bewusstes Noch-einmal-geboren-Werden bitter nötig, um sich lieber spät als gar nicht mit ihrem Geburtstrauma auszusöhnen. Oft durfte ich beim verbundenen Atem wie auch der Schattentherapie miterleben, wie solch eine bewusste »Wiedergeburt« zu einer Art Neugeburt wurde.

Das Schicksal mit seiner Tendenz, uns herauszufordern und zu fördern und bis zur Vollkommenheit zu belehren, und die Schulmedizin mit ihren Versuchen, das um fast jeden Preis zu verhindern, arbeiten grundsätzlich gegeneinander. Die Frage, wer von beiden am längeren Hebel sitzt, ist mit einem Blick auf die Geschichte leicht zu klären. Wir können uns entscheiden, ob und wie früh wir uns für das am Ende immer siegende Schicksal entscheiden oder uns dagegen wehren und so den Weg langen Leidens wählen.

Die natürliche Geburt ist somit ein wundervolles Beispiel, wie wir das Leben angehen, konfrontieren und bewältigen können. Insofern wird es zum hilfreichen Ritual, einerseits die eigene Geburt nochmals, diesmal bewusst zu durchleben und andererseits an einer idealen Geburt den mutigen Kopfsprung ins Leben und alle weiteren Geburten des Lebens zu üben.

Wird dieser Prozess in der Vorstellung mit aller damit verbundenen Emotion wiederholt, hat das verblüffende, gar nicht rational erklärbare Auswirkungen auf die eigene zurückliegende Geburt, aber auch alle anderen geburtsähnlichen Erfahrungen in der Vergangenheit, vor allem jedoch in der Zukunft.

Reflexionen zur Geburt und zu Anfängen

Zur effektiven Bewältigung des Geburtstraumas empfehlen sich wie schon angedeutet das Wiedererleben der Geburt in einer geeigneten professionellen Psychotherapie wie der Schattentherapie, in der die Geburt nochmals bewusst durchlebt wird, sowie Sitzungen mit dem verbundenen Atem (siehe den Abschnitt »Begeisterungsbooster«). Beide Methoden sind letztlich bei jeder Entwicklungskrise hilfreich.

Die hier beschriebenen Übungen gewinnen umso mehr an Kraft, je mehr du dich in deiner Vorstellung darauf einlässt. Vertiefe dich am besten so sehr in deine entsprechende Vorstellung, dass du ganz darin aufgehst und wirklich ins Erleben kommst. Dann kann dein Gehirn nicht mehr zwischen Vorstellung und Realität unterscheiden, und deine Seelen-Bilder-Welten werden Wirklichkeit und helfen dir, deine Rituale zu verwirklichen und Kraft in deinem Leben zu gewinnen.

Denke darüber nach und lass das Ganze auf dich wirken:

- Nimm diese kommende Vorstellung gleich als »dein persönliches Höhlengleichnis« wahr und wichtig und stell dir vor, du müsstest auf einer Höhlenwanderung weit unter Tage wie ein Reptil durch einen sehr engen Durchschlupf robben – auf Ellenbogen und Knien und auf dem Bauch. Der Ausgang ist nicht zu sehen, weil der Gang durchhängt. Der Höhlenforscher, der dich begleitet, warnt dich außerdem, nicht zu tief zu atmen, um nicht stecken zu bleiben.
- Was fühlst du beim Gedanken, durch diesen engen Gang zu kriechen und überall Kontakt zu den steinernen Wänden zu spüren?
- Kriech in deiner Vorstellung – am besten in einer von dir selbst geführten Meditation – los und spüre, ob du das notwendige Vertrauen aufbringst. Durchlebe in inneren Bildern und Gefühlen diesen mühseligen Weg aus der Geborgenheit der dunklen Höhle ans Licht der Welt. Kann die Enge und die mit ihr verbundene Angst dich hindern?
- Was sagt dir diese Erfahrung bezüglich deiner Geburt und deines Wegs mit seinen Engstellen und -pässen?

Die Fragenpassagen wie die folgende können dir dazu dienen, das Gelesene auf dich selbst zu beziehen, und haben sich im Bereich der Krankheitsbilderdeutung von *Krankheit als Weg* bis *Krankheit als Symbol* ausgesprochen bewährt (siehe auch »Ein Wort zuvor« am Anfang dieses Buches):

1. Wie beginnst du (je)den Tag? Wie ist es, wenn du ihn dir als Symbol des Jahres und Lebens vorstellst?
2. Wie leicht kommst du morgens aus den Federn? Wie schwer fällt es dir, das warme Nest der Betthöhle zu verlassen?
3. Hast du öfter Angst und fühlst du Enge bezüglich der Aufgaben des neuen Tages?
4. Steht der neue Tag wie ein Berg vor dir, oder zieht er dich geradezu magisch an?
5. Gehst du ihn mit Schwung, Energie und Elan an oder eher mit angezogener (Hand)bremse?
6. Magst du Sonnenaufgänge? Wann hast du zum letzten Mal einen erlebt?
7. Erlebst du sie regelmäßig oder verschläfst du sie gewöhnlich?
8. Wie bewusst ist dir der Bezug zwischen dem Beginn deines typischen Tages und deinem Leben?
9. Magst du die Zeitqualität des frühen Morgens?
10. Magst du bei Reisen früh starten?

Krisen nach der Geburt

Auf die Geburt als Einstiegsritual ins polare Leben folgt eine Reihe typischer Konflikte, die sich leicht zu Krisen für alle Beteiligten auswachsen können. Während sich das Leben der Mutter völlig umstellt und das Kind in ihren Mittelpunkt rückt, wird der bisher an diesen *Vorzug* gewöhnte Vater oft schon den Positionswechsel zur zweiten Geige als Krise erleben.

Vor allem aber für die Mutter kann die Umstellung mit den damit verbundenen Ängsten, betreffend ihrer neuen Rolle und ungewohnten Verantwortung, zu Konflikten führen. Auch Krankheitsbilder bis hin zu psychiatrischen Problemen können daraus folgen.

Wochenbettdepression und Stillpsychose

Wenn auch ein schweres Krankheitsbild mit schrecklichen Konsequenzen für Mutter und Kind, ist die Entstehungsgeschichte dieser Probleme doch leicht durchschau-, vorbeugend einfach vermeid- und therapeutisch rasch behebbar – so die Psychiater denn wollen. Es ist lediglich unbedingt darauf zu achten, dass die Mutter wieder durchschlafen kann. Meist sind es nämlich gestörte oder ganz ausgefallene mütterliche Traumphasen, die Stillpsychosen heraufbeschwören. Aus dem Schlaflabor wissen wir, wie entscheidend wichtig nächtliche Träume für unsere seelische Gesundheit sind.

Hindert man Versuchspersonen im Labor am Träumen durch Wecken zu Beginn der REM-Phasen, fangen sie spätestens nach einer Woche an, mit offenen Augen Traumbilder zu sehen. Das heißt, nachts nicht mehr erlebte Traumbilder drängen ins Tagesbewusstsein und überlagern es. Das nennen Psychiater »optische Halluzinationen«. Ähnlich kann die Unterdrückung der inneren Stimme zu akustischen Halluzinationen oder dem sogenannten Stimmenhören führen. Träume sind also eine wesentliche nächtliche Psychotherapie, die den Erhalt unserer seelischen Gesundheit sichert. Hier wird deutlich, wie wichtig und wesentlich gesunder Schlaf mit Träumen ist.

REM-Phasen treten in der Regel nach anderthalb Stunden Schlaf auf. Weckt der Säugling seine Mutter vorher und stillt sie ihn, passiert Ähnliches wie im Schlaflabor.

Die seelische Bedeutung aber spielt natürlich auch hier eine wesentliche Rolle. Bei der Psychose übernimmt das nicht mehr Verarbeitete, sondern Verdrängte, Unbewusste, der Schatten, die Macht.

Wie bei jeder Psychose handelt es sich aber auch um eine Flucht aus der nicht mehr erträglich empfundenen eigenen Welt und Wirklichkeit in eine besser erträgliche seelische Scheinwirklichkeit. Der Einbruch der neuen Herausforderung wird bei geringen seelischen Reserven und starker Schattenenergie der Mutter so übermächtig von ihr erlebt, dass sie als einzigen Ausweg die Flucht in die Welt der verdrängten Bilder sieht.

Glücklicherweise hat das Kind einen so erdenden Einfluss und die Mutterschaft eine so starke seelische Ladung, dass die Flüchtigen häufig auch ohne Behandlung zurückkehren, sobald sie wieder REM-Phasen erleben.

Bei der Depression kommt es zur Abkehr vom Leben, das hier unter Umständen als überfordernd und zu schwer erlebt wird. Die Patientin entflieht der geballten Spannung, die das Kind mit sich bringt – in die Pseudoentspannung einer De-Pression. Je nach deren Schwere können Gedanken bezüglich unausweichlich drohender Einschränkungen, Überforderungen und Härten bis hin zu Todeswünschen ins Bewusstsein drängen. Suizidabsichten machen auch hier die Fluchttendenz unübersehbar. Das legt den Gedanken nahe, die Mutter sei nicht ausreichend auf die Schwangerschaft und ihr Kind vorbereitet gewesen.

Die Lösung liegt in der Beschäftigung mit der zehnten Lebensbühne des Saturnprinzips der Härte und der Struktur – auf konstruktiv-erlöster Ebene (siehe »Die zwölf Lebensbühnen« im Anhang). Hier gehört der Tod hin – und die Aussöhnung mit ihm. Tatsächlich wird das alte, bisher vertraute Leben der Mutter sterben müssen wie auch die bisherige Beziehung zum Partner in gewohnter Form, um auf neuer Ebene mit neuen Themen wiederaufzuleben.

Es gilt auch, sich in manchen Bereichen mit nicht zu umgehenden Einschränkungen und notwendigem Verzicht auszusöhnen – vielleicht noch bevor die Freuden des neuen Lebensabschnitts deutlich hervortreten. Neue, vielleicht ungewohnte Disziplin wird jetzt notwendig und liegt in der Natur der nun folgenden Zeit wie auch bestimmte Härten, und beide gehören zur zehnten Lebensbühne. Es gilt, eigene Bedürfnisse denen des Babys unterzuordnen und bisherige Interessen und Prioritäten zurückzustellen – allerdings ohne sich selbst ganz zu vernachlässigen.

Stillen kann dieses Phänomen wiederum auslösen, wenn Säuglinge in Abständen Milch einfordern, welche die Mutter niemals lange genug schlafen lassen, um in den Genuss von Traumphasen zu kommen.

Statt gefährlichen »Schlaffastens«, weil das Baby mit Bedarfsstillen verwöhnt werden soll oder will, gilt es, mit »fremder« Hilfe von Partner, Schwieger- oder (Groß)mutter für ausreichend REM-Schlaf, also Schlafphasen von einigen Stunden seitens der stillenden Mutter zu sorgen.

Je schneller sich die Mutter der übermächtigen Natur und ihren Notwendigkeiten beugt und je freiwilliger und bereitwilliger der Einbruch des Neuen ins Leben als Herausforderung akzeptiert wird, desto eher wird diese Erfahrung sogar Kraft geben. Innerlich angenommen, vermittelt das saturnine Prinzip, dem es um Ordnung und Struktur geht, auch enorme Ausdauer und beispielloses Durchhaltevermögen.

In der Nähe zur Psychose liegt ebenso die Aufforderung, sich Grenzbereichen gegenüber bewusst zu öffnen wie den Anderwelten, zu denen Kinder zu Beginn des Lebens noch natürlichen Zugang haben. Dafür gibt es aber ungleich geeignetere Wege als das »Traumschlaffasten«.

Ein guter Einstieg ist der regelmäßige Umgang mit Seelen-Bilder-Welten über geführte Meditationen. Je öfter die Mutter sich tagsüber in solche Tiefenentspannungs- und Trancephasen begibt, desto vertrauter wird ihr diese Welt, und desto geringer wird die Gefahr, dass sich Schattenbilder in den Vordergrund spielen und Bilder aus dem Unbewussten ins Wachbewusstsein drängen. Geführte Meditationen können hier entscheidend helfen.

Aber auch Rituale zur Förderung des Traumbewusstseins können helfen wie etwa das indianische, bei dem sich die Schläfer darauf trainieren, sich beim Erwachen nicht zu bewegen, um den letzten Traum am Morgen zu erhaschen.

Je selbstverständlicher der Umgang mit Seelenbildern und

Symbolen wird, ob in Träumen oder geführten Meditationen, desto sicherer sind wir vor deren Überfall aus dem Schattenreich.

Lustverlust

Der Verlust der Libido mag sich dagegen harmlos ausnehmen, doch kann er ebenfalls erheblichen Sprengstoff bieten. Wie gesagt gewöhnt sich nicht jeder Vater gern daran, plötzlich nur noch die zweite Geige zu spielen. Im wahrsten Sinne des Wortes vom Busen seiner Frau und manchmal auch aus ihrem Bett verdrängt, kann er, insbesondere bei nicht eingestandenen Problemen mit der Vaterrolle, ziemliche Schwierigkeiten bekommen und auch bereiten. Je mehr er seine Frau vorrangig als Besitzstück sah, fühlt er sich nun beraubt. War sie ihm Versorgerin und Mutter(ersatz), fühlt er sich oft geradezu verstoßen oder zumindest zurückgesetzt. War sie ihm aber vor allem Lustobjekt, erlebt er nun verdrossen, wie es für sie offenbar noch Wichtigeres im Leben gibt als ihn.

Am härtesten trifft ihn und die Partnerschaft aber, wenn seine Lust (ver)schwindet. Das wird er meist auf sie oder ihre veränderte Anatomie projizieren, wobei ihre Orgasmusfähigkeit nach der großen Öffnung bei der Geburt meist im Gegenteil erheblich steigt.

Viele Paare geraten mit der Geburt ihres ersten Kindes in sexuelle Engpässe. Kann oder mag der Mann nicht mehr so wie früher, liegt das häufig an seinem Frauenbild. Möglicherweise hat er als Zeuge der Geburt eine Mischung aus Blut, Stuhl und Schleim in einer Region gesehen, die er ganz anders kannte. Die neuen Bilder können dann die alten der Lust überlagern.

Viel entscheidender aber ist, bei der Geburt zwar juristisch Vater, jedoch seelisch nicht Mann geworden zu sein. Stattdessen musste er mit ansehen, wie möglicherweise das »Mädchen«, das er als »Junge« geheiratet hatte, nicht nur Mutter, sondern auch Frau wurde. Mutter Natur sorgt dafür im großen Ritual der zehn Monde währenden Schwangerschaft und ihrem Schlussakt der Geburt.

Als »unerwachsener Junge« kann er aber nicht mehr gut mit einer nun erwachsenen Frau. Nicht selten sucht er sich dann wieder ein Mädchen, und dieser Konflikt wird für alle drei zur Dauerkrise.

Unser Frauenbild stützt sich heute vor allem auf zwei Archetypen, den venusischen der Geliebten und den mondigen der mütterlichen (Haus)frau. Er lernte sie als Venus kennen, hat nun aber plötzlich eine Mondfrau. Bleibt er mit dem mütterlichen Muster unversöhnt, entsteht reichlich Konfliktstoff, der in eine sichere Krise mündet. Die heute fast selbstverständliche Anwesenheit des Vaters bei der Geburt hat – wie alles – natürlich auch Schattenseiten.

Mit Stillbeginn mag dann noch Eifersucht hinzukommen, die vieles verhindern oder gar (zer)stören kann.

Lässt die Lust seitens der Frau nach, mag es daran liegen, dass sie nun alles hat, was sie immer wollte, und das venusische Muster unbewusst nur Mittel zum mondig-mütterlichen Zweck war. In dem Maße, wie sie sich diesbezüglich selbst etwas vormachte, fühlen sich natürlich auch zugehörige Ehemänner getäuscht. Auf so viel Täuschung folgt notwendigerweise die entsprechende Ent-Täuschung, als Ende der Täuschung.

Die Frau tritt mit dem Ritual der Geburt offensichtlich in eine neue Zeit(qualität) ihres Lebens, die neue Schwerpunkte mit sich bringt. Ihr Mann hat das Einweihungserlebnis der Geburt zumindest nicht am beziehungsweise im eigenen Leib erlebt. Hofft oder besteht er darauf, (für ihn) möge alles so weitergehen wie bisher, wird ihn die neue Zeit sicher und schnell eines Besseren belehren. Der umgangssprachliche Ausdruck »seiner Frau ein Kind machen« verrät das Missverständnis. Man(n) täuscht sich hier gern und oft, hat er doch auch sich ein Kind »gemacht«, mal ganz abgesehen von der Frage, wer hier in Wirklichkeit was macht. Projiziert er das Thema ganz nach außen, auf Frau und Kind, wird er schnell außen vor sein. Dieser Konflikt führt direkt in die Krise, an der dann alle drei leiden und nicht selten die Beziehung zerbricht.

Bei beiden Partnern kann das Problem allerdings auch schlicht an Erschöpfung liegen ob zahlloser Nachtschichten. Ebenso kann der ungewohnte Zuschauer im ehelichen Bett den erotischen Spaß einschränken oder gar verhindern. Wer sich beobachtet fühlt, kann auch Über-Ich-Probleme bekommen. Es mag Angst auftauchen, sein Kind seelisch zu überfordern. All dieser Konfliktstoff ist zuerst einmal zu erkennen und zu durchschauen, um dann die äußeren Umstände entsprechend anzupassen, vor allem aber auch auf die inneren einzugehen.

Die Eltern könnten sich jede Woche eine Nacht als Ritual schenken, die sie im alten gewohnten Muster als Liebespaar ohne Kind verbringen. Großeltern, beste Freunde, Taufpaten der Kinder könnten die Kindernacht inklusive Abend übernehmen. Der richtige Ort wäre ein schönes Restaurant für das Essen und ein nettes Hotelzimmer für die Nacht oder die Wohnung der Freunde.

Oder einmal pro Monat ein spezielles Wochenende, beginnend mit einem Freitagabend mit Konzert, Theater oder dergleichen – jedenfalls ohne das häusliche Theater. Dann ein ganzer Samstag nur für das neue Eltern- und alte Liebespaar und eine anschließende Liebesnacht mit einem Sonntagmorgen-Brunch und am Nachmittag die Rückkehr ins heimische Nest zu dem/den Kind(ern).

Oder wie wäre eine Organisation mit »Kindertausch«? Ein Wochenende im Monat übernehmen beide Elternpaare die Kinder des anderen und vice versa. Das ist ein Spaß für alle Kinder, sichert Freundschaften unter den Jungen und den Eltern und hält die Liebesbeziehung lebendig. Insbesondere wenn je ein Elternteil abwechselnd jeden Monat die Programmgestaltung übernimmt und dem anderen einen Teil seiner Welt und Träume offenbart. Für die betreuenden Eltern ist das kaum Mehrarbeit, da sie sowieso für Essen sorgen müssen und Kinder mit anderen befreundeten zusammen meist pflegeleichter sind. Ob sie in den Zoo gehen oder ins Kino, Heimkino oder zum Sport, es wird eher einfacher als anstrengender. Und dann sind da auch noch die Aussichten auf die Belohnung durch das eigene freie Wochenende.

Natürlich können auch Großeltern solche Kinderwochenenden übernehmen oder wiederum Paten, Freunde oder ein befreundetes jüngeres Paar, das schon mal üben möchte für eine eigene kinderreiche Zukunft.

Kindliche Umstellungsprobleme

Für Neugeborene ist die Umstellung in jedem Fall am größten, müssen sie doch in ihrer individuellen Entwicklungsgeschichte alle Schritte der menschlichen Evolution sozusagen im Zeitraffer durchlaufen.

In unseren Tagen kommt noch hinzu, dass natürlichste und früher selbstverständliche Gegebenheiten wie Ernährung und Loslassen und selbst Schlaf zu Problemen werden können, die in Konflikte münden und Krisen heraufbeschwören. Durch die entsprechende Einstellung lassen sich Konflikte aber vermeiden, die durch Verweigerung von Lösungen in Krisen eskalieren.

Wie lange haben wir beispielsweise gebraucht, um von den Amerikanern den bereits zitierten Slogan *Breast is best* zu übernehmen und umzusetzen? Auch wenn die Muttermilch, wie erwähnt, leider extrem schadstoffbelastet ist, ist sie – alles in allem – immer noch mit Abstand am besten. Denn beim Stillen geht es vor allem auch um die Seele und nicht nur um Hormone und Schadstoffe. Allein durch dieses »Ritual« entsteht die so wichtige Mutterbindung dank der Bildung von Oxytocin, früher auch als »Still-« und inzwischen als »Kuschelhormon« bezeichnet.

Zahnen – Durchbruch der Aggression

Der Einbruch des Aggressionsprinzips ins Leben erfolgt auf verschiedenen Ebenen und oft beinah parallel. Während wir den Aufbau des kindlichen Immunsystems nicht so bewusst mitbekommen, bleibt der Durchbruch der Zähne selten unbemerkt.

Anfangs war die zur Verteidigung des Körpers nötige Offensivkraft von der Mutter in Form von Antikörpern geborgt, und bei der Geburt konnte sich das Kind zusätzlich zur eigenen auf ihre vitale Kraft in Form der Presswehen verlassen. Wenn aber das härteste Material des Körpers, der Zahnschmelz, durch das zarteste, die Mundschleimhaut, bricht, ist äußere Hilfe nur sehr begrenzt möglich. Weitgehend auf sich gestellt, wird das Baby mit anhaltendem Schmerz konfrontiert, von dem es sich herzhaft brüllend zu befreien sucht. Am Anfang mag das für Eltern mit Hausmitteln wie Chamomilla oder Nelkenöl noch zu bewältigen sein. Wenn aber die Kleinen nach vielen Wochen nachts beim Herumtragen immer noch schreien wie am Spieß, können die Großen gut testen, wie weit die eigene Aggressionsproblematik erlöst ist.

Die chronische Entzündung des Zahnfleischs verrät den zugrunde liegenden Konflikt um die Aggression. Wenn die Zähne sich selbst durchbeißen müssen, beißt und brennt es im Mund. Die bayerische Mundart kennt den Ausdruck »zahnen« als Synonym für »weinen«. Schmerz und Entzündung gehören gleichermaßen zur marsischen Thematik des ersten Lebensprinzips, mit der nicht nur viele Babys, sondern auch die meisten Erwachsenen ihre liebe und manchmal auch scheußliche Not haben. Beruhigend sollte sein, dass Zahnen etwas ausgesprochen Natürliches ist und noch von jedem Kind und allen Eltern überstanden wurde.

Ärzte und Eltern (zahnender Kinder) sollten heute wissen, wie wirksam Placebos sind. Bei Kindern wirken sie eher noch stärker als bei Erwachsenen, wo sie schon so perfekt funktionieren. Durch die bereits genannte Studie des texanischen Orthopäden Bruce Moseley wissen wir, dass eine echte Knieoperation in der Wirkung nicht von einer Schein-OP zu unterscheiden ist.[29] Das lässt sich nutzen, um an sich schon wirksame Mittel noch viel wirkmächtiger zu machen.

Einmal konnte ich erleben, wie die rituelle Zerstörung der sogenannten »Mutterwarze« in einem Handstreichverfahren alle übrigen, sicher hundert Warzen mit ins Verderben riss. Später habe ich manchmal von PatientInnen mitgebrachten Kindern ihre besonders schön ausgeprägten Warzen, vor allem von symbolisch relevanten Orten, einfach »abgekauft«.

Asthmakinder lassen sich manches Mal durch rituelle Zerstörung des Inhalationsgeräts mit allen Hämmern in allen Händen der Familienmitglieder für alle Zeiten von dieser Krücke befreien.

Beim Zahnen sollte man sich also keinesfalls ins Bockshorn jagen lassen und leichtes Fieber gleich chemisch niederkämpfen. Fiebern hilft, den Kampf um die neue Bewaffnung im Mund zu gewinnen.

Das homöopathische Mittel Chamomilla D12 ist ebenfalls tatsächlich wirksam, hat es doch das quengelnde, jammernde Kind im Mittelbild. Dem Kind gegenüber lässt es sich aber als wahres Wundermittel noch zusätzlich durch sein Placebopotenzial und rituelle äußerst bewusste Einnahme aufbauen.

Hinzu kommen Körperkontakt und Herumtragen der Kleinen, dazu Summen oder Singen von Mantren oder zaubermächtigen Heilungskinderliedern.

Schließlich gibt es auch noch das schmerzlindernde Gel Dentinox der Schulmedizin.

Bei brüllenden Kindern können Eltern sowieso nicht schlafen, insofern lässt sich die Übung des Herumtragens eines grundsätzlich geliebten, nun aber außerordentlich brüllenden Kindes auch sportlich von der schweren auf die leichte Schulter nehmen.

Abstillen – Verzichten lernen

Einen ebenfalls heftigen Konflikt und daran anschließend eine herbe Krise kann das Abstillen mit sich bringen. Kinder, die dieses letzte Stück Schlaraffenland nicht (los)lassen (wollen), mögen sich erheblich wehren. So selbstverständlich dem Ungeborenen die Versorgung über die Nabelschnur war, so natürlich und zwingend notwendig erscheint manchem Baby nun das Zugangsrecht zur mütterlichen Milch(bar). Mit Hungern hat es wohl kaum noch etwas zu tun, wenn sie ihre Drinks manchmal geradezu aufdringlich einfordern. Allein die Art des Zugriffs auf die Milchquelle kann die Machtproblematik verdeutlichen. Kaum hat die Eltern»front« – hier stellen sich viele Väter erzieherisch und aus Eigeninteresse recht engagiert an die Seite ihrer Frau – im häuslichen Bereich einen scheinbaren Sieg errungen, kann in einer öffentlichen Situation die Schrei»waffe« erneut triumphieren und einen Spätsieg einbringen.

Besonders wenn sich das Abstillen bis in den Zeitraum der Trotzphase zieht, wäre es für beide Seiten zwingend, zu lehren und zu lernen, wie wenig zielführend »Erpressung« ist und *kind* mit bestimmten Frustrationen und sogar Härten auskommen kann und muss. Das Leben geht weiter, auch wenn es nicht mehr alles bekommt. Denn nur wer Frustrationstoleranz entwickelt, kommt im Leben voran und überwindet allfällige Hemmnisse und Hürden. Wer dagegen nur Verwöhnung in der Kindheit erlebt hat, lernt wohl nie, Hindernisse zu überwinden. Er ist gut beraten, nach Ursachen in dieser frühen Zeit zu forschen, um dann später viel härter und bewusst zu lernen, dass das Leben kein »Wunschkonzert« ist. Statt willigen und gefügigen Eltern haben im weiteren Leben oft widerspenstige Vorgesetzte, Konkurrenten und Beamte das Sagen, und es gilt, sich gegebenenfalls gegen solche Widerstände durchzubeißen. Um jetzt Ziele zu erreichen, braucht es Frustrationstoleranz, die je später, desto schwerer zu erwerben ist.

Wer sich nicht richtig angekommen fühlt in diesem Leben, diesem Körper, sollte als Erwachsener seine Geburt ins Auge fassen und in einer Art nachgeholtem Geburtsritual ganz ankommen. Das ist über innere Bilder in Tiefenentspannung möglich, über den »verbundenen Atem« in der entsprechenden Energieüberschwemmung (siehe den Abschnitt »Begeisterungsbooster«) oder in der Schattentherapie in Trance.

Wieso gelingt es mit diesen Ansätzen so häufig? Warum funktioniert ein »Relaunch« in der Wirtschaft so oft, ein Neuanfang in einer Partnerschaft ebenfalls? Es sind Rituale, und für deren Wirkung gibt es keinen kausalen Grund. Warum wirkt eine Scheinoperation durch Studien nachgewiesen genauso gut wie eine echte? Das neuerliche Durcherleben in der inneren Seelen-Bilder-Welt löst ähnliche physiologische und biochemische Reaktionen aus wie das ursprüngliche. Wir wissen, dass es so ist, aber nicht, warum. Ein Neuanfang eröffnet insofern immer neue Chancen. Das drittwichtigste der Schicksalsgesetze, dass alles schon im Anfang liegt, steht dafür.

Nun kann ein Kind seine Geburt kaum neu erleben, aber Eltern können neu anfangen und neue Wege gehen. Je später es geschieht, desto schwerer, aber auch wichtiger ist das.

Fragen mit Bezug zum Baby- und Kleinkindalter

Mithilfe der folgenden Fragen kann man darüber kontemplieren, inwieweit sich die Zeit als Baby beziehungsweise Kleinkind auf die eigene Entwicklung ausgewirkt hat (siehe auch »Ein Wort zuvor« am Anfang dieses Buches):

1. Wie stelle ich mich auf neue Situationen ein? Wie reagiere ich nach einem Umzug auf die neue Umgebung (Wohnung, Ort, Stadt, Land)?
2. Wie reagiere ich nach einem Stellungswechsel auf das neue Arbeitsfeld, den neuen Chef und die neuen Mitarbeiter?
3. Welchen Versorgungsanspruch habe ich bezogen auf Staat, Gesellschaft, Firma, Familie oder Partner?
4. Würde ich mich mehr als Beamtin oder besser als Selbstständige fühlen?
5. Wie gehe ich mit Alleinsein um? Allein in meiner Wohnung, allein nachts im Bett?

6. Wie reagiere ich, wenn Aggression ins Spiel kommt?
7. Wie leicht setze ich mich durch, und wie wichtig ist mir das?
8. Habe ich gelernt, andere Meinungen und Standpunkte zu akzeptieren und mich ihnen zu fügen, wenn ich sie nicht ändern kann?
9. Welche Rolle spielt Macht für mich?
10. Fällt es mir leicht oder schwer zu geben? Mache ich gern Geschenke? Wie wertvoll sind sie?
11. Weiß ich, wann Schluss ist? Finde ich gut ein Ende?
12. Gehe ich rechtzeitig zu Bett?
13. Gebe ich Regeneration und Ruhe genug Raum in meinem Leben?

Klein(kinder)krisen

Von Krabblern und Aufrichtigen

Wie wichtig jede Phase für sich ist, ergibt sich manchmal erst spät und auch dann häufig nur durch auftauchende Probleme. Heute wissen wir zum Beispiel ziemlich sicher, dass Krabbeln wichtig für die Entwicklung und Koordination beider Gehirnhälften ist. Denn wird die Krabbelphase verkürzt oder behindert, können Probleme wie Legasthenie auftreten.

Therapeuten war schon länger aufgefallen, dass gerade ehrgeizige Eltern häufig Kinder haben, die als Legastheniker vergeblich mit der Reihenfolge der Buchstaben ringen. Wahrscheinlich war es bereits derselbe Ehrgeiz der Eltern, der ihren Kindern zu früh auf die eigenen Beine (ver)half. Später wird solcher Ehrgeiz durch das Symptom therapiert. Das frühe Aufrichten überfordert offenbar die linke Gehirnhälfte beziehungsweise gibt der rechten zu wenig Zeit, notwendige sinnliche Erfahrungen zu erwerben. Der Kontakt zu Mutter Erde scheint als Basis wichtig zu sein, um darauf aufzubauen. Bodenständige Hingabe und aufstrebender Leistungsanspruch haben jeweils ihre Zeit und sollten sie bekommen. Legasthenikern fehlt später nicht Intelligenz, sondern die Fähigkeit, Ordnung in ihren Buchstabensalat zu bringen. Richard Branson, dem Gründer der Virgin Group, fehlte es sicher weder an Intelligenz noch wirtschaftlichem Geschick und Gespür, aber er hatte große Probleme mit der richtigen Reihenfolge der Buchstaben, wie er in seiner Biografie bekennt.

Konsequenterweise erlaubt man Legasthenikern heute therapeutischerseits, ihre Krabbelphase noch in jugendlichem Alter nachzuholen, und hat damit gewisse späte Erfolge. Wenn Jugendliche in der Gruppe eine Stunde nur krabbeln, ist das natürlich ein Ritual, denn es muss bewusst geschehen als absichtliche Regression in eine frühere Lebensphase.

Wer zu früh zum Vater im Himmel strebt, ohne sich noch mit Mutter Erde ausgesöhnt zu haben, bekommt offenbar leicht Probleme mit den Höhen der Schreibkultur. Krabbeln ist nicht besser als Aufstehen, aber beides hat seine Zeit, die es zu respektieren gilt.

Das spätere rituelle Nachholen der Krabbelphase ist dabei nicht so wirksam wie diese zur rechten Zeit und deutlich früher in Angriff zu nehmen, aber besser als nichts.

Der Aufstand auf die Hinterbeine entspricht dem Kampf ums Aufrechtsein und ist wie der Übergang vom Wasser- ins Luftreich ein Stück Evolutionswiederholung. Aus der Krabblerperspektive zu allen weiter aufzuschauen, ist zwar die einfachste und bequemste Lösung, aber doch keine wirkliche Vision fürs Kind. Andererseits sind ständige Aufstehversuche, um immer wieder hin- und zurückzufallen, auch nicht verlockend. In diesem Konflikt entscheiden sich dennoch praktisch alle für die anspruchsvolle, anfangs so unbequeme Variante. Nach dem x-ten Rückfall von Kindern durchaus als Krise erlebt, gibt hier doch niemand nach, sondern alle schaffen es, sich auf die Hinterbeine zu stellen. Damit wächst auch der Anspruch, eigen- und selbstständig und vor allem aufrichtig im Sinne von ehrlich mit sich und der Welt zu werden, zu einer großen Herausforderung heran.

Wo es dabei Schwierigkeiten gibt, wäre es gut, sich mit dieser Phase zu beschäftigen und den Schritt auf die eigenen Hinterbeine nochmals gleichsam rituell, das heißt sehr bewusst zu vollziehen. Natürlich haben wir diesen Schritt alle konkret geschafft, aber nicht alle mit der Verbindung von Aufrecht- und Aufrichtigsein im Sinne von Ehrlichkeit.

Klettern ist zum Beispiel ein Ritual, wo wir uns ständig wieder aufrichten und neuerlich auf alle viere niederlassen. Obendrein müssen Kletterer auch sehr ehrlich mit sich sein, sonst werden sie nicht alt.

So wie Legastheniker die Krabbelphase gleichsam bewusst nachholen, könnten alle mit gravierenden Aufrichtigkeitsproblemen bewusste Aufrichtung lernen mit Übungen wie Qigong oder im Yoga mit dem Ritual des Sonnengrußes.

Den Konflikt um seine Aufrichtung entscheidet jedes Kind für sich. So lässt sich hier auch anschaulich nachvollziehen, worauf es bei *allen* Krisen ankommt: Wichtig ist an erster Stelle die Entscheidung aufzustehen. Die dafür notwendige (Probe)zeit ist vergleichsweise unwichtig. Das Kind ist absolut entschlossen, das Problem zu bewältigen und sich zu stellen und aufzurichten. Von der oft langen Kette von Misserfolgen lässt es sich nicht entmutigen, jedenfalls gibt es nie auf.

Wie schwer dieser entscheidende Schritt für die Menschheit war, zeigt uns jedes Kleinkind. Das Schwierige und Bedeutungsschwangere des ersten Schritts in Richtung Eigenständigkeit und eigener Schritte und desjenigen in die Aufrichtigkeit im übertragenen Sinn kann hier klar werden, denn mit wenigem tun wir uns so schwer wie mit Ehrlichkeit. Mit der Aufrichtung kam nämlich nicht nur die Ehrlichkeit ins Spiel des Lebens, sondern auch die Lüge. In unserer Welt der Gegensätze, der Polarität, ist Letztere ungeheuer verbreitet, aber fast ausschließlich in der unbewussten

Schattenwelt. Hier ergibt sich wohl das menschlichste aller Themen. Delfine haben größere und vor allem differenziertere Gehirne als wir, einige Menschenaffen ein ähnliches Fußgewölbe. Absolut einmalig aber ist die im Menschenreich erreichte Lügenperfektion.

Von keinem noch so gelehrigen Tier erwarten wir Aufrichtigkeit. Solange Kinder auf allen vieren krabbeln, lassen wir sie mit dem Thema »Ehrlichkeit« ebenfalls in Ruhe. Sobald sie sich aber aufrichten, beginnen in ihrer erwachsenen Umwelt Ansprüche an Aufrichtigkeit.

Unter diesem Aspekt ist die Aufrichtung auf die Hinterfüße also der entscheidende einzigartige menschliche Schritt der Evolution. Es ist auch in etwa der Zeitraum, ab dem Kinder von sich selbst sprechen, möglicherweise der Moment, ab dem die Menschheit ihr Ich-Bewusstsein entwickelte.

Erstes Nein und Trotzphase

Der Drang nach Aufstand mit der Aufrichtung auf die Hinterbeine markiert für Kinder eine Konflikt- und Krisenzeit. Alle werden ein Kind aber darin unterstützen und sich mit ihm über den Erfolg freuen.

Sein erstes Nein kann manchmal auch für Eltern zu Konflikten führen und als Trotzphase in eine längere Krise münden. Dabei muss das Kind auch diesen Konflikt austragen und lernen, zu sich zu stehen und Abgrenzung gegenüber der Außenwelt auszudrücken. Stellen wir uns als überzogenes Beispiel einmal vor, eine Frau würde auf die Frage, warum sie so ein »Monstrum« wie ihren Mann geheiratet habe, antworten: »Weil er mich gefragt hat.« Hier wäre doch offenbar etwas Wesentliches schiefgelaufen, dessen Wurzeln bis in die Trotzphase zurückreichen. Sie hatte wohl nie gelernt, Nein zu sagen und Verweigerung als Option zu begreifen. Kinder, die in der notwendigen Trotzphase andererseits komplett gebrochen wurden, werden als Erwachsene zu klassischen Mitläufern und Mitmachern.

Vieles lässt sich später mit einem entschiedenen und entscheidenden, aufgeladenen rituellen »Nein« auf Seelen-Bilder-Ebene im Rahmen einer sachkundig geführten Meditation nachholen. Dazu ist notwendig, sich mit einer entsprechenden Tranceinduktion in Tiefenentspannung zu begeben und dort Situationen im früheren und heutigen täglichen Leben zu finden, die einer entschiedenen Verweigerung bedurft hätten. Das lässt sich tatsächlich nachholen.

Wichtig ist auch, sich in Trance die Frage zu stellen: »Wo bräuchte es heute in meinem aktuellen Leben entschlossene ›Neins‹?« Es gilt, den ersten dazu aufsteigenden Gedanken gleich wahr- und wichtig zu nehmen.

Für das Kind in der Trotzphase ist der Mut zum Neinsagen wichtig, um sich abzugrenzen und zu lernen, seinen eigenen Willen einzubringen und wo möglich durchzusetzen. Bisher war es so gut wie immer einverstanden und hat mitgemacht, schon um die Liebe der Mutter nicht aufs Spiel zu setzen. Nun ändert sich das einschneidend.

Mit dem Wort »Nein« beginnen Kinder, Dinge aus ihrem Leben auszuschließen. »Fremdeln« oder die sogenannte Achtmonatsangst sind schon Vorläufer. Der Weg in die Polarität erfolgt über Auf- und Ausbau des Egos, das sich vor allem von Abgrenzung nährt.

So wichtig es für Kinder ist, sich abgrenzen zu lernen, so wichtig ist es aber auch, bei den Machtproben der Trotzphase verlieren zu lernen. Kinder, die generell siegen, werden in ihrer Zukunft darunter leiden und ständig auf der Suche nach verlässlichen Grenzen ihre Umwelt herausfordern. So wichtig es für die Egoentwicklung ist, eigene Grenzen zu setzen, so entscheidend ist es auch zu erkennen, dass es noch andere Egos mit Grenzen gibt, die in Grenzen zu respektieren sind, weil es sonst zu schwer lösbaren Konflikten und Krisen kommt.

Kinder ohne Grenzen, wie etwa Opfer missverstandener antiautoritärer Erziehung, provozieren ihre Umgebung immer herausfordernder in der Hoffnung, doch noch auf verlässliche Grenzen zu stoßen. Das Ego spürt sich vor allem an Grenzen und braucht sie, um sich zu entwickeln. Grenzen zu spüren, gibt ihm Halt, keine zu erleben, führt in Haltlosigkeit.

Weitere Gefahren, denen Kinder ohne Frustrations- und Grenzerfahrungen heute ausgesetzt sind wie Suchtanfälligkeit, entwickeln sich auch für deren Eltern, die sich alles von ihnen gefallen lassen, zu schweren Krisen. In alten Zeiten, als sich viele Geschwister die Aufmerksamkeit ihrer Eltern teilen mussten, ergaben sich Grenzerfahrungen zwischen Geschwistern ebenso selbstverständlich wie natürlich. Heute kommt die geballte Zuwendung von zwei Eltern oft auf ein Kind, was für dieses häufig nur schwer auszuhalten ist.

Kinder müssen erleben, wie ihr Nein andere Neins provoziert und nicht alles »nach ihrem Kopf« geht. Fallen erste Frustrationen erst in die Zeit nach der Ausbildung, wo der elterliche Schutz nicht mehr hinreicht, ist es oft zu spät. Solch große Kinder reagieren dann häufig beleidigt auf ungewohnte Versagungssituationen und fliehen nicht selten, anstatt sich zu stellen und mit Durchsetzungskraft und Kompromissbereitschaft ihren weiteren Weg zu finden. Es muss aber natürlich nicht immer gleich die Flucht in Drogen sein, sondern es kann auch ein indignierter Rückzug ins Bore-out werden, besonders wenn darüber hinaus kein Lebenssinn gefunden wurde.

Immerhin stammt die größte Zahl Drogensüchtiger aus gutbürgerlichem Milieu als Opfer sogenannter Überfürsorge (Overprotection) und mangelnder Konfrontation mit Versagungssituationen. Eine andere große Gruppe hat fast nur Frustrationen erlebt und kaum je Hinweise erhalten, wo es im Leben langgehen könnte. Ohne gewisse Spielregeln des Lebens zu kennen und einen sinnvollen Lebensinhalt zu finden, fliehen sie von Anfang an in erträglichere Gefühlswelten, die Drogen kurzfristig vorgaukeln.

In der Erziehung ist es also besonders wichtig zu erkennen, dass es keineswegs darum geht, Konflikte und schon gar Übergangskrisen zu vermeiden, sondern vielmehr darum, ihren Sinn zu durchschauen und adäquat darauf zu reagieren. So ist es Sinn und Ziel der Trotzphase, Grenzen wahrnehmen zu lernen, ohne sich an ihnen brechen zu lassen oder im Sinne von Zerbrechen daran zugrunde zu gehen. Kinder lernen in diesen ersten bewussten Machtspielen den Umgang mit Durchsetzen und Nachgeben, mit Sieg und Niederlage. Wo das nicht geschieht, werden – wie gesagt – einerseits Mitläufer und andererseits Despoten und Tyrannen in ein vom Scheitern bedrohtes Leben entlassen.

Und wieder einmal das Aggressionsprinzip

Generell fällt bei allen Kämpfen und so auch den frühkindlichen Konflikten und daraus entstehenden Krisen auf, welch zentrale Bedeutung einmal mehr der Aggression zukommt. Mars ist die Energie des Anfangs, des ersten Impulses, und hat damit eine natürliche Beziehung zu jedem Beginn. Wie alle zwölf Urprinzipien hat auch das Aggressionsprinzip zwei Seiten, eine destruktiv-unerlöste und eine konstruktiv-erlöste. Neben Mord, Totschlag, Krieg und Vergewaltigung gehören auch Mut und Courage, Entscheidungsfähigkeit und Konfrontationsbereitschaft dazu und der Wille, sein Leben in Angriff zu nehmen.

Es gibt keine Möglichkeit, ein Urprinzip, schon gar nicht das allen Anfangs, aus dem Spiel des Lebens auszuklammern, auch nicht mithilfe von Konzepten wie sanfter Geburt oder antiautoritärer Erziehung. Bekanntlich führt der Versuch der Vermeidung eines Urprinzips lediglich dazu, dass es sich andere, meist destruktive Wege und Ventile sucht.

Eine Geburt wird immer Mut und Offensivkraft von beiden Seiten erfordern, genau wie die frühe Kindheit Durchsetzungswillen und Kraft und das notwendige Leid des Zahnens und ersten körperlichen Durchbruchs. Die positive Chance dieser Erkenntnis liegt darin, erlöste Ebenen des Prinzips mutig zu finden und geschehene Entgleisungen wenigstens einzuordnen. Schläge sind eine primitive unerlöste Möglichkeit, sich durchzusetzen, aber in der Tasche geballte Fäuste sind das noch größere Übel. Die im Affekt ausgerutschte Hand können Kinder erfahrungsgemäß noch einordnen und keinen so schweren Schaden daran nehmen wie an der Drohung mit aufgeschobener Gewalt – gefährlicher wird es, wenn eine aggressionsgehemmte Mutter vormittags droht: »Warte nur, bis Papa kommt!« Dieses Kind wird mehrere Stunden in Angst gehalten und erlebt so eine Form von Psychofolter. Schreitet dann ein weniger aggressionsgestörter Vater abends zur Exekution der Strafe, fehlt bereits der Bezug zur begangenen »Untat«, und das Gefühl von Ungerechtigkeit belastet auch noch das Verhältnis zum Vater. Jetzt feiert die unerlöste Seite des Aggressionsprinzips viel zu späte Triumphe und richtet wirklich schweren Schaden an.

Zwei Töpfchen, drei Probleme

Das Gros der Probleme mit Kleinkindern dreht sich um drei einfache Themen: Sie essen das eine Töpfchen nicht leer, machen das andere nicht voll und wollen nicht so früh ins Bett, wie die Eltern sich das wünschen. Das sind kleine, klassische Machtkämpfe, die von beiderseitiger Frontenbildung leben.

Die zugrunde liegende Thematik wird gern übersehen, weil liebende Eltern ihren kleinen Engeln in diesem zarten Alter derlei Machtmotivation noch gar nicht zutrauen mögen. Das liegt wohl wiederum daran, dass sie ihr eigenes Machtproblem nicht wahrhaben und nicht in den Spiegel schauen wollen, den ihnen ihre Kleinen nebenbei vorhalten. Dabei wäre es so nervenschonend, diese Machtthematik früh- und rechtzeitig zu durchschauen. Vor allem ist es wichtig zu wissen, dass zu einem Machtkampf zwingend zwei Seiten gehören.

Das Esstöpfchen bietet eine beidseits beliebte und viel genutzte Arena. Natürlicherweise essen Kinder, wenn sie Hunger haben.

Spüren sie aber, wie sehr Essen eine über das natürliche Maß hinausgehende Bedeutung für die Eltern hat, nutzen sie das – selbstverständlich unbewusst. Das Kind isst nun nicht mehr nur für sich, sondern auch seinen Eltern zuliebe. Da stellt es sich natürlich die Frage, ob es andauernd so nett zu ihnen sein soll. Besonders auf gesunde Ernährung gepolte Eltern, die schon bei sich einiges an Ideologie ins Essen ein*speisen*, sind von ihren Sprösslingen – natürlich unbewusst – leicht manipulier- und sogar erpressbar.

Die Lösung ist simpel: Sobald Eltern ihr eigenes Problem erkennen und die emotionale Ladung vom Thema abziehen, entspannt sich die Lage bei Tisch. Auch ältere Kinder, die schon reichlich Erfahrung mit den wunden Punkten ihrer Eltern sammeln durften, reagieren rasch auf deren innere Umstellung.

Für Eltern ist es vorteilhaft zu wissen: Auch wenn Kinder aus Trotz einige Mahlzeiten schwänzen, verhungern sie nicht so rasch. Im Gegenteil, der Hunger schwächt ihre Position im häuslichen Kleinkrieg. Bekommen sie zwischendurch nichts anderes, werden sie meist recht bald auf die elterlichen Angebote zurückgreifen.

Können sich Eltern dazu durchringen, die Sauberkeitserziehung nicht auf dem Teller auszutragen, reagieren die meisten Kleinen rasch ziemlich vernünftig. Bei Hunger werden sie essen und natürlich am liebsten, was ihnen wirklich schmeckt, so lange, wie es schmeckt. Das ist aber eher eine Chance als ein Problem.

Viele Erwachsene leiden später darunter, noch immer zwanghaft aufzuessen, was auf den Tisch kommt, ob es ihnen be-kommt und schmeckt oder nicht. Das trägt wohl auch zur Fettsuchtwelle bei, die durch alle Industrienationen schwappt. Der Anspruch aufzuessen stammt aus der Zeit der Knappheit, in der jede Gelegenheit entsprechend auszu*kost*en war. Heute leben wir mit dem gegenteiligen Überflussproblem und sollten dankbar sein, wenn Kinder früh ihren eigenen Geschmack entwickeln und lernen aufzuhören, wenn es (ihnen) reicht. Dazu gehört, bis zur nächsten Mahlzeit warten zu lernen.

Natürlich können nicht nur Erwachsene, sondern auch schon Kinder Essen zu einem regelrechten Machtsystem ausbauen. Verdächtig ist diesbezüglich der Anspruch, nicht nur über das eigene, sondern auch das Essen anderer bestimmen zu wollen. Und natürlich müssen das Eltern bei Kindern tun, aber sehr bewusst und achtsam bezüglich ihres eigenen Machtschattens.

Da heute spätestens nach der Pubertät die schlanke Linie wichtig wird, ist es völlig unsinnig, in der Kindheit auf kleine Pummelchen und süße Dickerchen zu setzen. »Rund ist gesund« gilt weiterhin im übertragenen Sinn, aber schon längst nicht mehr bei der Figur. Das Leben sollte rund werden, nicht der Bauch. Da im Anfang schon alles liegt, ist es heute entweder unbewusste Dummheit oder bewusste Gemeinheit, von Beginn an auf die Anlage einer übertrieben großen Fettzellenzahl zu bauen und so seinen Sprösslingen das Leben im wahrsten Sinne des Wortes zu erschweren und zu belasten.

Im Anfang liegt alles, auch im Figur- und Gewichtsbereich. Das gibt allen Anfängen wie der Kindheit insgesamt so besonders große Bedeutung. Manipulationen mittels raffinierter Fütterungstricks sind einer kritischen Prüfung zu unterziehen. »Einen Löffel für die Mama, einen für den Papa« verknüpft die Zuneigung zu den Eltern auf gut gemeinte, aber sehr gemeine Weise mit Essen wider Willen. Essen als Liebesbeweis ist ein denkbar schlechtes Programm fürs Leben. Feststellungen wie »Einmal ist keinmal« entsprechen zwar dem magischen Denken der Kindheit und sind deshalb erfolgreich, bleiben aber Verführung und Ausdruck elterlicher, wenn auch wohl meist unbewusster »Bosheit«.

Bei allen sich um Machtprobleme rankenden Konflikten und Krisen der Kindheit bewährt es sich, die Kleinen wie »vollwertige« intelligente Große zu behandeln und entsprechend zu ernähren – geistig wie körperlich. Generell ist davon auszugehen, dass sie ungleich mehr verstehen, als Eltern annehmen, und manchmal sogar mehr als diese.

Babysprache und Fütterungszeremonien
Hier sind reihenweise mit elterlicher Eigenproblematik verknüpfte Unstimmigkeiten ersatzlos zu streichen. Einerseits werden moderne Kinder angeregt, möglichst viele Entwicklungsschritte vor der Zeit zu bewältigen, andererseits mittels übertrieben lange praktizierter Babysprache und Fütterungszeremonien an ihrer Weiterentwicklung gehindert und künstlich auf Babyniveau festgehalten.

Eltern, die ihre bei der Sprachentwicklung schon deutlich fortgeschrittenen Kinder mit »allerliebster Babysprache« behindern, könnten sich fragen: Wäre es nicht sinnvoller, dieser Phase bei sich selbst mehr Aufmerksamkeit zu schenken und ihr eigenes inneres Kind zu entdecken? Tatsächlich sind es zu kurz gekommene innere Kinder, die sich nicht lösen wollen von angeblich süßer Babysprache. Wer seinem Kind die Chance einräumt, so schnell zu wachsen, wie es ihm entspricht, es kann und von sich aus will, könnte sein inneres Kind wundervoll mitwachsen lassen.

Besonders hinderlich für die Entwicklung von Kindern ist die Verbindung beider Phänomene, die Beibehaltung längst überlebter Babysprache mit Babyfütterung. Statt ihr Kind in der Entwicklung zu behindern, wäre es für beide Seiten so viel hilfreicher, auf eigene Fortschritte zu setzen. Kinder müssen und wollen wachsen, Eltern dürften es auch. Der richtige Zeitpunkt, Kairos, die Zeitqualität, ist hier wieder von entscheidender Bedeutung. Was gerade noch lieb war, kann auf der nächsten Stufe schon unangemessen, peinlich und schädlich sein.

An erster Stelle müssen Eltern, die solch kindischen Unfug für angemessen halten, konfrontieren, was für eine unangemessene Manipulation sie da abziehen. Als Nächstes sind die Gründe zu eruieren. Wollen sie die Kinder nicht wachsen lassen, weil sie selbst so gern in die Kinderphase regredieren? Oder haben sie Angst, dass ihre Kleinen zu wenig Essen oder Liebe bekommen?

Ideal wäre auch hier ein Ritual: nach einer Tiefenentspannung die Regression in die eigene Kindheit und die Frage, wo sie zu wenig Kind sein konnten oder durften. Dann könnten sie alles fehlende Kindliche, was ihnen zu Bewusstsein kommt, auf der inneren Bilderebene bewusst ausleben und nachholen, also Dinge wie mit Matsch herumschmieren, mit Wasser spritzen, sich schmutzig machen und so weiter.

In einem weiteren Ritual könnten sie sich – wiederum nach entsprechender Tiefenentspannung – die Frage stellen, wo sie mehr Kindlichkeit und Spielerisches in ihr Leben einbringen könnten und eigentlich auch wollen. Wo sie die Welt mit staunenden Kinderaugen anschauen und mehr tanzen, spielen und sich freuen wollen.

Kleine Thronfolger

Das andere (untere) Töpfchen enthüllt Probleme mit dem Sauberwerden – wiederum beidseits. Auch hier ist alles eigentlich sehr einfach und natürlich. Was oben hineinkommt, muss irgendwann unten wieder hinaus. Im Normalfall geschieht das ohne Probleme und im natürlichen Rhythmus. Die angeblichen Risiken sind hier ähnlich gering wie beim »oberen« Töpfchen. Das zeigt sich schon daran, dass gestillte Kinder mehrere Tage ohne Stuhlgang problemlos verdauen.

Wird dem Stuhlgang elterlicherseits kein übertriebenes Interesse entgegengebracht, ergeben sich hier kaum Probleme. Versammeln sich allerdings Eltern und ganze Familien erwartungsvoll um das auf seinem Töpfchen thronende Kind und ersehnen sie täglich sein neuerliches Geschenk, wird es sich mit der Zeit überlegen, sie immer so reichlich zu beschenken. So wird das Töpfchen tatsächlich noch mehr zum Thron, von dem aus sich die Familie leicht regieren lässt. Ausdrücke für den kindlichen Stuhl wie »großer Wunsch«, »Mamas Geschenk« und so weiter entlarven das gespielte Trauerspiel, ein Psychostück zur Förderung von

Zwangsneurosen und anderen Unerfreulichkeiten wie der Volkskrankheit Verstopfung.

Wie recht das Kind symbolisch hat, im Stuhl (s)einen Schatz zu sehen, bestätigen Psychoanalyse wie auch Märchen, etwa wenn der Goldesel »goldene Dukaten scheißt«. Auch der Volksmund weiß Bescheid und prophezeit uns materiellen Reichtum, wenn wir in Hundedreck treten. Tatsächlich ist der Kot das Einzige, was das Kleinkind zu verschenken hat, und von daher nicht nur sein wertvollster, sondern auch alleiniger Schatz.

Das lästige Problem des frühkindlichen Geizes verschwindet, sobald Eltern ihre Ladung vom Problem nehmen und den Ehrgeiz loslassen, ihr Kind besonders früh »sauber« zu *krieg*en.

Banale Alltagserfahrung verrät, wie sicher fast alle Kinder mit Schulbeginn »sauber« sind, was Zuversicht vermitteln könnte. Wer Geduld hat, wird erleben, wie sie rechtzeitig von selbst anfangen mitzuarbeiten, zu unangenehm wäre doch das Gegenteil für sie selbst.

Erfolgreicher als Dressur und hohe Erwartungen ist die Ausbildung eigener Intuition. Tatsächlich ist den meisten Kindern anzumerken, wenn sie drücken. Kommt in diesem entscheidenden Moment gerade rechtzeitig das Töpfchen zum Einsatz, ergibt sich der gewünschte Effekt ohne lange, mühselig kontrollierte Sitzungen.

Das Gefühl für den richtigen Augenblick ist grundsätzlich wichtig und durchaus natürlich. Wo es verloren ging, ist entscheidend, es neu(erlich) zu entwickeln, was so vieles erleichtern würde.

Folgende Anekdote mag das verdeutlichen: Ein pragmatisch orientierter Missionar fragte eine indigene Mutter, die sich ihr Baby mit einem Tuch nackt auf den Bauch band, wie sie denn merke, wann es »müsse«. Darauf fragte sie ihn, wie *er* das denn merke …

Frühe Bettgeschichten

Die Anlässe und Gründe, bei und aus denen die Kleinen den Weg ins elterliche Bett finden, sind unübersehbar: während oder nach einer Krankheit, die dem Kind nebenbei beibringt, wie viel sich da herausholen lässt, in Urlaubssituationen, wo kein eigenes Kinderzimmer zur Verfügung steht, bei der Oma, die es liebt, weil sie sich einsam fühlt, und so weiter. Was anfangs meist als süß und beim nächtlichen Stillen sogar als praktisch empfunden wurde, kann mit der Zeit auf die Nerven (der Eltern) gehen und als reizend in des Wortes Doppelsinn empfunden werden. Einmal erworbene Rechte werden von Kindern, wie von allen anderen auch, hartnäckig verteidigt.

Wer der Meinung ist, (Klein)kinder hätten (noch) kein Ego oder Machtbewusstsein, wird spätestens an diesem Punkt schnell eines Besseren belehrt. Kämpfe um Gewohnheitsrechte können, solange keine Seite nachgibt, lange anhalten und Eltern staunen lehren bezüglich Ausdauer und Energiereserven ihres Lieblings. Häufig gibt der/die Klügere nach. Das sind natürlich die Eltern, die damit einen ersten und sicher nicht den letzten Machtkampf verlieren. Kinder, die ihre Trotzphasen gewinnen, landen spätestens in sozialen Gruppen wie Kindergarten und Schulen in Krisen. Jeder ungelöste Konflikt programmiert die nächste Krise. Bei modernen Eltern, wo sich die ganze Energie über ein oder höchstens zwei Kinder ergießt, entsteht nicht selten der Eindruck, Kinder erzögen sich die Eltern statt umgekehrt.

Das allabendliche Bettritual kann in einen ähnlichen Machtkampf entarten, hat aber auch eine tiefere Dimension. Müde wird der Mensch vor allem durch Widerstand in seinem Alltag. Wer von (s)einer Sache begeistert ist, wird dabei nicht annähernd so ermüden wie bei einer ihn langweilenden Angelegenheit. Frisch Verliebte brauchen fast keinen Schlaf und genießen jeden Augenblick ihres Zusammenseins. Je begeisterter und bewusster wir im Augenblick leben, desto weniger ermüden wir bekanntlich.

In unserer Gesellschaft verbringen aber viele Erwachsene große Teile ihres Tages im Widerstand bei Arbeiten, die sie nicht »lieben«, die ihnen nicht wirklich liegen und behagen oder jedenfalls wenig Freude und schon gar keine Begeisterung entfachen.

Deshalb eilen sie in Gedanken voraus in eine angenehmere Zukunft, zu angenehmeren Feierabenden, Wochenenden oder in den nächsten Urlaub. Solches Nicht-im-Moment-Sein lässt ermüden. Ist schließlich der rettende Abend erreicht, wollen sie vor allem eins – ihre Ruhe.

Sind sie mit Kleinkindern gesegnet oder konfrontiert, die den lieben langen Tag spielen konnten, was sie im jeweiligen Moment am meisten begeistert hat, ergibt sich hier ein Problem. Versunken in den Augenblick, sind die Kleinen natürlich kaum ermüdet. Zur Bettzeit noch hellwach, beeindrucken sie ihre erschöpften Eltern mit ungebrochener Lebensenergie und -freude. Wann ihre Bettstunde schlägt, bestimmen aber die Eltern aus ihrer angespannten Nervensituation und im Hinblick auf einen möglichst langen Abend ohne die quirligen »kleinen Quälgeister«.

Vor allem an Abenden, an denen die Eltern etwas vorhaben, machen ihnen ebenso intuitive wie machtbewusste Sprösslinge mit Vorliebe einen Strich durch die Rechnung und schlafen selbst mit ansonsten gut erprobten Tricks kaum ein.

Auch wenn Papa eine halbe Stunde »einheiern« lang erscheint, mag das für sein Kleines noch gar nichts bedeuten, weil es spürt, wie er in Gedanken schon im Kino ist. Sein spekulatives Kontrollieren des erreichten Müdigkeitsniveaus weckt auch immer wieder auf und bringt die Machtposition der kleinen Lieblinge diesen so richtig zu Bewusstsein.

Am sichersten funktioniert das Bettritual, wenn elterlicherseits wirklich entspannte Gleichgültigkeit herrscht und die Gewissheit, dass jeder Mensch seinen Schlaf braucht – auch ein so kleiner. Wichtig für ein funktionierendes Ritual ist auch der regelmäßige und immer gleiche Ablauf, ob es die Gutenachtgeschichte ist, das

Vorlesen von inhaltlich entsprechenden Büchern wie Hauffs Märchen beziehungsweise die der Brüder Grimm oder solche aus anderen Kulturen. Auch modernere Märchen wie »Stein und Flöte« oder mein *Habakuck und Hibbelig* kommen infrage.[30] Ein Rückblick auf den Tag zusammen mit Mutter oder Vater im Sinne eines Gesprächs mit dem Kind mag sehr hilfreich sein. Wenn es erzählen darf, was heute besonders wichtig war, erkennen auch mehrheitlich nicht übermäßig symbolverständige Eltern, was Wichtiges los war während des kindlichen Tages. Beten als freie Form des Gesprächs mit Gott ist eine ebenso wundervolle Möglichkeit, dem Tag ein gutes Ende zu bescheren. Oft können Eltern auch daraus erschließen, was ihre Kleinen so umtreibt. Eine alleinerziehende Mutter in einem großzügigen Haus wollte – wohl aus schlechtem Gewissen angesichts des eigenen Luxuslebens – ein Flüchtlingskind aus Bosnien aufnehmen und fragte ihre Tochter, ob sie nicht ein Geschwisterchen für einige Monate wolle. Ihre kleine Prinzessin nickte (das ab). Abends aber beim Nachtgebet teilte sie Gott mit, dass derlei völlig überflüssig sei, weil sie allein bestens zurechtkäme.

Vor allem wer sein Kind konsequent am Morgen weckt und damit verhindert, dass es bis in die Puppen schläft, wird es mit der Zeit wieder in (s)einen natürlichen Rhythmus bringen. Ein festes Bettritual kann auch hier alles erleichtern, etwa immer zur selben Zeit vor den Abendnachrichten. Mit festen Ritualen im Sinne von Märchen, Gutenachtgeschichten, -liedern, festgelegtem oder freiem Gebet oder Mantren bereiten wir unseren Kleinen wundervolle Übergänge in die archetypisch weiblichen Seelen-Bilder-Welten der Traumreiche.

Schlafprobleme von Kleinen und Großen entsprechen sich. Auch angeblich völlig schlaflose Erwachsene schlafen durchaus, nur nicht zu den gewünschten Zeiten. Dieser Machtkampf tobt zwischen verschiedenen Fraktionen der eigenen Psyche. Entscheidend ist, allen Dogmatismus außen vor zu lassen und zu akzeptieren, dass einige Menschen mehr und andere weniger Schlaf brauchen. Manche können ohne ihren Mittagsschlaf nicht sein und andere gut darauf verzichten. Sätze wie »Eine Vierjährige braucht mindestens soundso viel Schlaf« sind dermaßen falsch wie eine sichere Quelle überflüssiger Probleme.

Wie viel Schlaf das eigene Kind braucht, kann man am besten empirisch herausfinden. Tatsächlich ist die Einhaltung natürlicher Lebensrhythmen gesünder als ihre Missachtung. Das aber gilt prinzipiell für jedes Alter.

Kleine Rituale statt großer Machtproben

Guten Appetit!

Alle Rituale gewinnen an (Wirk)kraft durch die Einhaltung eines festgefügten Rahmens. So lässt sich ein Essritual aufbauen, bei dem immer wiederkehrende gleiche Zeiten ebenso wie feste Plätze hilfreich sind.

Die Hände vor dem Essen »in Unschuld zu waschen«, ist ein schönes kleines Ritual, mit dem die Einstellung auf das Essen bereits beginnen kann. Kinder mit ihrem magischen Denken, das natürlicherweise vor allem in der Bildwelt beheimatet ist, reagieren besonders dankbar auf solche Einbeziehung innerer Vorstellungen. Schließlich geben Rituale dem Leben Sicherheit und Struktur und auf erlöste Weise auch jene verlässlichen Grenzen, die es so sehr braucht. Darüber hinaus ist es wahrscheinlich eine gute Möglichkeit, ihr Interesse für Waschen und Sauberkeit zu wecken – weit über Hygiene hinaus.

Besonders schönes Besteck kann ebenfalls unterstützen, aber auch speziell gefaltete Servietten. Am Abend können Kerzenschein und sanfte Musik Atmosphäre und Stimmung verbreiten und »bewusstloses« Drauflosfuttern verhindern.

Ein kurzer Moment der Besinnung oder – wo noch möglich – ein Tischgebet fördern das Ritual wesentlich.
Ist das Essen nicht nur gesund, sondern auch schön angerichtet und geradezu feierlich zelebriert, gewinnt das Ritual durch diese energetische Aufladung zusätzlich an Kraft.
Reicht sich die ganze Familie zu Beginn des Essrituals die Hände, entsteht zudem ein Gefühl von Verbundenheit und Gemeinschaft. Das braucht nicht einmal mit einem Tischgebet verbunden sein, könnte es aber natürlich mit einem entsprechenden Vertiefungseffekt.

Ruhe am stillen Örtchen

Ein entsprechendes Töpfchenritual kann mit kleinen Dingen beginnen. Sein Ritualcharakter ist vielen Eltern noch am ehesten zugänglich, verbringen sie doch vielleicht selbst lange Sitzungen am stillen Örtchen.
Plätschernlassen von Wasser ist ein weitverbreiteter kleiner Ritualbaustein, dessen praktische Wirksamkeit spontan einleuchtet. Eine nur für diesen bedeutenden Anlass reservierte, vor sich hin plätschernde Musik, etwa Händels Wassermusik oder Smetanas Moldau für besonders lange Sitzungen, könnte Weiteres dazutun.
Kleine Maßnahmen können große Wirkung entfalten: weil sich bedingte Reflexe bahnen. Das heißt, kaum hört das Kind die Musik, lässt es auch schon los. So bekommt dieses Ritual auch noch selbstverstärkende Wirkung mit der Zeit. Damit dürfte auch klar sein, warum dieses Musikstück ausschließlich für diese geschäftliche Angelegenheit reserviert bleiben sollte.

Gute Nacht!

Kleinen wie größeren oder auch großen Kindern helfen sehr gut stimmige und stabile Einschlafrituale, um sanft in Hypnos' Reich respektive Morpheus' Arme zu entgleiten. Gutenachtgeschichten sind dabei weithin unübertroffen. Besonders geeignet ist natürlich die eigens zu diesem Zweck erfundene persönliche Fortsetzungsgeschichte, deren weiterer Verlauf das Kind wirklich sehr interessiert. Geschickten Erwachsenen stehen dabei zahlreiche positiv raffinierte Möglichkeiten offen, die oft beiden Seiten Freude schenken. Das Ganze beginnt vielleicht mit einer Zusammenfassung des Bisherigen und einem spannenden Einstieg in die neue Episode, wobei dann die Handlung immer beruhigender und schlaffördernder werden dürfte. Den Schluss könnte eine geschickte Entlassung in die Traumwelt bilden.

Eine wundervolle Möglichkeit ist auch, den Tag nochmals mit dem Kind durchzugehen und sich gemeinsam zu überlegen, was daran zu verbessern wäre. Das lässt sich dann in Gedanken beziehungsweise der kindlichen Fantasie nochmals ganz neu und besser durcherleben. So wird jeder Tag gleichsam nachträglich in Ordnung gebracht. Mit der Zeit wird immer weniger zu reparieren sein, weil schon während des Tages klar ist, was sowieso am Abend zu korrigieren sein würde. Das Kind vermeidet dann solche offensichtlichen Fehler von vornherein, gleichsam automatisch.

Ein guter Einstieg in dieses Gutenachtritual ist das gemeinsame Ansehen des wundervollen Films »Alles eine Frage der Zeit«. Er ist zugleich der Höhepunkt der 10-teiligen Zeitfilmserie im Filmdeutungsbuch *Die Hollywood-Therapie – was Spielfilme über unsere Seele verraten.* Diese Serie wäre auch eine ideale Vorbereitung für Erwachsene zu diesem Abendritual. Es ist eine der wirksamsten mir bekannten, zugleich spannenden und entspannenden Psychotherapien in Eigenregie.

Ansonsten gewinnen alle Übungen zum Einschlafen noch größere Wirkung, wenn sie sehr bewusst und eben als Ritual durchgeführt werden, etwa das Zählen von Schäfchenwolken am Tageshimmel oder das der Sterne am Nachthimmel. Aber auch einfach bis hundert zu zählen und anschließend wieder rückwärts, mag in diesem Sinne hilfreich sein.

Ein praktisches Ritual wie ein ansteigendes Fußbad kann als Einschlafritual dienen, zieht es doch das Blut aus dem Kopf nach unten Richtung Füße, was die »Hauptsache« entlastet und ihr Abschalten erleichtert. Dazu taucht man beide Beine in einer Fußwanne in circa 33 Grad warmes Wasser, was man durch zulaufendes Wasser innerhalb von zwanzig Minuten auf maximal 40 Grad erhöht. Anschließend trocknet man die Füße gut ab und begibt sich zur Bettruhe.

Gemeinsames Duschen mit einem Elternteil und einer langen kalten Dusche am Ende und anschließendem Abrubbeln kann den Schlaf ebenso fördern und obendrein gesunden Spaß bringen. Der Weg geht wieder über die Haut, die als unser größtes Organ sehr viel Blut aufnehmen kann, das dann nicht länger im Kopf gestaut den Schlaf behindert.

Unterstützen lässt sich das Ganze mit naturheilkundlichen Mitteln wie Baldriantropfen, Melisse und natürlich dem guten alten Hopfen (Humulus lupulus). im Zweifelsfall lässt man sich am besten von Kinderarzt/ärztin oder HeilpraktikerIn unterstützen.

Kindergartenspaß oder Vorschulstress?

Als Übergang zum näher rückenden Lebensernst der Schule ist der Kindergarten in der Leistungsgesellschaft in Gefahr, zur Vorschule zu verkommen. Dabei wäre er besonders für moderne Einzelkinder eine Chance, soziale Spielregeln und Gruppenverhalten spielerisch zu lernen. Tatsächlich kommen wir aus den frühen Gemeinschaften der Nomaden, die in den Höhlen von Mutter Erde Schutz suchten. Im Teilen und in gegenseitiger Hilfe lag damals und liegt noch immer unser großer Vorteil, der uns als einzige Menschenart überleben ließ. Aus dem Neandertal hört man doch nichts mehr.

Auch heute läge unsere große Chance im Wiederentdecken der Gemeinschaft, in Zusammenhalt und gegenseitiger Hilfe. Insofern ist der Kindergarten die vielleicht letzte Chance, der wachsenden Anzahl von Einzelkindern gerecht zu werden. Gerät er unter dem Einfluss gesellschaftlichen und elterlichen Ehrgeizes zur frühen, vorgezogenen Leistungsträger-Kaderschmiede, stiehlt er modernen Kindern noch ein weiteres Stück Kindheit und wird zur Fortsetzung der mit dem APGAR-Schema kurz nach der Geburt begonnenen Punktejagd und zum Jammer(platz) für Kinder und Jahrmarkt für Erwachsenenehrgeiz und -eitelkeit. Eltern, die es gut mit ihren Kindern meinen, könnten sie davor schützen. Alternativen wie Natur- und Waldkindergärten bieten Möglichkeiten, in Mutter Natur Gemeinschaftsleben mit ihr zu erlernen.

Wie kinder- und gefühlsfeindlich unsere Zeit und Gesellschaft sind, verrät ihre Haltung zu Kindern, die eher auf Kinderhaltung hinausläuft. Von Anfang an in Käfige gesperrt wie Gitterbett, Ställchen oder Gehschule, sollen solche Käfige sie vor der gefährlichen Umwelt schützen, uns aber wohl auch vor ihnen. Unsere Städte haben wir in Autoparadiese verwandelt, Kindern winzige Reservate eingerichtet, sogenannte Spielplätze mit Sandkästen, in denen sie mit den Haustieren um das letzte bisschen Natur in Form von zumeist mit Kot verdrecktem Sand konkurrieren. Ansonsten schieben wir sie durch Schluchten aus glänzendem Autolack mit Metalliceffekt.

Gärten erlauben uns, möglichst viel *junges Gemüse* möglichst effizient aufzuziehen. Aber wir könnten sie auch Lebensgenuss und Sinnenfreude weihen und dem noch so viel wichtigeren jungen Gemüse, wie wir manchmal Kinder liebevoll nennen. Mit Blumen, ihren Düften und natürlicher Schönheit wären solche Gärten natürliche Vorlagen für Kindergärten zum Wachsen ohne Druck und mit reichlich gutem Dünger. Der beste Dünger für Kindergärten wäre die Mischung aus Begeisterung, Spielfreude, Märchen und Mythen. Nur ein besonders schöner Garten kann den täglichen Abschied von zu Hause rechtfertigen. Erwachsene könnten dort mit viel Gewinn häufig zu Besuch kommen, um ihr inneres Kind aufleben zu lassen, das in ihrem effektiven und supervernünftigen Leben zumeist auf der Strecke geblieben ist. Seine Wiederentdeckung mit eigenen Kindern ist eine so große Chance und gleichzeitig die beste, weil nachhaltigste und wirksamste Alzheimervorbeugung. Wer seine Kindlichkeit mit seinen (inneren) Kindern wiederentdeckt, ist tatsächlich weitgehend davor gefeit, im Alter kindisch zu werden.

Kindergärten könnten Spielplätze für Rituale werden, indem sie mit wirklichen Gärten verbunden würden, die bestellt werden müssten, um das eigene Essen wachsen zu sehen und dabei zu pflegen. Umgraben wäre solch ein Abschlussritual, um das alte Jahr abzuschließen und alles wieder aufzulockern für die neue Saat. Säen und den Samen zu segnen ist ein Ritual des Neubeginns.

Die Geschichte des Samenkorns, mythologisch Kore, lässt sich als Ritual der Reifung nachempfinden und in inneren Bildern erleben. Kore ist Demeters, der Fruchtbarkeitsgöttin, Tochter, die vom in sie verliebten Hades in die Unterwelt entführt wird. Als Demeter davon Wind bekommt, streikt sie und lässt nichts mehr wachsen. Deshalb muss schließlich selbst der Göttervater Zeus nachgeben: Er findet den notwendigen Kompromiss: Falls sie schon von der Totenspeise, dem Granatapfel, gekostet habe, müsse sie als Persephone, Göttin der Unterwelt, ein Drittel ihres Lebens an Hades' Seite im Dunkel der Unterwelt bleiben und dürfe nur zwei Drittel an die lichte Welt ihrer Mutter Demeter zurückkehren. Natürlich hat sich schon von den funkelnden und verlockenden Granatäpfeln gekostet. So muss sie als Samenkorn ein erstes Drittel unter und in der Erde und die letzten beiden Drittel darüber im Luftreich verbringen.

Der Auszug aus dem elterlichen Bett und das Abstillen sind gute, weil notwendige Vorübungen für kommende Mutproben. Auch das Verlassen der sicheren Ausgangslage bäuchlings auf der sicheren Erde und das erste Nein sind erforderliche Vorstufen, um auf Grundlage mitgebrachten Urvertrauens schließlich auszuziehen und Schritt für Schritt die äußere Welt zu erobern oder, wie das Märchen schon vorausahnt, »das Fürchten zu lernen«. Das ist heute so wichtig wie nie zuvor, haben wir doch die moderne Welt statt in einen Spielplatz in ein Industrierevier zum Fürchten verwandelt. Dabei sollte die Erde eher ein Spielfeld sein, auf dem »Leela«, das »Spiel« des Lebens, ausgetragen wird.

Die Zeit bis zur Einschulung könnte wesentlichen *Spiel*-Raum lassen, denn ansonsten ist der nächste Konflikt so gut wie sicher und wird zur Krise, die das ganze Leben beeinträchtigen kann.

Fragen mit Bezug zur Kindheit

Folgende Fragen sind wieder der Ausgangspunkt für eine Kontemplation, in der sich möglicherweise Eingebungen und Erkenntnisse zu dieser wichtigen Entwicklungsphase in der eigenen Biografie auftun (siehe auch »Ein Wort zuvor« am Anfang dieses Buches):

1. Wie gut habe ich gelernt, mich in herausfordernder Umwelt zu behaupten? Wie trainiert ist mein Immunsystem?
2. Wie erlebte ich den Kindergarten? Oder warum war ich nicht dort?
3. Wie unabhängig war ich als Kind? War ich eher ein Schoßkind? Oder strebte ich hinaus in die Welt?

4. Wie habe ich den ersten Schultag erlebt?
5. Wie selbstständig habe ich die Schulzeit bewältigt? Konnte ich meine Aufgaben allein lösen?
6. Wie leistungsbereit war ich am Anfang und am Ende der Schule? Was sagten meine Noten darüber aus?
7. Wie steht es heute um meine Fantasie und Kreativität?

Die Einschulung

Da das Leben eine Schule ist, kommt der Einschulung besondere Bedeutung zu. Kinder, die die Schule ablehnen und innerlich verweigern, tun sich häufig auch in der Lebensschule schwer, und die dauert – nomen est omen – das ganze Leben.

Nun beginnt endgültig der sprichwörtliche Ernst des Lebens, wobei der durchaus unnötig wäre, würden wir es wie in der indischen Auffassung als Spiel verstehen und mit spielerischer Leichtigkeit angehen.

Auch die größten Schultüten voller ansonsten meist verbotener Süßigkeiten können nicht über den Ernst des neuen Lebensabschnitts hinwegtäuschen. Sie sollen den Abschied von der Kinderzeit versüßen und verschleiern. Kleinen Schlaumeiern nutzt es wenig, dieses unehrliche Spiel frühzeitig zu durchschauen. Mit der ehrlichen Meldung »Ich geh wieder, mir gefällt's hier nicht!« ist wenig zu gewinnen. Alle landen schließlich am vorgeschriebenen Platz in der vorgesehenen Schule und »dürfen« lernen, sich erwachsen zu geben und die Vorrechte der Kindheit »freiwillig« aufzugeben.

Trotz pädagogischer Beteuerungen und angeblich kindgerechter Lehrpläne geht es letztlich doch meist darum, alles Spielerische zu überwinden und effizient zu lernen: »Spiel nicht! Träum nicht! Schlaf nicht! Fantasier nicht, spinn nicht herum! Konzentrier dich!« Auch wenn das Schlagen glücklicherweise längst verboten ist, der Erfolg ist durchschlagend, und irgendwann ist all das – bis aufs Konzentrieren – gründlich verwirklicht. Die Resultate dieser (Fehl)erziehung ernähren dann später PsychotherapeutInnen, TrainerInnen und Coaches beim Versuch, Erwachsenen wieder beizubringen zu fantasieren, zu träumen, ihr Leben spielerischer zu gestalten und die unterdrückten inneren Kinder zu erwecken, ja zu entdecken, dass das Leben mehr als Konzentration und Leistung ist. Selbst Schlafen ist oft erst wieder recht mühsam neu zu lernen.

Wie viel sinnvoller wäre es, in der Grundschule zur bildhaften Wahrnehmung der Kinderwelt das analytische Denken dazuzugewinnen, statt durch Verdrängung Ersterer Letzteres durchzusetzen. Spielerisches Lernen ließe sich auch in Spielform erschließen, wie es heute schon beim Fremdsprachenlernen in der Erwachsenenbildung mit neuen Lernprogrammen geschieht. Während dort das Gros der notwendigen Informationen unter die Haut gespielt wird, verwickelt eine spannende Geschichte die Lernenden in die neue Sprachwelt. Solche Fortsetzungsserien könnten Ritualcharakter bekommen und einschlagen wie die angesagten Serien im Fernsehen. Die (erwachsenen) Kinder würden darauf brennen.

Wenn LehrerInnen Kindern die neuen Fähigkeiten und ihren Erwerb mit Freude vermitteln, macht Lernen wie von selbst Spaß. Etwa indem Sprachen über die angesagten Songs gelernt werden, Filme und ihre Bilder mit Seelenbildern verwoben und in den zu lernenden Sprachen angesehen werden. Jede zweite Stunde ein Songritual: das Lied in der Originalsprache hören und dazu tanzen, es anschließend übersetzen und am Schluss des Rituals nochmals singend tanzen. Jede Woche einen fremdsprachigen Film erstens schauen, zweitens übersetzen und drittens als »Hausaufgabe« nochmals sehen.

Und wie wäre es erst, die Lehrinhalte würden sich mehr an der Schule des Lebens orientieren? Die momentan rigide durchgezogenen neun- bis dreizehnjährigen Vorbereitungskurse auf die Marktwirtschaft degradieren schon Jugendliche zu leistungsorientierten, aber ansonsten beschränkten Strebern, die ihre andere Hälfte, den weiblichen Teil ihrer Seele oder Anima, bestenfalls später auf teuren psychotherapeutischen Spielwiesen neu entdecken.

Das mag hart klingen. Aber es gibt doch erschreckende Fakten: Was sagt uns, dass die großen deutschen Ärzte der Vergangenheit nach den modernen leistungsorientierten Regeln im Sinne des »Numerus clausus« gar keine Zulassung zum Studium erlangt hätten? Dass Heere von Managern auf der Jagd nach Ideen und Visionen, ohne die Unternehmen kaum zu führen sind, versuchen, seit der Grundschule abtrainierte Kreativität und spielerische Leichtigkeit in psychotherapeutischen Workshops zurückzuerobern? Warum ist heute schon in Gymnasien mit Herzinfarkten, dem Markenzeichen der Hochdruckgesellschaft, zu rechnen?

Sollten wir nicht vielleicht doch in eine neue Pädagogik investieren und einbeziehen, dass auch Kinder vor allem Energiewesen sind mit Seelen und voller Fantasie?

Als ideale Methode, auch als Erwachsene rückwirkend hinderliche Programme durch konstruktiv-kreative zu ersetzen, sind Rituale die Entdeckung schlechthin. Eine moderne Ritualtechnik sind wie gesagt Filme. Mit ihnen können wir »mitleben« und etwa vergangene gescheiterte Lebensübergänge nochmals er- und durchleben und vor allem (ver)bessern.

Ideal, wenn wir vorher unsere Verhältnisse geklärt haben, also wie zum Beispiel das zwischen Energie und Materie und auch das zur Zeit. Im schon erwähnten Buch *Die Hollywood-Therapie – was Filme über uns verraten* findet sich eine Serie von »Zeitfilmen« mit dem Höhepunkt des bereits genannten Films »Alles eine Frage der Zeit«. Dieser Film kann uns den entscheidenden Trick vermitteln, uns von den Einschränkungen der Zeit zu befreien, und lehren, durch beliebige Wiederholung schließlich jedem Moment das Beste abzugewinnen.

In modernen Zeiten reparieren wir kaum noch, sondern werfen alles Defekte einfach weg. Automecha(tro)niker tauschen lediglich defekte Teile aus, sie stellen eine Computerdiagnose, entsorgen die ganze alte Funktionseinheit mit überwiegend intakten Elementen und bauen eine komplett neue ein. Japaner kennen und schätzen hingegen Kintsugi, die Tradition kunstvoller Reparatur, bei der etwa eine Teetasse, deren Bruchstellen anschließend vergoldet wurden, so viel mehr Wert erhält. Tatsächlich ist auch ein Knochen nach verheiltem Bruch viel stabiler und ein Mensch nach der Psychotherapie oder gar Schattenarbeit so viel reicher an Erfahrung und Energie und der viel verlässlichere, entwicklungsförderlichere, letztlich wertvollere Partner. Das gilt in ähnlichem Maß für Menschen, die sich und ihr Leben mittels Ritualen überarbeiten, verbessern und in Ordnung bringen.

Hier hat der Satz »Es ist nie zu spät für eine glückliche Kindheit« seine Wurzeln. In einem Ritual lässt sich der erste Schultag so lange mit Hingabe wiederholen, bis er zu einem wirklichen Feier-, Feuer- und Freudentag und Anfang einer spannenden Entwicklung wird.

Das gelingt leicht mit einer geführten Meditation, indem man beispielsweise den ersten Schultag neuerlich erlebt und mit einem positiven Beginn versieht. Diese Meditation kann man sich selbst erzählen und dabei erleben. Mit der Übung wachsen die Lebendigkeit und Erfüllung.

Verantwortung übertragen

Eine Jahre dauernde und in vieler Hinsicht lohnende Möglichkeit ist, dem Kind zu erlauben, mit einem Tier aufzuwachsen. Es bekommt so die Chance, frühzeitig und »unpädagogisch« Verantwortung für das Wohlergehen eines abhängigen Wesens zu übernehmen. Es kann Freude und Leid mit ihm teilen und ihm seine ganze Liebe schenken, die gerade durch die Überbrückung der weiten Kluft zwischen Menschen- und Tierreich oft besonders tief reicht.

Das Kind wird so auch rechtzeitig mit den Phasen des Lebens und seinen Wechselfällen vertraut bis hin zu Tod und damit verbundenem Abschiednehmen.
Weniger tief ins Familienleben greift folgende Übung ein: Bekommt das Kind die Sorge für einen Baum übertragen, kann es sich ebenfalls um ein lebendiges Wesen kümmern und wird dabei die Lebensphasen in den Jahreszeiten sehr bewusst erfahren. Auch ein Baum kann zum Freund und ein Pol der Ruhe im Leben werden.
Ähnlich ließe sich ein Stück Garten in kindliche Verantwortung übertragen, der in seiner Obhut gedeihen darf. In einer Stadtwohnung wäre das auch mit einem Aquarium oder Terrarium möglich.

Erwachsen werden

»Als ich vierzehn war, war mein Vater so dumm,
dass ich ihn kaum ertragen konnte.
Aber als ich 21 wurde, war ich doch erstaunt,
wie viel der alte Mann in sieben Jahren
dazugelernt hatte.«[31]
Mark Twain

Statt die Kindheit schon mit der Einschulung enden zu lassen, ist dafür eigentlich die Pubertät vorgesehen. Aus dem auch grammatikalisch »neutralen« Kind wird *die* Frau oder *der* Mann. In alten Zeiten und indigenen Kulturen wurde dieser Übergang parallel zur hormonellen Wandlung zur entscheidenden Zäsur im Leben. In der heutigen Zeit wird das Geschehen dagegen weitgehend ignoriert, und man hofft auf möglichst wenig Ärger mit den Kids in solch »schwieriger Zeit«. Am liebsten würden die meisten Eltern und überhaupt Erwachsene gar nichts von der Pubertät ihrer Jugendlichen merken.

Verblüffend ist, wie wir die Kindheit vielfach einerseits mit überzogenen Lernanforderungen vorzeitig beenden, sie aber andererseits nicht zu Ende bringen, selbst wenn es höchste Zeit dafür wäre.

Der Organismus kümmert sich wenig um solche Missachtung seiner Ansprüche. Er lässt Hormonspiegel steigen, Brüste schwellen, Stimmen brechen, Schamhaare sprießen, Samen sich ergießen und die Periode in scheinbar heile Kinderwelten einbrechen. Hält die seelische Entwicklung mit der körperlichen nicht mit, entstehen Konflikte, und wird die Kluft nicht geschlossen Krisen mit entsprechenden Symptomen.

Die Aufwertung der Periode

Die Menarche ist selbstverständlich kein Krankheitssymptom. Durch mangelnde Aufklärung und fehlende Einführung in die Welt des Weiblichen kann sie aber zu Konflikten und letztlich sogar zur lebenslangen Krise führen. Die Herabsetzung der Periode mit Bezeichnungen wie »Blutstage«, »Unpässlichkeit«, »Unzeit« oder gar »Schweinerei« deutet diese Problematik mehr als nur an. Neutrale Bezeichnungen wie »Mens«, »Periode«, »Zyklus«, »meine Tage« oder »Mondzeit« finden selbst in Zeiten manch überzogenen Genderwahns noch wenig Anklang. Die immer noch anhaltende gesellschaftliche Herabsetzung urweiblichen Geschehens bereitet jenen Bodensatz, auf dem oft schon in der Pubertät Periodenbeschwerden beginnen.

Dahinter stecken häufig unverarbeitete Pubertätsprobleme. Die Periode birgt bis heute eine Reihe an Geheimnissen. Neben ihrer gynäkologischen Bedeutung für die Fortpflanzung ist sie – schon laut Hildegard von Bingen – eine Zeit und Gelegenheit der Reinigung für den Organismus im Sinne eines willkommenen Aderlasses und fördert Regeneration und Erholung. Die meisten

Beschwerden erzwingen über ihre Symptomatik Ruhe und Entspannung. Könnte sich der Körper darauf verlassen, ihm Zustehendes frei- und bereitwillig zu bekommen, müsste er es nicht erzwingen. »Die Tage« ließen sich als Zeit-Raum der Unzurechnungsfähigkeit im tieferen Sinn verstehen, da mit der Frau in dieser Zeit nicht zu rechnen ist, weil sie für sich selbst zu sorgen hat. Andererseits ist die Ausnutzung der Periode als Zeit juristischer Unzurechnungsfähigkeit, um bei Straftaten straflos zu bleiben – wie in den USA schon geschehen –, eine Art Missbrauch, der die weibliche Position insgesamt gesellschaftlich schwächt.

Sicherlich sind die regenerierenden körperlichen Auswirkungen der Periode der Grund, weshalb Frauen in verschiedenen Gesellschaften trotz eines eher anstrengenderen Lebens deutlich älter als Männer werden. Der körperlichen Schon- und Erholungszeit auch eine seelische Entsprechung zu sichern, ist das überwiegende Anliegen von Menstruationsproblemen. Würden »die Tage« zur Garantie für einen Freiraum, in dem nicht mit Frauen zu rechnen ist, wären sie in der zentralen Zeit ihres Lebens nicht durchgehend berechenbar. Das aber würde dem weiblichen Archetyp durchaus entsprechen. Alles zu berechnen, ist ein Anliegen des männlichen Pols. Solange der die Regeln des Lebens bestimmt, wird Unberechenbarkeit eine Schande bleiben und Spontaneität ein Schattendasein fristen.

Jede Periode wäre eine wundervolle Gelegenheit, rituell dem weiblichen Pol zu entsprechen und immer mehr ins Frausein einzutauchen beziehungsweise das Feld des Weiblichen in sich einzuladen. Ein sehr wirksames Ritual, aber auch eine bezaubernde Therapie des prämenstruellen Syndroms (PMS) ist, sich für die Zeit vor und um die Periode drei Tage freizunehmen. In alten Zeiten war diese Zeit der Verehrung der großen Göttin vorbehalten. Auch heute noch ließe sich das PMS beheben, wenn sich die Frau diese Auszeit nähme, sich mit zwei Wärmflaschen – eine für den Unterleib, eine für die Füße – ins Bett zurückzöge und Ruhe gäbe.

Der übrigen Familie ergäbe sich daraus ebenfalls ein Ritual, in ihrem Fall der Selbstständigkeit und Eigenverantwortung. Das jüngste Kind könnte mit ihr ins Bett. Die Mutter könnte sich dem Lesen ihrer Lieblingstexte und Hören ihrer Lieblingsmusik widmen oder der Meditation. Ihre Kinder und auch »das große« könnten lernen, dieses Ritual des Blutopfers als sakrosankte Zeit des Weiblichen zu respektieren. Das würde ihren Töchtern eine – statt einer einmal im Monat am Frausein leidenden Mutter – sich monatlich drei Tage der Ruhe und Regeneration und der Beachtung und Verehrung des Weiblichen widmende Frau zeigen. Die Söhne und der Ehemann könnten diesen Pol der Anima beachten, schätzen lernen und aufatmen, wenn sie aufersteht und ihre Arbeit wieder aufnimmt.

Der Stimmbruch

Der Stimmbruch ist ein harmloser Bruch und verrät, wie Stimmung und Stimme der Jungen für die kommende neue Zeit nicht mehr stimmen. Für das Erwachsenenalter sind die Stimmbänder neu zu stimmen und einige Lagen tiefer zu legen. Unser Körper als Instrument, um in der Welt zu agieren, ist insgesamt neu einzustimmen in dieser Übergangszeit.

Die Stimmlage schwankt als Spiegel der Stimmungslage zwischen dem gewohnten jugendlichen und dem neuen Erwachsenenniveau. Die alte Höhe stimmt nicht mehr, und die neue krächzende Tiefe ist noch nicht stabil. Insofern wird die Stimme zu einer Art Anzeigeinstrument für die Lebenssituation. Der Junge ist zwischen den Stühlen, gleichsam im Niemandsland, gehört er doch nicht mehr zu den Kindern und noch nicht zu den Erwachsenen. Auch wenn er körperlich ordentlich wächst, hinkt die seelische Entwicklung meist deutlich hinterher, da die wenigsten Jungen in modernen Gesellschaften mangels einschlägiger Rituale in der Pubertätszeit »erwachsen« werden. Viele schaffen es nicht mal bei nächster Gelegenheit in der Adoleszenz.

Die sich anbahnende tiefe Stimme verrät bereits die Erdung, die nun fällig ist. Die »peinlichen« Kiekser in höhere Tonlagen sprechen zwischendurch immer wieder von Rückfällen ins verloren gehende Kinderreich. Erhalten sich diese Symptome über die Zeit der Hormonumstellung hinaus, verraten sie anhaltende Probleme des Jungen mit der Umstellung auf die Rolle des jungen Mannes – ähnlich wie das Kehlkopfwachstum mit der Entwicklung des Adamsapfels als sichtbares Männlichkeitsattribut.

Stimmliche Ausbrecher und Überschläge verdeutlichen, wie sich die Ereignisse jetzt überschlagen und wie unstimmig die alte Kinderstimme plötzlich im erwachsen werdenden Körper klingt. Jungen verlassen nun den Knabenchor, aber nicht annähernd so selbstverständlich das Reich der Kindheit.

Sie müssen erst lernen, mit der neuen Stimme eine neue Erwachsenenstimmung ins Leben einziehen zu lassen. Sie künstlich im überlebten Kinderreich seelisch festzuhalten, ist so grausam wie das körperliche Verbrechen früher Kirchenfürsten, die sie kastrieren ließen, um sich ihre engelhaften Stimmen für den Kirchenchor zu erhalten. Die Zeit der kleinen Engel ist nun definitiv vorbei.

Ein Ritual, um seine Stimmlage zu finden, könnte mit der Frage beginnen: »Wie tief will ich gehen, wie engelhaft glockenhell bleiben?« Der Pubertierende könnte Stimmübungen machen, um seine neue Stimme und Lebensstimmung zu erproben, statt an der Peinlichkeit des Kieksens zu leiden und sich vor dem Umbruch und Überschlägen zu fürchten und lieber zu verstummen.

Die tiefere Stimme ließe sich auch rituell mit einem Fest feiern, das der größeren Tiefe des Lebens Respekt erweist. Eine offiziell verkündete Taschengelderhöhung wäre bei dieser Gelegenheit mindester Ritualbestandteil.

Eine Reise in Eigenregie und alleiniger Verantwortung als Zeichen von Wachstum und Erwachsenwerden wäre ebenfalls ein gutes und zeitlich länger ausgedehntes Ritual und Zeichen der neu heraufbrechenden Zeit. Der Junge muss nun allein aufbrechen, während seine Eltern ihn in die neue Selbstständigkeit entlassen, was diese auch von der heute bis zu Lächerlichkeit betriebenen Beschützer- und elterlichen Taximentalität entlastet und gleichsam befreit.

Persönlich erlebte ich dergleichen schon deutlich vor der Pubertät. Ich bekam ein Pappschild mit Zieladresse und »Absender« (mit Telefonnummer) umgehängt sowie eine Fahrkarte in die Tasche. So brach ich allein und guter Dinge zu meinen Großeltern einige hundert Kilometer an die Nordsee nach Cuxhaven per Bahn in die Sommerferien auf. Dabei durfte ich lernen, Hilfe anzunehmen – bei den Umsteigbahnhöfen, vor denen ich gehörigen Respekt hatte, aber konnte auch erleben, wie hilfsbereit fremde Menschen und insbesondere Mütter waren.

Auch mein Übergang zum Gymnasium führte nicht nur zu einem heute undenkbaren zweistündigen Schulweg, sondern zu einem deutlichen Schritt in Richtung Selbstständigkeit und Eigenverantwortung. Ich wollte ins Gymnasium und durfte das auch täglich dokumentieren. Beides, die Reisen wie dieser Schulweg, mögen heute unzumutbar erscheinen, aber sie haben mir keineswegs geschadet, sondern mich ganz im Gegenteil sehr herausgefordert und gefördert. Overprotection schadet heute enorm, indem sie Selbstständigkeit und Eigenverantwortung (ver) hindert.

Pubertätsakne – versch(r)obener Durchbruch der Sexualität

Akne hat eine deutliche Botschaft: Pickel brechen auf Basis innerlich ständig wachsender Spannung wie kleine Vulkane hervor. Pubertierende können die Ausbrüche kaum erwarten und unterstützen sie mit ihren Fingernägeln, was deutliche Narben hinterlässt. Statt drängender Triebe drücken sie Pickel aus – genau in den Regionen, über die sich pubertäre Sexualität ausdrücken will und die ein mutig geschnittenes Abendkleid frei ließe. Viele kleine Entzündungen verraten die vielen Konflikte der Pubertät.

Sie verdeutlichen die eigentliche Aufgabe: die eigenen Grenzen von innen heraus zu überwinden, sie zu öffnen. Indem sie ihre Pickel auspressen, tun sie körperlich, was sie sich seelisch noch nicht trauen: ihre Grenzen zu öffnen und ihrer »Haut« jene Zuwendung zuzugestehen, die sie jetzt braucht und sich wünscht. Allerdings geschieht es körperlich allein auf der Ebene des marsischen Aggressionsanteils. Der venusische wird in der Pflege der selbst zugefügten Wunden und daraus entstehenden Narben nur gering gelebt.

Wärme von Sonnenstrahlen kann lindern, wie auch deren Ersatz durch Höhensonne, beides selbstverständlich in zuträglicher Dosierung. Die bessere Therapie wären sicher Reisen an Sonnenstrände mit entsprechender Bräune und Flirts – und der natürlich bedürftigen Haut die jetzt notwendige Zuwendung in Form sinnlich-erotischer Vergnügen zu verschaffen. In jedem Fall müssen Betroffene irgendwann und möglichst bald über ihren Schatten springen, sich von den drängenden Trieben leiten und drängen lassen und das jetzt von Mutter Natur eingeforderte natürliche Treiben treiben, empfehlenswerterweise unter Beachtung der allseits bekannten Vorsichtsmaßnahmen.

Die neuerdings allgegenwärtigen, mit ebenso vielen Buchstaben markierten Geschlechtsvarianten sind möglicherweise eine neue Art, die in der Pubertät nötige Provokation der Eltern zu bewirken. Tatsächlich sind sie sicher harmloser, als von vielen befürchtet, solange nicht plastische Chirurgen Fakten schaffen, die später kaum mehr zu korrigieren und zurückzunehmen sind.

Rituell in einem rauschenden Sinnenfest den ersten Geschlechtsverkehr als Fest der Sinnlichkeit in einer geführten Meditation vorwegzunehmen und zu feiern, was sie und er sich selbst schenken, wäre eine rituelle Herangehensweise in dieser Zeit. Die Vorlage findet sich im schon erwähnten Film »Alles eine Frage der Zeit«. Auch dort darf der jugendliche Hauptdarsteller das Ritual so lange wiederholen, bis es richtig passt. Eine geführte Meditation ist ja nichts anderes als eine Fantasiereise, ein möglichst lebhaftes Erleben in eigener Vorstellung.

Im Film »Class – Vom Klassenzimmer zur Klassefrau« von 1983 (Regie: Lewis John Carlino) ist Jacqueline Bisset eine wundervolle Liebeslehrerin für Jonathan, den Klassenkameraden ihres Sohnes Skip. Tatsächlich ist es der Traum vieler Jungen, sich von solch einer wundervollen erwachsenen Liebeslehrerin ins Mysterium der Liebe *einweihen* zu lassen. Der Wortbestandteil »weihen« verdeutlicht hier schon den Ritualcharakter.

Auf Ebene der inneren Bilder in einer selbst geführten Meditation gelingt das ebenfalls zauberhaft und wäre eine deutliche Weiterentwicklung und Vertiefung kindlich-pubertären Onanierens. Generell ist auf dieser Ebene der Seelenbilder möglich, im Außen fehlende Lehrer- und HelferInnen in der Seelen-Bilder-Welt erscheinen zu lassen, um solche Aufgaben zu erfüllen.

Über die LiebeslehrerIn hinaus gelänge das auch bezüglich eines idealen Mentors oder Mäzens, Ideengebers, Lebensberaters bis zum Schutzengel oder Tierverbündeten. Je hingebungsvoller und besser die Bilder visualisiert und mit Leben(senergie) versorgt werden, desto wahrscheinlicher wird tatsächlich auch ihr Auftreten in der sogenannten Realität. Aus eigenem Erleben kann ich bestätigen, wie dann beide Ebenen dazu neigen, sich zu ergänzen und eine zauberhafte Mischung zu entwickeln.

Pubertätsmagersucht

Die Pubertätsmagersucht verrät über den Namen sogleich ihren Anspruch und ist mit ihrer schlechten Prognose weit problematischer als andere Übergangssymptome. Überwiegend bei Mädchen auftretend, ist sie bei deutlichen Steigerungsraten in den letzten Jahrzehnten typisch für unsere Zeit.[32]

Tatsächlich huldigte der Zeitgeist jahrzehntelang – und tut es zum Teil noch heute – einem pubertätsmagersüchtigen Figurideal, seinerzeit repräsentiert durch das todkranke englische Modell

Twiggy. Die (schlanke) Linie hat per Definition keine Kurven, und die sind der Schrecken aller Magersüchtigen. Das schlanke, ranke Mädchen ist ein unerwachsenes Ziel. Entsprechend ist nicht die reife Frau, sondern das hübsche Mädchen Traum vieler (entsprechend unreifer) Jungen und damit auch Mädchen.

Magersüchtige eifern diesem Ideal am konsequentesten nach und verhindern ihr Frauwerden nicht nur seelisch, sondern auch körperlich. Kaum bilden sie weibliche Formen aus, hungern sie dagegen an. Die Periode wird konsequent und meist mit Erfolg weggehungert, unter natürlichem Hormondruck hervordrängende Brüste werden mit wenig Erfolg an ihrer Entfaltung gehindert. Statt Frau wollen sie – halb oder unbewusst – Mädchen beziehungsweise Knaben bleiben und sich nicht auf die mit der Pubertät anstehenden Entwicklungsschritte einlassen. Vor der von Mutter Natur geforderten tieferen Verwicklung in die Polarität graut ihnen. Sie streben leidenschaftlich danach, die saubere Sphäre engelhafter und damit geschlechtsloser Existenz beizubehalten. Essen, das sie (an Weiblichkeit) zunehmen ließe und dem Frausein näherbrächte, erscheint ihnen als Abstieg ins schmutzig und wertlos empfundene Reich weiblicher Geschlechtlichkeit.

Falls sie doch einmal dem Gegenpol ihrer reinen geschlechtslosen Askese zum Opfer fallen, ihrem knabenhaften Figurideal untreu werden und hemmungslos essen, neigen sie dazu, nachträglich alles wieder mutwillig zu erbrechen. Das empfinden sie als Befreiung, wiedergewonnene Reinheit und Erleichterung im Sinne des Krankheitsbilds Bulimie. Wird Erbrechen zur Routine, ist der schmale Grat zur Bulimie oder »Fress-Kotz-Sucht« überschritten. Dieses Krankheitsbild ist damit praktisch Ergänzung oder Gegenpol zur Magersucht. Der Ausdruck »Sucht« ist berechtigt, denn Betroffene sind unbewusst in ihrer Seelentiefe auf der Suche nach dem Entwicklungsweg und dem Ziel der Einheit.

Da das hohe Ideal der Reinheit auf dem Boden von Verweigerung des nächsten Entwicklungsschritts gedeiht, ist es nicht durchzuhalten. Bricht sich der genussorientierte Gegenpol Bahn, geschieht es umso hemmungsloser. Da kann der gesamte Kühlschrank von links oben bis rechts unten ohne Ansehen des Inhalts geleert werden. Je extremer die »Fressorgie«, desto intensiver sind anschließend Schuldgefühle und umso heftiger das als Reinigung und manchmal Buße erlebte Erbrechen.

Grundsätzlich spricht nichts gegen das Ideal von Reinheit und Überwindung der Polarität, ist es doch letztlich Ziel aller spirituellen Entwicklung. Einheit aber lässt sich nur durch Überwindung der Polarität erreichen, nicht durch Flucht aus ihr, wie sie Magersüchtige anstreben und vergeblich versuchen.

Ihnen bleibt letztlich nur die Aussöhnung mit ihrer weiblichen Bestimmung und damit der Weg zurück ins Leben. Selbst wenn sie sich zu einem anderen Geschlechtsideal bekennen, wie es heute allenthalben publik wird, kann das, sofern es aus Fluchtgedanken geschieht, nur in die Irre führen.

Aufgabe ist, den Elfenbeinturm körperloser Reinheit zu verlassen und in die Niederungen polaren Lebens zurückzukehren. Das aber wird als Abstieg empfunden. Sich zu verdünnisieren und aus dem Leben zu stehlen, führt zwar auch in die Einheit durch den Tod, aber bleibt doch Flucht. Die entsprechenden Konsequenzen verdeutlicht der im Buch *Die Hollywood-Therapie – was Filme über uns verraten* gedeutete Film »Hinter dem Horizont« von 1998 sehr eindrücklich beim Wandel im Kreis der eigenen Bilder nach dem Tod (Regie: Vincent Ward).

Von Magersüchtigen lässt sich vieles lernen, etwa wie unvereinbar mit dem Leben langfristig die Verdrängung einer Hälfte der Wirklichkeit ist. Ohne weiblichen Pol kann es kein Leben geben. Des Weiteren zeigen Magersüchtige die herausragende Bedeutung und schwer überwindbare Macht seelischer Programme. Die jungen, oft sehr intelligenten Patientinnen sind durchaus intellektuell zu überzeugen, wie notwendig ausreichendes Essen zum Überleben ist. Aber bereits bei der nächsten Mahlzeit überlistet das seelische Muster wieder den Verstand, und das Essen verschwindet überall außer im Mund.

Wirkliche Chancen liegen wie bei allen Symptomen auch hier in der Umwandlung der im Symptom gebundenen Energie, ohne das anstehende Thema zu verdrängen. Die in der Symptomatik deutlich werdende Bekämpfung des Weiblichen und insbesondere des Mütterlichen ließe sich in einer intensiven Auseinandersetzung mit diesen beiden Aspekten des Mondprinzips bearbeiten und letztlich auch erlösen.

Das Ritual ist auch ein Weg, sich mit den Hintergründen des eigenen Lebensmusters und langfristig der weiblichen Lernaufgabe auszusöhnen. Hier ginge es darum, sich mit offensiver Hingabe dem Thema »Weiblichkeit« vom Frau- bis zum Mutterwerden in der Welt der Seelenbilder zu widmen.

Traditionelle Pubertätsrituale

Indigene Gesellschaften haben anstelle der beschriebenen Pubertätsprobleme Übergangsrituale. Solche Einweihungen in die Erwachsenenwelt erübrigen wie gesagt die erwähnten Krankheitsbilder in diesem Zusammenhang. Symptome solcher Art, Pubertätsverweigerungen und die Probleme einer Gesellschaft voller uneingeweihter erwachsener Kinder sind dort tatsächlich völlig unbekannt.

Auf Menschen moderner Industrienationen wirken solche Rituale allerdings erschreckend. Mädchen werden manchmal tagelang in dunklen Erdhöhlen und Jungen nicht selten in der Wildnis ausgesetzt, absichtlich in Panik versetzt und zu Tode erschreckt und oft sogar spür- und sichtbar verletzt. Uns grausig erscheinende Mutproben gehören ebenso dazu wie oft der kompromisslose Abschied von den Eltern.

Häufig hält das ganze kleine Volk zusammen, um das überlieferte Ritual in stimmiger Form unter den Augen ihrer Gottheiten zu begehen. Die Älteren verwandeln sich zum Beispiel unter Benutzung gefährlich aussehender Monstermasken in Geister und sorgen für die als notwendig erachtete Begegnung mit dem alten Naturgott Pan in entsprechender Panik. Währenddessen verabschieden sich die Mütter wehklagend rituell ein für alle Mal von ihren Kindern und betrauern ihren Verlust. Alle wissen: Die Kinder müssen »sterben«, um als Erwachsene wiedergeboren zu werden. Nach dem Ritual haben die Eltern ihre Töchter und Söhne verloren, das Volk aber hat junge Frauen und Männer gewonnen.

So liegen Trauer und Freude nah beieinander. Wir können uns den inneren Ablauf heute kaum vorstellen und neigen dazu, den oft abschreckenden Vordergrund überzubewerten. Dabei übersehen wir mangels eigener Ritualerfahrungen die enorme Effizienz der wirkenden Bewusstseinsfelder. Ihr Einfluss ist so machtvoll, dass die initiierten Jugendlichen wie gesagt nicht einmal die Regeln der Erwachsenenwelt in unserem Sinne lernen müssen. Mit der Initiation ins Bewusstseinsfeld der Erwachsenen eröffnen sich ihnen Wissen und Gebräuche dieser Ebene wie von selbst. Im wahrsten Sinne des Wortes der Einweihung teilhaftig geworden, geraten sie in den Einfluss der Erwachsenenwelt jenseits aller uns so wichtigen kausalen Logik.

Wir überbewerten die letztlich doch meist harmlosen Verletzungen bei der Initiation und sind froh, solchen »Aberglauben« hinter uns zu haben. Aber was sind eine Fleischwunde, der Verlust eines Zahnstücks, eine Narbe, ein gehöriger Schreck im Vergleich zum Erwachsenwerden?

Riten zum Erwachsenwerden

Die Konsequenzen, mit der Indigene ihre jungen Leute manchmal aus dem Nest werfen, interpretieren wir fehl und nennen sie »Rabeneltern«. Dabei tun wir schon den Vögeln mit diesem Ausdruck unrecht. Rabeneltern versorgen ihre Kinder und auch die Nesthocker optimal. Wo aber alle Aufforderungen Richtung Flüggewerden nicht fruchten, stoßen sie Nachzügler tatsächlich über die

Nestkante in dem Instinkt, dass es im Nest kein Überleben des Winters geben kann. So bekommen Nesthocker – je nach Baumhöhe – noch fünf, sechs Meter Zeit, sich zu besinnen, ob sie doch noch Raben werden und in die Selbstständigkeit fliegen wollen. Meist klappt es, und die Jungen verwandeln den Sturzflug aus dem paradiesischen Nest in einen sanft »abgefederten« Gleitflug auf Mutter Erde in wenigstens eine gewisse, wenn auch durch ihre lange Verweigerung höchst gefährliche Unabhängigkeit. Unter Lebensgefahr auch für sich selbst füttern die sogenannten Rabeneltern sie sogar noch auf der durch Feinde gefährdeten Situation durch die Bruchlandung auf der Erde weiter.

Was wir unseren jungen Leuten heute häufig antun, die oft lange über die Zeit im elterlichen Nest sitzen bleiben (dürfen), ist dagegen die wirkliche Katastrophe. Mit akademischen Würden und Examen dekoriert oder ohne all das als sogenannte Bore-out-»Opfer« lassen sie sich weiter von Muttern behüten, bekochen und bewaschen. Mit solchem Unfug könnten Raben den drohenden Winter nicht überstehen. Und auch unsere Jungen tun sich schwer damit und werden sicher nicht erwachsen. Die Alten bringt derartiges Unglück auch nicht weiter. Die sogenannte Reifeprüfung oder Matura ist bei uns geradezu zum Beleg für Unreife verkommen.

Früher kannte auch unsere Kultur einige Rituale für die Übergangszeiten aus der Pubertät. Sie wären idealerweise wiederzubeleben und mit neuem Leben zu füllen. Das Bedürfnis ist offensichtlich vorhanden, denn wir erleben ja bereits wieder Handwerks-»Burschen« und »Mädchen« auf ihrer Walz. In alten Zeiten mussten sie nach Abschluss ihrer Lehre in die Fremde ziehen. Gerade weil diese Wanderjahre häufig hart waren, wurden sie währenddessen doch unabhängig, welterfahren und reif. Es wäre also an beiden Seiten, diese bewährten Rituale wiederzubeleben. Statt jungen Leuten All-inclusive-Reisen zu finanzieren, könnten wir sie auch mit einem Hinflugticket nach Indien ausrüsten, und sie würden verändert und erwachsener zurückkehren. Jedenfalls war es bei mir und meiner Schwester so. Bei Letzterer, obwohl nur zwei Jahre jünger, begann schon das (Über)behütungstheater, aber zum Glück riss sie sich los und reiste ebenfalls monatelang allein, nur mit Rucksack, durch die Welt.

Als Au-pair-Mädchen im Ausland zu leben, erfüllte ein ähnliches Bedürfnis nach Erfahrung, Reifung und Weltoffenheit. Plötzlich in fremder Umgebung auf sich gestellt, mussten sie neben der Hausarbeit in Familien deren fremde Sprache, eine andere Kultur und einen ganz anderen Lebensstil erlernen. In unseren Tagen will kaum noch jemand so viel wertvolle Zeit »verschwenden« – was für ein Missverständnis!

Heute erspart Vater Staat seinen »Jungs«, beim Militär »nachzureifen«. StudentInnen, die in ihrer Heimatstadt studieren und in kürzester Zeit fertig werden müssen, geht es ähnlich. Auch Universitäten sind gewissermaßen Schulen, aber gewiss nicht solche des Lebens, die Erwachsenwerden ermöglichen.

Wie in indigenen Kulturen, in denen Übergangsriten als Teil des Kultes und damit Sache von Medizinmännern und -frauen, Schamanen und Priesterinnen galten, waren beispielsweise Erstkommunion und Firmung im Katholischen und Konfirmation bei Protestanten einmal typische Einweihungsrituale in die Erwachsenenwelt christlicher Kulturen. Erst nach dieser Einweihung dürfen sie bis heute als »vollwertige« Gemeindemitglieder an Riten wie dem Abendmahl teilnehmen.

Die entsprechenden Riten werden aber selbst von modernen Priestern und Pfarrern kaum noch mit Bedeutung geladen, geschweige denn von den Jugendlichen und ihren Angehörigen. Als Familienfeiern vielleicht noch nett, sind sie, was die weitere Entwicklung der Jugendlichen angeht, inzwischen praktisch bedeutungslos. Das Bedürfnis, »vollwertiges« Mitglied der Gemeinde zu werden, ist bei Jugendlichen minimal und verbindet sich für sie kaum mehr mit Erwachsenwerden. Über lange Zeit nicht mehr mit Bewusstseinsenergie aufgeladene Rituale verlieren aber an Wirkung bis zur völligen Bedeutungs- und Wirkungslosigkeit.

Moderne Kindergesellschaften

Das Fehlen von verlässlichen Ritualen für den Übergang ins Erwachsenenalter und angestrengte, aber unbewusste Versuche, diese zu ersetzen, führen in eine lächerliche und gefährlich kindische Gesellschaft, deren Mitglieder und insbesondere Männer mehrheitlich nicht mehr wirklich erwachsen werden. Schon C. G. Jung sagte: »Die Menschheit ist in der großen Hauptsache psychologisch noch in einem Kindheitszustand.«[33] Daran hat sich in der Zeit bis heute nichts wesentlich verbessert, sondern das Drama hat sich sogar noch verschärft.

Hinweise auf Kindergesellschaften in den Industrienationen finden sich überall, und damit sind nicht nur Orte wie Disneyland gemeint. Der gleichnamige Konzern hat mit dem weltweiten Bau typisch US-amerikanischer Kinderwelten eine Marktlücke erschlossen. Kinderkleinstädte nach dem Modell von Walt Disneys Traum der idealen Main Street gedeihen in einer ansonsten kinderfeindlichen Umwelt prächtig wie Oasen in der Wüste. Außerdem schenkte Disney mit der Mischung aus Kindlichkeit und amerikanischer Ideologie einer in Bürokratien erstarrten und langsam erstickenden Welt (s)eine erfrischende Vision: »If you can dream it, you can do it!« (»Wenn du es träumen kannst, kannst du es tun!«)

Die eigentliche Erfolgsbasis sind aber nur vordergründig Kinder. In Wahrheit sind es vor allem die darbenden inneren Kinder pseudoerwachsener Besucher, die unter dem Vorwand, ihren Kindern Gutes zu tun, die Gelegenheit wahrnehmen, das eigene innere Kind heraus- und aufleben zu lassen. Die Eintrittspreise sind selbstverständlich auf Erwachsenenniveau, Kinder dürfen allein gar nicht in die Parks, und der enorme Werbeaufwand zielt sicher nicht nur auf Kindertaschengeld. Vor allem das Kind im Manne wird angesprochen. Fehlender Lebenssinn, um sich greifende Langeweile, wachsende Freizeitbedürfnisse der Fun-und-Freizeit-Gesellschaft wie auch Mangel an Übergangsritualen bringen gute Rendite. Die Zukunft solcher Projekte offenbart die US-Heimat der Themenparks. Riesige Spielplätze wie »Magic Mountain«, »Six Flags over Texas« und viele andere bieten gekonnt inszenierte Mutproben für »Erwachsene«. Riesenachterbahnen mit Mehrfachloopings und andere nervenkitzelnde sogenannte Ritte imitieren alte Initiationsrituale. Der alte amerikanische Traum, durch gewagte Bravourritte im Wilden Westen richtige Männer hervorzubringen, wird zwar nicht annähernd erfüllt, aber geschickt vermarktet. In geradezu perfekten Geisterbahnen mit computergesteuerten Ungeheuern kann man sich vom Teufel reiten lassen, in außer Kontrolle geratenen Zügen *(runaway trains)* oder auf gefährlich schwankenden Flößen in schäumendem Wildwasser seine (Lebens)angst bearbeiten. Stehend in Metallrahmen geschnallt, mit enormer Geschwindigkeit durch futuristische Welten geschossen, in Stahlkäfigen im freien Fall entsteht Nervenkitzel, doch erwachsen wird niemand. Aber auf dem »Magic Mountain«, dem US-Zauberberg, lässt sich die öde US-Alltagsgeschäftswelt vergessen, man wird für Momente zurückverzaubert in eine Kinderwelt, in der sich die Kleinen dann waghalsigen Mutproben als erwachsene Helden stellen. Mitgebrachte Freundinnen und Ehefrauen dürfen zuschauen, wie ihre Teenagermänner sich selbst und allen vergeblich zu beweisen suchen, doch richtige Männer, sogar Helden zu sein.

Was könnte es sonst sein, wenn nicht das Bedürfnis, sich im Angesicht von simulierter Lebensgefahr als Mann zu beweisen, das Jugendliche – auch Mädchen, die heute ebenfalls ihren Mann stehen wollen – dafür zahlen lässt, sich unter Übelkeit und Schweißausbrüchen in solche »Abenteuer« zu stürzen? Versuche, seinen Mann zu stehen, verraten bereits sprachlich, dass er (noch) nicht (richtig) steht.

Was treibt uns in Geisterbahnen, wo mit allen möglichen Tricks animierte »Geister« mit computergesteuerten Knochenarmillusionen durch einen hindurchgreifen, echten Untieren täuschend ähnliche Attrappen Angstschauer durch den Körper jagen und das Blut gefrieren lassen, wenn nicht ein tiefes Bedürfnis nach Horror und Panik?

Auch moderne Jugendliche wollen noch ausziehen, »das Fürchten zu lernen«, scheuen kaum Opfer, um Gott Pan zu begegnen, und folgen so unbewusst dem archetypischen Märchenmuster: Dort muss der junge Prinz hinaus in die Welt und – Abenteuer bestehend – seine Grenzen kennen- und überwinden lernen. So kann er sich aus den häuslichen Strukturen des Elternhauses befreien, um eines Tages mit seiner in schweren Bewährungsproben eroberten Prinzessin zurückzukehren und sein königliches Erbe anzutreten, das heißt, König im eigenen Land zu werden.

Spielplätze für Pseudoerwachsene schießen wie Pilze aus dem Boden, dem verzweifelten Bedürfnis dienend, verspäteten »Pubertieren« die Illusion zu vermitteln, sich doch noch zu beweisen. Man(n) wird dort allerdings nicht erwachsen, solange die seelische Ebene so konsequent fehlt wie heutzutage.

Auch sogenannte Volksfeste wie das Münchner Oktoberfest mit prinzipiell ähnlichen, wenn auch in der Ausführung deutlich bescheideneren Möglichkeiten zielen auf diese Bedürfnisse. Das Oktoberfest bietet allerdings gegenüber den US-Varianten den fragwürdigen Vorteil, sich noch reichlich Mut antrinken zu können. Dieses Ersatzritual für all jene, denen Mut offensichtlich fehlt, lockt Menschen aus aller Welt an und verrät, wie existenziell notwendig das hier Angebotene ist. Allen Ernstes reisen angeblich »Erwachsene« aus anderen Kontinenten an wie besonders aus Amerika und Asien, um sich mit ähnlich Verzweifelten – auf Holzbänken zu teils deftig-primitiven Ballermannliedern tanzend und singend – mit Bier abfüllen zu lassen.

Hier steht statt der Mutprobe der Wunsch im Vordergrund,

sich in (alkohol)seliger Stimmung in Gemeinschaft mit anderen zusammenzufinden und zu verbrüdern und die Welt als rund und sich als gesund und in Ordnung zu erleben. Das Oktoberfest ist einer der seltenen Anlässe in der modernen Welt, wo kollektive Drogenexzesse vom Staat sogar noch gefördert werden und moderne Menschen ungestraft den Geschmack von Ekstase erleben dürfen. Das Erwachen in der Wirklichkeit des nächsten Tages ist allerdings herb und hart, weil die nächtliche Illusion der Allverbundenheit den morgendlichen Kater nicht überlebt und das Morgengrauen wirklich grausam ist.

Abenteuerlich inszenierte Attraktionen wie etwa Schiffschaukeln bis zum Überschlag, Mehrfach-Loopings auf halsbrecherischen Achterbahnen, waghalsige Flugsimulationen mit Raketen oder absichtliche Zusammenstöße im Autoscooter lassen das Grundbedürfnis, mittels Mutproben erwachsen zu werden, erkennen, können es aber nicht befriedigen.

Mutproben wie das bereits erwähnte populäre, tatsächlich einem pazifischen Mannbarkeitsritus abgeschaute Bungee-Jumping, das auch in Afrika ausgeführt wurde, lassen das unzufriedene, wachstumsbedürftige Halbstarken-Ich etwas besser fühlen. Aber langfristig bleibt doch die ernüchternde Erkenntnis, dass äußere Maßnahmen allein nicht zum Erwachsenwerden reichen. Was eingebunden in ein Ritual in den indigenen Gemeinschaften zweifellos klappt, ist bei uns doch nicht viel mehr als ein besserer, weil spannenderer Jahrmarktsgag.

Ähnliches gilt für in der spirituellen Szene noch im letzten Jahrhundert in Mode gekommenes Laufen über Scherben- oder Glutteppiche. Zweifelsfrei von indigenen Ritualen abgeschaut, hat es dort, rituell eingebunden, tiefe Wirkungen und vermittelt Einweihungen. Aus dem Kontext genommen und ohne rituellen Rahmen ist die Wirkung bei uns sehr begrenzt. So gut sich die Überwindung der Angst jedes Mal anfühlt, so wenig dauerhaft ist der Effekt, vom Erwachsenwerden ganz zu schweigen.

Aber auch diese Dinge ließen sich auch bei uns mit entsprechendem Bedeutungsrahmen wieder mit Sinn füllen. In einem Wochenkurs für Väter und ihre Söhne hielt ich mit einem befreundeten Trainer einen Kurs mit einer Kette von Ritualen zur Eroberung der Elemente. Das bewegte einiges in den Jungs und ihren alten Jungs, weil wir den Übungen einen Bedeutungsrahmen hinzufügten. Das Luftreich eroberten wir mit einem Sprung aus dem Hubschrauber in 4500 Metern Höhe, wo dieser schon zu taumeln begann, weil die Luft – im doppelten Sinn – dünn wurde. Den Profispringer hinter uns merkten wir kaum und saßen insofern ziemlich allein auf den Kufen des Hubschraubers, mussten und durften selbst den Absprung wählen und wagen, um eine Minute frei zu fallen und Luft zu spüren. Ähnliches erlebten wir im wirklich wilden Wasser, eingegraben, sozusagen beerdigt im bewusst und insofern rituell selbst geschaufelten Grab. Das Feuerreich erschloss ein Feuerlauf über glühende Kohlen. All das lebte und bekam seine Bedeutung vom bewussten Rahmen und entsprechenden Gedanken zu den Elementen, wie mit den Bildern von Bruno Blum im Elementebuch *Erde – Feuer –Wasser – Luft*[34] dargestellt.

Ansatzweise passiert Ähnliches, wenn US-Amerikaner wie etwa der Motivator Tony Robbins sich dieser alten Rituale aus dem Schamanenreich annehmen und eine große Sache, eben ein Ritual, wie einen Feuerlauf daraus machen.

In den letzten Jahrzehnten aufgekommener Extremsport erfüllt ähnliche Funktionen in Form von Mutproben – aber auch hier fehlt mit der seelischen Einbindung meist die Nachhaltigkeit. Mutproben allein mögen beeindruckend sein, aber auch noch so spektakuläre und selbst lebensgefährliche Aktionen bei freiem Klettern, Brandungssurfen, Drachenfliegen oder Wildwasserpaddeln machen die jungen Hero(in)en nicht erwachsen, solange die *not*wendigen rituellen Felder fehlen. Da das Bedürfnis nach innerem Wachstum ungebrochen fortbesteht, werden immer gefährlichere Heldentaten gesucht und erfunden, um das eigentliche, unbewusste Ziel doch noch irgendwie zu erreichen. Aber Dosissteigerungen können nie die seelische Einbindung ersetzen, wie noch so spektakuläre äußere Formen nicht fehlenden Inhalt.

Die Eskalation der Gefährlichkeit führt sogar nicht selten in den Um- und sogar Abweg der Sucht, da das Ziel einfach nicht erreicht wird. Gefahr kann aber über Adrenalinausschüttung körperliche Abhängigkeit bewirken. Letztlich ist es auch ein Zeichen von Unreife, sich nur noch in Lebensgefahr lebendig zu fühlen.

Computerwelten lassen all das noch beeindruckender erleben, und die Virtual Reality wird das noch dramatisch steigern. Aber nur durch Integration des seelischen Bezugs können sich hier Lösungen ergeben.

Ewige Jünglinge

Das Muster des ewigen Jünglings steht in unserer Kindergesellschaft besonders hoch im Kurs. *Der Kleine Prinz* und sein Schöpfer Antoine de Saint-Exupéry (1900–1944) haben ungezählte Nachahmer gefunden, kleine bis mittelalterliche Prinzen, die sich charmant durchs und ums Leben bringen.[35] Sich eher spektakulär umzubringen, als sich wirklich aufs Leben einzulassen, hat Tradition. Saint-Exupéry hat es seinem kleinen Helden nachgemacht, als er mit einem gekaperten Militärflugzeug abstürzte. Die Filmlegenden Marilyn Monroe (1926–1962) und James Dean (1931–1955) folgten diesem Muster, aber auch »Doors«-Frontman Jim Morrison (1943–1971) sowie »Nirvana«-Sänger und -Gitarrist Curt Cobain (1967–1994). Robert Redford hat es im Kultfilm »Jenseits von Afrika« aus dem Jahr 1985 (Regie: Sidney Pollack) exemplarisch vorgespielt: lieber eine Legende werden, als eine richtige Beziehung einzugehen und auszuhalten und die ganze Heldenreise auf sich zu nehmen.

Natürlich haben auch ewige Jünglinge ihre erlöste Seite, die sich beim kleinen Prinzen besonders eindrücklich und schön zeigt, der das innere Kind so bezaubernd lebt und auch in LeserInnen anregt und oft erweckt. Statt sich davonzumachen, liegt die Erlösung des ewigen Jünglings und auch der ewigen »Jungfrau« im Einlassen auf das alltägliche, nur durch Bewusstheit spektakuläre Leben. Der Glanz äußerer Form durch eindrucksvolle Heldentaten führt allein nicht ans Ziel der Einheit.

Natürlich sind »die Leichtigkeit des Seins« und die kindliche Qualität des Staunens in großen offenen Augen unser aller Aufgabe, während wir »wieder werden wie die Kinder«. Das große Problem unserer Zeit ist aber die Weigerung, erwachsen zu werden, stattdessen Kind zu bleiben und ganz am Ende kind*isch* zu werden. Wer nie erwachsen wurde, kann schon rein semantisch nicht wieder werden wie die Kinder und verfehlt damit eine der Grundaufgaben unserer Kultur.

Eine der anspruchslosesten Versionen des ewigen Jünglings verkörpern sogenannte *Playboys.* »Spielbuben«, so das Klischee, scheinen in Frauen vor allem Gespielinnen und eigentlich Spielzeug zu sehen, verantwortliche Beziehungen mit weiterreichenden Konsequenzen liegen ihnen offensichtlich fern.

Der Fernsehkindergarten

»Wetten, dass …« sich die Kindlichkeit dieser Gesellschaft auch in ihren Lebensgewohnheiten und im Mehrheitsmedium Fernsehen spiegelt? Die Programme werden immer kindischer, und die Kinderstunde endet erst spät nach Mitternacht. Kindische Spielshows, dümmliche Actionfilme beherrschen die Szene und fördern augenfällige Infantilisierung. Besonders die Fülle der Actionfilme, die mit Vorliebe Halbstarke und solche, die es geistig geblieben sind, fasziniert, bedarf kindischer Gemüter. Jeder halbwegs Informierte weiß, was blüht, wenn man mit voller Wucht seine Faust ins Gesicht eines anderen haut. Beide landen beim Chirurgen. In geistlosen Actionfilmen prügeln sich die Helden aber anderthalb Stunden durch den ganzen Film.

Dieses intellektbefreite Genre bringt uns aber wenigstens wie kaum ein anderes das Thema »Tod« nahe, wird hier doch am Fließband und auf alle erdenklichen und spektakulären Arten und Weisen »vorgestorben«. Bud Spencer (1929–2016) und Terence Hill ließen uns das in ihren immer gleichen Haudraufstreifen noch witzig finden, wo es in Wirklichkeit eher lächerlich war. Dass ein Jurist wie Bud Spencer alias Carlo Pedersoli diesen Beruf gegen den Raufbold tauschte, hat besonderen Symbolcharakter.

Neben solcher Fantasie flachster Art steht das eigentliche Fantasygenre für das große Bedürfnis erwachsener Kinder nach inspirierenden Geschichten, wie sie in jede Kindheit gehören. Die technische Umsetzung der Fantasiewelten hat dabei enorme Fortschritte gemacht, und Virtual Reality lässt uns auch hier noch ungleich mehr staunen. Als Ritter und Drachenkämpfer, Renn- und Raumfahrer können wir unser Bestes geben – aber auch das wird ohne seelische Beteiligung und die notwendige rituelle Einbindung nicht weit genug reichen. Solange das Ritualbewusstsein fehlt, wird hier eher ein gewisses Suchtpotenzial deutlich, denn so geschickt man sich im jeweiligen Spiel auch zeigen und rekordverdächtige Punktzahlen erkämpfen mag, erwachsen wird man so nicht.

Horrorfilme verraten ebenfalls die Ursehnsucht nach Angst und Schrecken, die auf dem Weg ins Erwachsenenreich zu konfrontieren sind. Aber wer wird durch Gruselfilme erwachsen? Auch hier eskalieren die Ansprüche, die Filme werden immer entsetzlicher und (scheinbar erwachsene) Kinder zu Horrorfilmfans. Dosissteigerung bleibt ein Zeichen wachsender Sucht, nie von Lösung.

Das Bedürfnis aber ist in Ordnung. Auch moderne Jugendliche suchen jener Angst und Panik zu begegnen und ihrer *Herr zu werden*, die archaische Gesellschaften in Ritualen vermitteln. Das Wort »Panik« verrät diese Wurzeln noch, stand ihm doch der Naturgott Pan Pate. Er war dem Mythos zufolge bis zur Taille jener bezaubernde, auf der nach ihm benannten Flöte spielende Jüngling. Darunter aber trat der geile, dauererregte Wüstling hervor, der wollüstig die Nymphen bestieg, nachdem er sie mit seinem Flötenspiel angelockt hatte. Als Gott der Natur ist er Ausdruck der Polarität. Ähnliches spiegelt das griechische Wort *daímōn* wider, das neben »(böser) Geist, Dämon« auch »göttliches Wesen« bedeutet.

Sucht statt Suche

Neben fast amüsanten Zeichen kollektiver Kindlichkeit wie Spezialhotels für erwachsene Babys oder aufwendig organisierte, extrem teure Mount-Everest-Besteigungen, bei denen die reichen Sucher hochgeseilt werden, gibt es auch viele unlustige und einige abscheuliche Hinweise. In einem englischen, von einer ehemaligen Krankenschwester organisierten Hotel dürfen tatsächlich »erwachsene« Männer für viel Geld ihre ausgefallene Babyzeit nachholen. Am Everest zeugen große Müllhalden von der Sucht nach Gipfelerlebnissen reicher Gipfelstürmer. Aber *peak experiences* sind nach ihrem Namensgeber Abraham Maslow (1908–1970), ein Gründervater der humanistischen Psychologie, eindeutig seelische Einheitserfahrungen.

Moderne Versuche des Erwachsenwerdens und Sichbeweisens sind nicht selten gefährlich. Richtige Ziele mit untauglichen Mitteln zu erreichen, ist immer problematisch. »Immer mehr vom selben« kann häufig die Suche in Sucht entgleisen lassen, wie wir es sehr deutlich beim Rauchen sehen. In seiner amerikanischen Heimat für die indianischen Ureinwohner ist es ein Erwachsenen vorbehaltenes Ritual. Nun imitieren es unsere Kinder, die so darauf brennen, erwachsen zu werden, nur zu gern. Einerseits ist es noch verboten und kann als lebensbedrohende Mutprobe gelten, andererseits sind Zigaretten überall erhältlich. Warnungen bewirken das Gegenteil, denn das Risiko scheint ja erwünscht zu sein. Jugendliche wollen der Gefahr trotzen und wie gesagt ausziehen,

»das Fürchten zu lernen«, um erwachsen zu werden. Selbstverständlich führt dieses Ersatzritual nicht zum Ziel, sondern über das große Suchtpotenzial des Nikotins zu Raucherkarrieren. Bis sie merken, dass der Versuch nichts bringt, hängen sie am Haken.

Ähnlich erfolglos, aber noch gefährlicher sind die Alkoholexzesse Jugendlicher, bei denen sie sich Mut antrinken, der ihnen fehlt. Werbung nutzt das aus und protegiert Rum und andere Alkoholika als Getränk »für harte Männer«. Bis Jugendliche bemerken, dass nichts so impotent macht wie Alkohol, ist es ebenfalls meist schon zu spät.

Auch Mutproben als Geisterfahrer auf der Autobahn machen nicht erwachsen, sondern lehren vor allem andere das Fürchten.

Zusammenschlüsse in Straßen- und Rockerbanden, in Fußball-»Fan«clubs, wo sich Gewaltexzesse bis auf Hooligan-Niveau steigern, lassen die Sehnsucht erkennen nach starken Männerbünden und »echter« Kameradschaft. Sie erfüllen aber das Verlangen nach Stärke und Männlichkeit keineswegs. Beim Motto tönt der Schatten durch: »Gemeinsam sind wir (halb)stark.«

Da all diese Versuche auf der Jagd nach Männlichkeit so erfolglos bleiben, hören sie nicht auf, sondern führen zu peinlichen und oft gefährlichen Ersatzritualen.

Phänomene wie Trophäenjagd gehören hierher. In frühen Zeiten mag es wirklich ein Zeichen erwachsener Männlichkeit gewesen sein, ein großes Tier im (Überlebens)kampf zu erlegen. Heute ist Großwildjagd eher ein kläglicher Versuch, sich als erwachsener Held zu erweisen. Von gut ausgerüsteten Geländewagen knallen moderne Trophäenjäger die letzten großen Tiere aus sicherer Entfernung und ohne jede Not ab. Ist das Wild erle(di)gt, trauen sie sich zum Siegesfoto heran und stellen sich als Helden in Siegerpose dazu. Diese Peinlichkeit gibt ihnen offenbar ein Gefühl von Wert, Macht und Potenz. Viele hoffen wohl, so auch ihre Impotenz eindrucksvoll zu überspielen. Diese Art unerwachsener Selbstbestätigung für einen Moment des Tötens und das Gehörn als

Trophäe des Siegers nannte Theodor Heuss (1884–1963), der erste deutsche Bundespräsident, eine »Nebenform menschlicher Geisteskrankheit«.[36] Wie auch immer, *so* wird man jedenfalls heutzutage nicht erwachsen.

Die Jagd lässt sich auch anspruchsvoll umschreiben – von Ernest Hemingway (1899–1961) beispielsweise sogar literarisch. Erwachsenwerden war wohl auch sein Hauptanliegen, wie sein »Faible« für Stierkämpfe, Hochseefischerei, Großwildjagd und sogar Krieg verriet. Es ging ihm dabei sicher auch wesentlich um das Thema »Männlichkeit«, das bis zu seinem Suizid im Mittelpunkt seines Lebens stand.

Verschiedene Fremdenlegionen bieten in ihren Söldnertruppen eine Spielwiese für in ihrer Männlichkeit Frustrierte, oft begnadigte Straftäter und sogenannte gescheiterte Existenzen. Kriege bringen die schlimmste Ebene hervor, um das Problem des Mannwerdens auszutragen. Wo junge Burschen mit abgeschlagenen Köpfen Fußball spielen, ist Krieg. Wo Frauen in Serie vergewaltigt werden, ebenso. Erwachsene Männer, die sich ihrer Männlichkeit sicher sind, denken gar nicht daran, Frauen mit dieser pervertierten Art von Männlichkeit zu verletzen.

Erniedrigungen anderer fühlender Wesen zielen darauf, sich selbst zu erhöhen. Das haben nur niveaulose Typen nötig. Jene Brutalos, die an allen Fronten in aller Welt Patronengurte auf nackter Brust tragen, versuchen krampfhaft, ihrer peinlichen Existenz durch Gewalttaten Gewicht und sich selbst ein Gefühl von Macht und Männlichkeit zu verschaffen.

Wachsen ist ihre eigentliche Sehnsucht, genauer: erwachsen werden. Warum sonst erzählt manch alter Mann nach Jahrzehnten immer noch unaufgefordert vom Krieg? Offensichtlich gab es bei vielen von ihnen nichts Wichtigeres im Leben. Selbst Männer ohne Kriegserfahrung sind oft fasziniert von Videokriegsspielen und noch mehr von entsprechenden US-Liveübertragungen von deren gerade laufendem Krieg.

Nach der Sufi-Tradition, der spirituellen Richtung des Islam, handelt es sich beim heiligen Krieg um ein *inneres* Geschehen, bei dem »Krieger des Lichts« mit Dämonen in Gestalt ihres Schattens ringen wie auch in indigenen Traditionen, die »Krieger« ebenfalls als Ehrenbezeichnung führen. Allein dieser Kampf mündet in Befreiung, Erleuchtung, die Einheit. Der innere Krieg – richtig verstanden – ist somit der einzige, der das Adjektiv »*heil*ig« verdient, weil er ins Heil führen kann.

Rituale des Erwachsenwerdens für Frauen

Bei Frauen kommt es seltener zu pervertierten Ersatzritualen, weil Schwangerschaft und Geburt große natürliche Rituale sind, bei denen Mädchen nicht nur zu Müttern, sondern auch zu Frauen reifen. Mutter Natur leistet sich einfach keine unerwachsenen Mütter. So gibt es nicht nur viel mehr erwachsene Frauen, sondern sie können ihren Töchtern auch viel bessere Anleitung zum Erwachsenwerden geben. Heute wird die Geburt vor allem unter technisch-pragmatischen Gesichtspunkten gesehen, und trotzdem wirkt das Ritual offenbar ziemlich unvermindert weiter.

Heute ließen sich geistige Kinder zur Welt bringen, wie es ja auch Jungs und werdenden Männern möglich ist. Meine über achtzig Buchkinder erfüllen mir solch eine Ersatzfunktion. Aber ich kenne doch sehr deutlich den Unterschied zu meiner wirklichen Tochter Naomi.

Für Mädchen ist auch das Erlebnis der Entjungferung noch eher eine Einweihungserfahrung als für Jungen der erste Geschlechtsverkehr. In indigenen Gesellschaften finden wir viele Beispiele, wie dieser wesentliche Schritt ins Erwachsenenalter, rituell begangen, zu einem Fest gestaltet wird. In den Beltane-Festen der Kelten und Germanen klingt das an. Im Film »Die Nebel von Avalon« aus dem Jahr 2001 (Regie: Uli Edel) finden sich einige Hinweise auf diese Nacht beim Ritual des ersten Geschlechtsverkehrs.

James George Frazer hat in seinem Doppelband *Der Goldene Zweig* eine Fülle solch ursprünglicher *rites de passage* gesammelt.[37]

Grundsätzlich ist deren Vollzug bis heute möglich. Beim »Balzverhalten« moderner Teenager wird klar, dass ihre auf »Coolness« angelegten Ersatzrituale wenig seelische Tiefe vorsehen, die darüber hinaus als Zeichen von Schwäche ausgelegt würde. So bleibt die moderne Situation weitgehend ungelöst. Wohl in fundamentalistischen Tendenzen zu verortende Rückkehrversuche zu frühesten Anfängen dürften hier ihre Wurzeln haben. In den USA gibt es seit Längerem wieder Jugendgruppen, die vorehelichen Sex ablehnen und auf die Jungfrau im anatomischen Sinn setzen.

Im Fundamentalismus liegt sicher keine Lösung, dazu ist er zu entwicklungsfeindlich. Aber mehr Bewusstheit bezüglich Sexualität könnte bezaubernde Möglichkeiten eröffnen. Von Natur aus gehört zum ersten einfühlsamen Koitus aus Liebe bereits alles, was ein Ritual ausmacht: Grenzen werden respektiert und höchstens gemeinsam überschritten, eine Barriere wird durchstoßen, die marsische Kraft allen Anfangs ist im (Liebes)spiel, und es fließt Blut. Ein neuer Erfahrungsbereich bricht auf, der, kaum ist das Eis geschmolzen, Lust, Freude und sogar Ekstase schenken kann. Auch wenn diese Erfahrung bewusst kaum noch als Passageritus gewürdigt wird, ist das natürliche Muster so stark, dass es offenbar für viele Mädchen – ähnlich wie spätere Geburten – den Charakter einer Einweihung bewahrt.

Weibliche Schwellenrituale sind auch deshalb bei uns noch unbekannter, weil dem männlichen Entwicklungsweg in der dokumentierten patriarchalen Geschichte die ungleich größere Bedeutung eingeräumt wurde.

Ersatzrituale für Übergänge und Rituale zur Suchtvermeidung

Schwellenrituale

Der Mangel an funktionierenden Schwellenritualen wird mit der wachsenden Beachtung, die das Thema gewinnt, immer mehr Menschen in unserer Gesellschaft bewusst. Die daraus kommende Kopie archaischer Rituale ist allerdings eher fragwürdig, weil wie gesagt kaum ein Zugang zum ursprünglichen Feld besteht.

Die Wiederbelebung eigener christlicher Rituale ist zwar nicht sehr populär, sondern wird im Gegenteil aktiv von verschiedenen politischen Strömungen bekämpft, selbst die Grußformel »Grüß Gott« ist vielfach schon verpönt. Trotzdem zeichnet sich aber durchaus eine Wiederbelebung solcher Rituale ab. Sogar die Jugendweihe (oder Jugendfeier) – Mitte des 19. Jahrhunderts erdachte festliche Initiation, die den Übergang vom Jugendlichen- zum Erwachsenenalter markieren soll und beispielsweise in der ehemaligen DDR weithin Verwendung als Ersatz für die entsprechenden kirchlichen Feste fand – verzeichnet als atheistisches Pendant zur jüdischen Bar-Mizwa oder zur christlichen Konfirmation beziehungsweise Firmung immer noch Zulauf. Im Jahr 2023 beispielsweise nahmen »weit mehr Schülerinnen und Schüler [daran] teil als zuvor«.[38] Ein Höhepunkt der etwa einstündigen Zeremonie – erklärtermaßen ohne religiösen oder ideologischen Hintergrund – ist der symbolische Schritt ins Erwachsenenleben.

Vor allem aber pilgern scharenweise wieder Menschen aller Altersstufen über den Jakobsweg nach Santiago de Compostela. Ähnlich lässt sich jede bewusste Reise als Pilgerfahrt gestalten, und es bieten sich viele Möglichkeiten mit der Wiederentdeckung alter Pilgerwege.

Jugendliche könnten allein auf eine große Fahrt gehen und diese ganz bewusst dem Erwachsenwerden widmen. Am geeignetsten wäre eine zeit- und zieloffene Fahrt, bei der sich die Route aus der Reise selbst entwickelt – eine Pilgerreise mit dem Ziel, sich selbst zu finden. Suchende könnten sich darauf ein- und ausrichten, auf diesem symbolischen Weg Hinweise für ihre weitere Lebensreise und die entscheidenden Stationen zu erhalten. Träume und Zufälle, die einem zufallen, ließen sich bewusster wahr- und wichtig und vor allem annehmen.

Besagte neuerlich wieder so populäre Pilgerreise nach Santiago de Compostela ist solch ein Beispiel. Ich habe sie zusammen mit meiner damaligen Partnerin in meinen Dreißigerjahren mit Wohnmobil, weil kaum eines der Hospize überhaupt offen war, einem Fahrrad und zu Fuß gemacht, und wir begegneten praktisch niemandem. Aber wir beachteten alles, was uns so zufiel, und die Träume, die sich ergaben. Inzwischen haben Shirley MacLaine, Paulo Coelho und Hape Kerkeling den Camino bewältigt, darüber geschrieben und so Hunderttausende dazu angeregt. Und diejenigen, die ihn für sich zu einem Ritual machten, sind auch Lösungen nähergekommen.

Mit entsprechender Einstellung und in Erwartung eines großen Traumes im Sinne der Vision, die junge amerikanische Ureinwohner oder die australischen Aborigines suchen, wächst die Wahrscheinlichkeit des Erfolgs. Bei der amerikanisch-indigenen »Vision-Quest« (»Visionssuche«) oder dem australischen »Walkabout« werden praktisch alle jungen Sucher fündig. »Walkabouts« nennt sich das Umherziehen eines Aborigines auf seinen traditionellen sogenannten Traumpfaden oder Songlines. Im engeren Sinne ist es ein Einweihungsritual für dreizehnjährige Aborigines, die zum ersten Mal den Weg ihres eigenen Traumpfads beschreiten. Traumpfade ergeben eine mythische Landkarte mit Wanderwegen entlang verehrter Orte mit Felszeichnungen, zum Beispiel im Wollemi-Nationalpark von New South Wales.

Ob und wie man fündig wird, hängt entscheidend von der seelischen Ladung ab, welche die Suche erfährt. Mit der Stärke und

Bewusstheit, die in jeden Schritt fließt, wächst die Macht, die von der entstehenden Vision oder dem sich entwickelnden Lebenstraum ausgeht. Der springende und schon x-mal erwähnte Punkt sind die Bewusstheit, die Achtsamkeit und die Aufmerksamkeit, die auch Kleinigkeiten erfahren und die ganze »Reise«, den »Pfad« in eine Einweihung wandeln.

Auch bei uns haben viele wichtige Träume, nur werden sie meist rasch vergessen, in der Schublade »Träume sind Schäume« abgelegt, oder sie gehen in Stress und Sachzwängen des Alltags unter. Eine gewisse Renaissance haben Träume bei uns durch die Psychoanalyse erfahren, die von ihnen lebt und während der sich geradezu träumen lernen lässt.

Reisen, die auf den eigenen Weg zielen oder den Lebenstraum, sind gleichsam Lebens- und Berufsberatung aus der eigenen Seele. Seine Berufung zu finden beziehungsweise sich von ihr finden und dann leiten zu lassen, ist durch nichts zu ersetzen. Das zentrale Lebensthema Beruf unbekannten BeamtInnen des Arbeitsamts, die Beratungssuchende nicht einmal kennen, zu überlassen, ist tatsächlich absurd. Das Wort *absurdus* bedeutet im Lateinischen »misstönend«; und tatsächlich hat ein solches Vorgehen eine große »dissonante« Konsequenz für den weiteren Weg der Betroffenen. Diese BeamtInnen können bestenfalls ein mathematisches Konstrukt aus Schulnoten, Bedürfnissen der Gesellschaft, Ausbildungszwängen und Einkommensentwicklung verschiedenster Berufssparten erstellen. Darauf seinen Beruf und seine Bestimmung zu bauen, ist verantwortlich für das Lebensunglück vieler an diesem Drama Beteiligter inklusive der Gesellschaft, die sich solche Absurditäten leistet.

Das Ergebnis sind Umschulungen, Studienwechsel, Lehrabbrüche und Desorientierung, weil Betroffene ihre(n) (Be)ruf(ung) nicht finden und die angebotenen Jobs mit ihrem Weg nicht in Übereinstimmung bringen, sich verirren und manchmal auch daran irre werden. Allein schon der Gedanke, eigene Kinder auf solch einen Irrweg ohne Sinn und möglicherweise in den Irr-Sinn zu schicken, ist erschreckend.

Alle Ferien nach der Pubertät böten Chancen, sich dem eigenen Weg zu nähern. Diese »Kinder« sind keine mehr, sie weiter auf Familienurlaube mitzuschleppen, mag wie Elternliebe wirken, ist aber oft nur ein Kinder in dieser wesentlichen Entwicklungsphase behindernder Übergriff in ihren Lebensraum. Stattdessen wären Auslandsaufenthalte, um die Welt und das Leben kennenzulernen, angesagt und könnten die anstehende Ablösung vorbereiten. Nach Lehre oder Gymnasium gäbe es auch heute noch die Möglichkeit einer »Weltreise«, um sich nach jahrelanger Fügung in völlig unpersönliche Ausbildungspläne wiederzufinden. Ein freies Jahr nach der möglicherweise notwendigen, aber jedenfalls unfreien Zeit ist eine Chance zur Selbstfindung. Aber bitte ihnen keine All-inclusive-Weltreise buchen, auch wenn Eltern es sich leisten können.

Wie gesagt gehen junge HandwerkerInnen nach ihrer Lehrzeit heute schon wieder wie früher generell üblich und geradezu gefordert – und ohne oder jedenfalls ohne *viel* Geld – auf die Walz. Entwicklungsbereite StudentInnen könnten wie früher an Universitäten in der Fremde nicht nur ein Fach, sondern eine andere Kultur und das Leben studieren. Sie fangen das doch offensichtlich wieder an, weil ihn ansonsten etwas fehlt. Mangelndes Geld als Gegenargument ist heute häufig, aber als Hippies waren wir auch nicht mit Scheck- und Kreditkarten ausgestattet.

Das Bedürfnis, sich alles bis weit über Pubertät und sogar Adoleszenz von den Eltern finanzieren zu lassen, liegt einerseits an der Bequemlichkeit der Jungen und ihrer Weigerung, die Komfortzone zu verlassen. Aber andererseits auch daran, dass wenig bewusste Eltern diese Verwöhnungs- und Overprotection-Seuche einreißen ließen. Das ist wohl gut gemeint, aber meist doch eher, um fehlende zeitliche Zuwendung und Be*treu*ung zu kompensieren.

Der frühe deutsche Forschungsreisende Alexander von Humboldt (1769–1859) sagte so schön und so wahr, die schlimmste Weltanschauung sei die von Leuten, die sich die Welt nicht angeschaut hätten. Oder positiv formuliert: Die beste Weltanschauung entwickeln Menschen, die die Welt gesehen haben – und dazu braucht es schon etwas Initiative und Mut. Die Tugend der Tapferkeit ist nur die erste der zwölf schon erwähnten urprinzipiellen Tugenden, die alle sehr hilfreich für ein glückliches und erfolgreiches Leben sind (siehe »Die zwölf Lebensbühnen« und »Die zwölf Heilsamen Tugenden« im Anhang).

Die erste Zigarette

Ist es heute in modernen Industriestaaten auch schwerer denn je, positive Übergangsrituale zu finden, lassen sich doch zumindest die gefährlichen unter den Ersatzritualen mit Bewusstheit und Mut entschärfen. Dies wäre Aufgabe von Großeltern, Taufpaten oder anderen für den Lebensweg der Jugendlichen mitverantwortlichen Erwachsenen. Es ist sicher nicht leicht und braucht viel Fingerspitzengefühl, um den individuell richtigen Zeitpunkt für dieses Ritual zu finden, um nicht von den Jugendlichen als peinlich empfunden zu werden. Zu früh gilt schnell als unverantwortlich, zu spät als peinlich unter Jugendlichen.

Aber sie einfach zu streichen wie heute üblich, führt zu der Misere, die wir derzeit haben: Drogenszenarien wie noch nie, beispielsweise eine noch nie da gewesene Fentanylseuche in San Francisco mit bisher unerreichten Todeszahlen unter Jugendlichen.[39]

Überall erleben wir dasselbe Diktat der Bedenkenträger, die sich immer mehr als Bremser und Verhinderer aufspielen. Skiwochen fallen ersatzlos aus, weil niemand mehr die Verantwortung übernimmt. Bei uns waren sie Höhepunkte des Schuljahres, forderten die Lehrer natürlich, aber förderten auch Gruppengeist und Verantwortungsgefühl unter uns. Turnübungen werden inzwischen kastriert, weil zu gefährlich. Wer Angst hat, nass zu werden, muss Wasser selbstverständlich meiden. Aber es war und bleibt weiterhin Seelenelement. Diejenigen, die es wagen, nass zu werden, sind nach meinen Erfahrungen deutlich besser dran durch mutigen Kontakt zum Seelischen.

Um Erfolg zu haben, müssen solche Rituale rechtzeitig erfolgen, solange Kinder noch ansprechbar dafür sind, und das ist wohl immer früher, weil es so schnell zu spät wird. Zum Beispiel kommen die Kinder unserer Gesellschaft früh mit Rauchen in Berührung, und viele versuchen, es als Ersatzritual zum Erwachsenwerden zu nutzen. Insofern empfiehlt sich meiner persönlichen Meinung nach unbedingt, die Einführung als Elternteil selbst vorzunehmen, um Hängenbleiben und Suchtentwicklung möglichst zu verhindern. Kinder nur auf die Gefahren des Rauchens hinzuweisen, reicht meiner Erfahrung nach nicht. Sie lassen sich aber meist bereitwillig und frühzeitig, also möglichst sogar *vor* Pubertätsbeginn, zu einem Rauchritual einladen, gleichgültig, ob die Eltern selbst rauchen oder nicht. Ohne Erwachsenenbeteiligung findet dieses Ritual auch statt, nur unter viel ungünstigeren Bedingungen, und die Kinder werden dadurch eher süchtig als erwachsen. Allerdings ist es wichtig, dass insbesondere die Eltern oder Paten selbst wirklich erwachsen sind, um dieses Rauchritual und auch die beiden noch folgenden Rituale erfolgreich mit ihrem Kind durchführen zu können. Jeder Erwachsene sollte sich zuvor selbst reflektieren und auch den entsprechenden Hinweis im Impressum dieses Buches lesen.

Wer es sich also zutraut, beginnt am besten damit, seine Kinder intensiv über die Hintergründe des Rauchens zu informieren und darauf einzugehen, wie schwer, aber notwendig Erwachsenwerden ohne entsprechende Rituale ist. Es gilt zu erklären, dass es übers Rauchen nicht klappt. Das sei zwar eine typische, Erwachsenen vorbehaltene, aber gefährliche Gewohnheit, und Raucher würden keineswegs erwachsen, sondern unfrei und abhängig. Wie andere

Süchtige seien sie krank und verdienten Mitgefühl. Denn sie hätten es schwerer mit ihrer Abhängigkeit und ihrer erhöhten Krankheitsanfälligkeit nicht nur, aber auch vor allem bezüglich Krebs und Herzinfarkt, den beiden Haupttodesursachen unserer Zeit.

Um diese Versuchung aber kennenzulernen, wolle man jetzt gleich zusammen ein Rauchritual abhalten. Nicht, weil es erwachsen mache, dazu bräuchte es viel mehr, sondern um seine Wirkung zu erfahren und gegen diese Unsitte gefeit zu sein.

Nach Zusammenstellung aller nötigen Utensilien raucht man nun feierlich Zug für Zug eine ganze Zigarette und erlebt, wie die angekündigten Symptome auftauchen: Übelkeit und vielleicht Durchfall, jedenfalls Hustenreiz. Das muss man wohl einmal erleben, um es später erfolgreich für immer meiden zu können.

Erlebt das Kind alles wie prophezeit, wird es das Ritual vielleicht abbrechen wollen. Ein Raucher als Ritualpate wird noch überzeugender darstellen können, wie er *im Zuge* der eigenen Raucherkarriere zwar süchtig, aber nicht erwachsen wurde.

Ein solchermaßen frühzeitig in den Tabak und sein Geheimnis eingeweihtes Kind ist später geradezu immun, wenn es von anderen Kindern zur Mutprobe des Rauchens eingeladen wird. Es wird vielleicht sogar in aller Ruhe aus eigener Erfahrung durch seine Schilderung andere vor diesem Irrweg bewahren können.

Natürlich ist der Druck zum Mitmachen, dem Kinder in diesem Alter ausgesetzt sind, enorm und nicht zu unterschätzen. Selbst wenn es trotz des gemeinsamen Rauchrituals auf der nächsten Klassenfahrt zur Nikotinorgie kommt, war die erste Ritualzigarette keineswegs vergebens und kann Anreiz zum frühzeitigen Wiederausstieg aus der Rauchsackgasse werden.

Das Alkoholritual

Das Alkoholritual entspricht im Wesentlichen dem der ersten Zigarette. In Gesellschaften, in denen Alkohol zum Alltag und manchmal sogar zum guten Ton gehört, in denen Millionen Menschen sich mittels Alkohol über ihre Sorgen hinwegtrösten, dem unerträglichen Alltag entfliehen, sich Mut antrinken, bei jeder Gelegenheit in künstlich gehobene Stimmung oder Rausch flüchten, bleibt kein Kind davon unberührt. Deshalb bietet es sich an, seinem Kind im Rahmen eines kleinen Rauschrituals wiederum frühzeitig den ersten Drink selbst anzubieten. Nach der ausführlichen Einführung in die Rolle des Alkohols in unserer Gesellschaft, bei Partys und sein Versagen bezüglich Erwachsenwerdens sind seine Auswirkungen auf Körper und Seele in aller Deutlichkeit darzustellen. Der eine Whisky oder Cognac, der sicher viele weitere erspart, wird meiner Meinung nach dem Kind nicht annähernd so schaden wie die entsprechend unreflektierte Gewohnheit, sondern im Gegenteil verdeutlichen, dass die elterliche Schilderung stimmt: Die Köpfe werden eigenartig benommen, die Knie weich, Übelkeit stellt sich schließlich ein, und der nächste Morgen ist verkatert. So wird das Kind gegen später sicher stattfindende Verführungen im Idealfall immun.

Dennoch wird sich Alkohol als in unserer Gesellschaft unumstrittene Kontaktdroge nicht ganz aus dem Leben halten lassen. Nur mittels *Anstoßen* mit Alkohol können sich bürgerliche Menschen oft noch duzen und näherkommen, ohne *anstößig* zu werden. Ein Kind, das sich eigenen Mut erwirbt, braucht ihn sich nicht mit Alkohol anzutrinken.

Die Rauschgiftfalle

Ganz analog wäre mit Cannabisprodukten wie Marihuana und Haschisch umzugehen, sind sie doch in großen Teilen der USA schon rehabilitiert. Der erste gemeinsame mit dem Kind gerauchte Joint – natürlich erst nach erfolgreich abgeschlossenem Rauchritual – kann meiner Meinung nach viele spätere Eigenerfahrungen ersparen und vor allem helfen, Drogen sicher einzuordnen. Und wiederum ist die Wahl nicht, ob dieser erste Joint geraucht wird, sondern nur wo und mit wem in welchem Umfeld. Während des

Krieges gegen Drogen sozialisierte Eltern müssen unter Umständen erst etwas Eigenerfahrung sammeln. Meines Wissens sind reine Cannabisprodukte in ihrer Giftigkeit deutlich harmloser in ihren Auswirkungen auf den Organismus als die gängigen Gesellschaftsdrogen Nikotin und Alkohol.

Was Erwachsenwerden angeht, sind sie genauso wenig hilfreich, sondern führen eher auf Um- und Abwege und am Leben vorbei in Sackgassen, jedenfalls sofern es zum Dauerkonsum kommt. Sobald Kinder bei Selbstversuchen erleben, wie sehr die elterlichen Informationen mit ihren eigenen Erfahrungen übereinstimmen, gewinnen Eltern oder Paten die Kompetenz und das notwendige Vertrauen, auch glaubhaft über Drogen wie Heroin oder Fentanyl zu sprechen und davor nachhaltig zu warnen. Heroin, das in seinem Namen auf die Heldenreise (gr. *hērṓs* [Held]) anspielt, führt stattdessen immer in die »*Dead* End Street«. Wer hätte je mit seiner Hilfe die Heldenreise des Lebens bewältigt? Das heroische Gefühl, das die Droge vermittelt, ist Illusion. Vielmehr provoziert Heroin die Verweigerung der Lebensreise zugunsten von Abhängigkeit. Dieses Schicksal lässt sich Kindern umso sicherer ersparen, je ehrlicher man vorher war.

Zu behaupten, Marihuana führe in die Gosse und sei Teufelszeug, selbst aber Alkohol zu trinken und zu rauchen, macht nur unglaubwürdig. So belogen, müssen Jugendliche natürlich glauben, die Informationen über andere Drogen seien ebenso falsch. Mangelhafte Aufklärung und verlogene Mahnungen werden zu gefährlichen Fallen für viele Spätpubertierende, die sich statt führen verführen lassen und die Kurve zum Erwachsenwerden nicht bekommen.

Notwendige Aufstände

Bei all diesen gut gemeinten Versuchen von erwachsener Seite, sozusagen prophylaktisch Rituale durchzuführen, bleibt zu bedenken, dass Pubertät immer auch mit Aufbegehren und Rebellion zu tun hat. Sicher ist, dass jede Generation mehr oder intensiv ihren Aufstand proben muss. Deshalb wären Rituale mit dem Ziel, den Pubertätsübergang gleichsam zu verhindern, nutzlos. Sie sollten ihn im Gegenteil fördern, sich dabei aber gewissermaßen als Wegweiser anbieten. Das kann natürlich nur gelingen, wenn wie schon erwähnt die RitualhelferInnen selbst erwachsen sind.

Deshalb ist es oft besser, beispielsweise (Tauf)paten statt Eltern übernehmen in dieser Zeit die Helferrolle. Von den eigenen Eltern gilt es sich ja zu lösen. Der Aufstand der Kinder ist von Mutter oder Vater nur schwer anzunehmen und erst recht zu fördern. Je verständnisvoller Eltern gegenüber ihren Pubertierenden sind, desto schwerer fällt denen die (Los)lösung. Als Hippies konnten wir unsere Eltern noch mit etwas längeren Haaren, Blumenhemden und ein paar Joints auf die Palme bringen und ganz nette Aufstände proben. Eine Generation später taten es Sicherheitsnadeln durch Ohren, Blech im Gesicht und giftgrüne Haare gerade noch. Fixen und das Geld dafür auf dem Strich anzuschaffen, blieb und bleibt oft als »letzter Schrei« (um Hilfe), ebenso wie die Designer-»Partydrogen« unserer Tage mit zuweilen dramatischen Ausgängen schon beim ersten »Gebrauch« wie die aus der Schulmedizin ausgebüchste Modedroge Fentanyl in LA. Weitere Eskalationen sind schwer vorstellbar.

Märchenhelden haben es mit ihrer oft »bösen Stiefmutter« leichter, sich abzunabeln. Solche Eltern sind schnell provoziert und für die Kinder einfacher zu verlassen. Bei liberalen, für alles Verständnis aufbringenden Eltern müssen sie schon schwere Geschütze auffahren. Jedenfalls ergibt sich hieraus die Erkenntnis, sich als Eltern nicht liberaler zu geben, als man ist. Der gute Kontakt muss phasenweise sogar verloren gehen, um die Aufständischen nicht zum Äußersten zu treiben. Zur Not suchen sich Heranwachsende auch außerhalb der Familie die notwendigen Feindbilder, um sich abzugrenzen und zu -setzen.

Ekstase

In seinen Konsequenzen bis in die Drogenproblematik reicht das bei uns tabuisierte Thema »Ekstase«, das selbstverständlich zum Leben archaischer Kulturen gehörte. In rhythmischen Stampftänzen, langen durchtrommelten Nächten mit mantrischen Gesängen, Tranceerfahrungen und Ritualen wie Feuerlaufen gerieten ihre Mitglieder spontan in Ekstase und erlebten die Verbindung zum inneren Heilen und vollkommenen Wesenskern. In Verruf geraten ist das ganze Thema »Ekstase«, weil es bei uns fast nur noch im Zusammenhang mit chemischen Drogen statt mit Ritualen und heiligen Pflanzen als Wegweiser erlebt wird.

Ekstase gestattet uns, für Augenblicke aus dem Ego herauszutreten und eine Selbsterfahrung reinen Seins zu erleben. Das ist eine eindrucksvolle Möglichkeit, den engen, von unserer Gesellschaft vorgegebenen Lebensrahmen temporär zu verlassen.

Auch das ist eine *wesen*tliche Erfahrung, um erwachsen zu werden, enthüllt sie doch das Ziel, das es im Leben anzustreben gilt – ebendiesen »vollkommenen Wesenskern«. Wer ein großes Ziel hat, meistert die kleinen Schritte auf dem Weg ungleich besser: Jugendliche und alle, die das endgültige Ziel der Vollkommenheit wenigstens in einem Gipfelerlebnis erlebt haben, bewältigen Etappenziele viel leichter.

Jugendliche spüren das intuitiv und landen bei uns, wie gezeigt, oft in Suchtproblemen, der in den Schatten gesunkenen Suche nach Ekstase. Mittels Ecstasy (MDMA) und anderer Chemie wollen sie die Tür aufsprengen, ohne selbst viel dafür tun zu müssen – jedenfalls in *Kult*uren ohne verbindlichen *Kult*, um Drogen in sinnvolle Rahmen und Rituale einzubinden. Wo Räume und Rituale fehlen, um ekstatischen und Einheitserfahrungen Rahmen zu geben und sie in Sicherheit zu erleben, entwickeln selbst natürliche Drogen, von chemischen ganz zu schweigen, häufig Suchtgefahren.

Positive Anreize für ekstatische Ausblicke auf die Heldenreise des Lebens und damit beste Suchtvorbeugung bildet in unseren Breitengraden oft der Sport. Die Erfahrung zeigt, dass Jugendliche, die sich hier regelmäßig verausgaben, viel sicherer vor Drogenmissbrauch sind. Bei totaler Hingabe bieten sich auch hier ekstatische Momente, ähnlich wie entsprechende Erfahrungen beispielsweise beim Musizieren wie auch beim Tanzen in Clubs oder auf Technopartys …

Fragen und Rituale zur Pubertät

Fragen

Die folgenden Fragen kann sich jede(r) stellen, um herauszufinden, wie es um die individuelle Bewältigung der Pubertät und des Erwachsenwerdens steht (siehe auch »Ein Wort zuvor« am Anfang dieses Buches):

1. Wie habe ich meine Menarche beziehungsweise Ejakularche erlebt?
2. Wie erlebte ich erste Sexualität? Hatte ich von Anfang an Orgasmen? Wie wurde ich aufgeklärt? Welche Stimmung herrschte dabei?
3. Wie viel unerlöste Kindlichkeit ist heute noch in meinem Leben?
   > Esse und trinke ich wie ein Erwachsener oder wie ein Kind?
   > Welche Kinderspiele behindern mein Berufsleben?
   > Welche Schlüsse erlaubt meine Kleidung diesbezüglich?
4. Welche Rolle spielen Mutproben für mich?
5. Wie stehe ich zu (gleichgeschlechtlichen) Gruppen? Wie fühle ich mich in der Gruppe?
6. Welche Aufstände habe ich in meinem Leben durchgefochten?

7. Wie stehe ich zu Askese und Weltgenuss, zu Fasten und orgiastischer Völlerei? Habe ich meine Mitte diesbezüglich gefunden?
8. Gibt es Momente der Ekstase für mich? Wie ist mein Bezug zu Rausch(gift)?

Übungen und Rituale zur Pubertät
Phasen typischer Pubertätsrituale sollten unter anderem folgende Themen umfassen: »die Familie, die Heimat verlassen«, »Entbehrungen ertragen, Mutproben, Suchrituale«, »Feier der neuen Identität des/der gerade erwachsen Werdenden«, »Verwurzelung: Einführung in die Regeln des neuen Lebens«. Hier einige Vorschläge:

> *Pubertätsfeste:* Anlässlich der ersten Monatsblutung könnten die Eltern beispielsweise ein Fest für ihre Tochter geben mit all ihren wichtigen Freundinnen und Freunden. Würde das um sich greifen, verschwände rasch alles Peinliche daran. Aber so weit ist es offensichtlich noch nicht.
In Zeiten wie unseren kann solch ein Anlass natürlich auch schnell entgleisen und »nach hinten losgehen«. In einer Familie, in der Sexualität und ihr Inhalt Liebe etwas Selbstverständliches sind, kann das im engeren Familienkreis gut herauskommen und das Selbstbewusstsein der Betroffenen heben. Aber natürlich ist immer auf die geistig-seelische Reife der Tochter zu achten und diese abzuwarten. Allerdings ist auch zu bedenken, dass wohl aufgrund der Überfütterung mit Milchprodukten besonders in den USA die Akzeleration schon sehr weit fortgeschritten ist. Bereits über die Hälfte der Mädchen soll dort schon vor zehn ihre erste Periode bekommen. Sie sind dann aber noch über acht

weitere Jahre juristisch von allem Sexuellen streng ausgeschlossen …

Sind andererseits Freunde eingeladen, die damit unsicher und offenen natürlichen Umgang mit Geschlechtlichem nicht gewöhnt sind, kann deren Unsicherheit in entsprechend blöde Witze und Verkrampfungen entgleisen.

Ein entsprechendes Fest lässt sich auch im Familienkreis feiern, wobei die Eltern die Gelegenheit wahrnehmen könnten, darauf hinzuweisen, dass die Tochter von jetzt ab in der Lage und »berechtigt« sei, die Mutter bei verschiedenen Gelegenheiten zu »vertreten«. Sie könnten auch darauf eingehen, was es für sie bedeutet, von nun an von der Elternrolle mehr zurückzutreten, und was es für die Tochter parallel dazu heißt, sich erwachsener zu verhalten. Besonders wichtig wäre eine offizielle Klarstellung der Eltern, dass es gut und richtig für Kinder ist, ihre Eltern in vieler Hinsicht zu überflügeln. Ähnliches ließe sich natürlich für Söhne inszenieren.

Beim Stand der Dinge sollte aber an erster Stelle stehen, was sich die Tochter selbst wünscht. Die Frage ist dabei natürlich, wie es um ihre Scham steht, wo ihre Schamgrenze ist. Alles Schamlose sollte unbedingt unterbleiben, denn es schadet sicher mehr, als es nützt. Eltern sollten unbedingt die Privatsphäre und Intimität der Tochter achten. Das Gegenteil von »gut« ist unter anderem nach Bertolt Brecht (1898–1956) oft gar nicht »böse« oder »schlecht«, sondern »gut *gemeint*«. Die Pubertät als ursprünglich natürlicher Loslösungsprozess von den Eltern könnte dabei eine besonders schwierige Zeit sein und mehr auf Abgrenzung von den Eltern als auf gemeinsames Feiern hinauslaufen. Am wichtigsten sind wohl, weit vor Feiern, entspannte Gesprächsbereitschaft und kundige Unterstützung mit Rat und Tat und benutzerfreundlichen Menstruationshilfen. Wo sich eine Betroffene – egal, in welchem Alter – eine entsprechende Feier wünscht, könnte eine Party aber auch ein tolles Übergangsritual für sie sein, denn tatsächlich gibt es rein gar nichts zu schämen.

> *Pubertätsreisen:* Wie gesagt bieten Reisen für die Ausfliegenden und die Zurückbleibenden gleichermaßen unvergleichliche Chancen, sich in die neue Situation hineinzufühlen und -finden sowie mit der veränderten Rolle vertraut zu machen. Kinder fliegen aus, um ihre Flügel zu trainieren und mit Verantwortung für ihr eigenes Leben umgehen zu lernen. Man könnte ihnen Ikarus' Geschichte mit auf den Weg geben als Warnung, dabei zu hoch hinauszuwollen, und Parzivals, um Mut zu machen, was Sinnfindung und Neugierde zu Fragen betrifft.
Das Alter sagt dabei wenig über die notwendige Reife der Pubertierenden aus. Sie sollten aber zumindest von sich aus wollen und nicht gedrängt werden.
Wo die Reise hingehen soll, bestimmt am besten das Herz der Betroffenen.
Das »nötige Klein- und Reisegeld« für den Ausflug sollten die Reisenden am besten selbst besorgen oder jedenfalls dazu beitragen. Das Sponsoring der Eltern sollte gerade jetzt aufhören, den Kindern und ihrer Entwicklung zuliebe.
Die Gefahren des Wegs sind als Herausforderungen und Förderungen mit höchstem Lernpotenzial darzustellen und weder zu über- noch zu untertreiben.
Rucksackreisen bieten den Vorteil, dass sie die jungen Himmelsstürmer von vornherein zwingen, das eigene

Gewicht und den »Backpack« mit den *not*wendigen Dingen in eigener Verantwortung zu tragen, mit Geld über längere Zeiten auszukommen und selbst für die Erfüllung eigener Ansprüche zu sorgen. Selbstständigkeit und -versorgung gehören ebenso dazu wie Mut und Freude am Erkunden neuer Lebensbereiche. Das nötige Reisegeld selbst zu verdienen, würde das Ritual noch vertiefen.
Au-pair-Zeiten ließen sich wie gesagt in ähnlicher Weise rituell als Chance zu Neuanfängen auf noch unbekannten Ebenen laden, und zwar für Töchter wie auch für Söhne.
Wichtige vorher zu erfüllende Voraussetzungen sind etwa das Abschließen kindlicher Verpflichtungen wie das Ab- beziehungsweise Weitergeben von Stofftieren und anderer Lieblingsspielzeuge der Kindheit. Überhaupt gilt es, Abschied zu nehmen von allem, was im Land der Kindheit und in der Heimat zurückbleiben muss, während man sich selbst auf den Weg macht.
Rituelles Verbrennen auf einem Scheiterhaufen des Abschieds ist besonders wirksam. Was das Feuer mitgenommen hat, ist für Symbolvertraute definitiv ein für alle Mal weg.

- *Elternreisen:* Natürlich lässt sich der Spieß auch sinnvoll umdrehen. So könnten Eltern ebenso wieder allein ausfliegen und ihren Kindern die Sorge für Haus und Hof übertragen. Während die Jungen zu Hause erwachsen spielen, hätten die »Alten« zweite Flitterwochen und könnten in aller Ruhe zurückschauen auf bewegte Zeiten, die hinter ihnen und vor den Kindern liegen.

- *Baumritual:* Man könnte einen jungen Baum zur Feier der Pubertät pflanzen, der dann mit dem Mädchen oder

Jungen wächst und in seinen Wachstumsphasen zum Spiegel wird. Besonders geeignet sind Bäume wie der Walnussbaum, der lange braucht, bis er Früchte trägt.

> *Medizinradritual:* Das Medizinrad indianischer Traditionen eignet sich für vielfältige Orientierungsrituale. Schon der Bau eines solchen Mandalas an einem flachen Platz in der Natur kann rituellen Charakter bekommen: Acht große Steine markieren die fixen Punkte an den acht markanten Plätzen der Windrichtungen. Der Osten steht in dieser Windrose für das kleine Mädchen, der Westen für die erwachsene Frau, der Süden für den kleinen Jungen, der Norden für den erwachsenen Mann. Die einfachste Übung ist, auf den Plätzen des jungen und des alten Menschen zu meditieren und die Bilder und Gedanken zu beobachten, die dabei aufsteigen.

> *Ballonritual:* Dieses ließe sich als Heißluftballon-Reise inszenieren, bei der uns die Winde des jeweiligen Augenblicks tragen, wohin immer sie gerade wehen. Lediglich an der Höhe lässt sich etwas ändern. Insofern wäre solch eine Reise ein besonders deutlicher Spiegel der Lebensreise, bei der wir ja auch nur die Ebene, aber nicht das Muster bestimmen können. »Vom Winde verweht« könnte der Titel dieser Ballonfahrt sein. Die Fragen sind: Wo lande ich dabei? Wie geht es mir, wenn der Wind meine Richtung bestimmt, wenn ich mich anvertraue?

> *Ritual für die Eltern Pubertierender:* eine gemeinsame Meditation über die zwei großen Elternaufgaben – den Kindern zuerst Wurzeln und dann Flügel wachsen zu lassen. Wird solch eine Meditation in Form einer ge-

meinsamen *Reise nach innen* von beiden Eltern rechtzeitig und regelmäßig unternommen, könnten sie sich in der inneren Seelen-Bilder-Welt und in der Tiefe der Trance sicher leichter über viele Fragen der Erziehung und Sorge für den Nachwuchs einigen.

Die Adoleszenz

Der kolumbianische Schriftsteller und Journalist Gabriel García Márquez (1927–2014) brachte es auf den Punkt, als er formulierte: »Die Menschen werden nicht an dem Tag geboren, an dem ihre Mutter sie zur Welt bringt, sondern dann, wenn das Leben sie zwingt, sich selbst zur Welt zu bringen.«[40] Werner Clemens-Walter (1943–2019), der »Erfinder« der Spruchpostkarten, formulierte es noch plastischer: »Du fragst mich, was soll ich tun? Und ich sage: Lebe wild und gefährlich, Artur.«[41]

Diese beiden Zitate könnte man als Mottos über die Entwicklungsphase der sogenannten Adoleszenz stellen (lat. *adolescere* [heranwachsen]), der Zeit zwischen später Kindheit über die Pubertät bis zum vollen Erwachsensein. Bei uns kontrastiert zum Phänomen der Akzeleration, der stetig zunehmenden körperlichen Entwicklungsgeschwindigkeit, parallel die Verlangsamung der seelischen Entwicklung (lat. *accelerare* [beschleunigen, vorantreiben.]) Unsere Jugendlichen erreichen die Pubertät schneller als alle ihre Vorgänger, fallen aber seelisch immer weiter zurück. Für ersteres Phänomen dürfte Ernährung mit viel mehr Eiweiß, insbesondere Milchprodukten, verantwortlich sein. Die US-Mädchen kommen – wie erwähnt – immer früher zur Geschlechtsreife. Jungen fallen in Deutschland nachweislich in allen weiterführenden Schulen zurück.

Ist für die Beschleunigung der physischen Entwicklung reichhaltigere Nahrung entscheidend, drängt sich der Verdacht auf, für die Verlangsamung der seelischen Entwicklung sei minderwertigere seelische Nahrung verantwortlich. Persönlich halte ich die geistig-seelische Kost *(Mind Food)* für noch ungleich wichtiger als die körperliche *(Peace Food)*.[42]

Statt Lebensmitteln für die Seele bekommen Jugendliche heute auch in dieser Hinsicht nur Fast Food. Das mag zwar zum *Über*leben reichen, aber nicht zum Leben. Und Leben ist so viel mehr als Überleben. Entwicklungsrückstände sind logische Folge. Selbst Überleben ist nicht mehr so sicher. Die hohen Suizidraten in kult(ur)losen Gesellschaften betreffen auch zunehmend junge Menschen.

Tatsächlich wären moderne Jugendliche mit der endgültigen Abnabelung zu Pubertätszeiten völlig überfordert. So rückt diesbezüglich die Adoleszenz in den Mittelpunkt. Sie bietet die Chance, den schwierigen Prozess der Abnabelung doch noch abzuschließen. Diese zweite Gelegenheit der Lösung vom äußeren Nest etwa zum Zeitpunkt der schulischen Reifeprüfung entspricht in vielem der ersten vom inneren Nest in der Gebärmutter. Der mit der Pubertät begonnene Prozess des Erwachsenwerdens sollte spätestens nun zum Abschluss kommen. Anderenfalls werden sowohl die Entwicklungswege der Kinder- als auch der Elterngeneration blockiert.

Frauen fällt die Abnabelung von zu Hause in verschiedener Hinsicht leichter als Männern. Entsprechend dem in vielen Kulturen verankerten Muster verlassen sie ihr Zuhause und folgen ihren Männern in deren Haus. Was persönlich oft eine Härte darstellt, hat doch verschiedene Vorteile. Selbst wo *sie* nur die elterliche Bevormundung durch die des Ehemannes und seines Klans ersetzt, kommt es doch zur Abnabelung. *Er* fällt nach kurzem Ausflug zwecks Brautschau ins heimische Nest zurück und bleibt mit den alten Mustern verbunden oder konfrontiert. Frauen wechseln neben dem Haus und dem Umfeld oft auch die Gegend und bleiben so flexibler.

Obwohl dieses Muster in unseren Breiten weitgehend überholt erscheint, wirkt es bei genauerem Hinschauen auch hier weiter und ist nur schwer abzuschütteln.

Der zweite bereits erwähnte wesentliche weibliche Vorteil liegt in der Fähigkeit, Kinder zu bekommen und auf diese Weise aus dem Venusmuster in die mütterlich-mondige Phase zu wechseln, wo mit der Mutterliebe natürlicherweise eine selbstlosere, reifere Form von Liebe zum Zuge kommt. Am wichtigsten aber ist das Erlebnis des Gebärens selbst, das fast immer den Reifungsschritt zur erwachsenen Frau mit sich bringt und das Ritual der Schwangerschaft mit diesem Höhepunkt beschließt. Dabei wird auch das eigene Geburtstrauma als letzte Stufe des Einweihungsrituals ins Erwachsensein nochmals durchlebt. Es stellt am nachhaltigsten das Du neben das Ich.

Die Adoleszenz ist die letzte gute Chance, erwachsen zu werden. Was aber heißt das? Ist es die Volljährigkeit, die wir Mitte der Siebzigerjahre von 21 auf 18 Jahre herabgesetzt haben? Offensichtlich gibt es Jugendliche, die mit fünfzehn recht erwachsen dastehen, und andere, die mit fünfzig noch weit davon entfernt sind. Über die Quantität der verlebten Zeit lässt sich Erwachsensein offenbar nicht definieren. Für eine wirkliche Reifeprüfung ließe sich bezüglich der Kriterien wohl keine Einigkeit erzielen. Die Überwachung ihrer Erfüllung erschiene unmöglich.

Ganz offenbar ist es eher die Qualität der durchlebten Zeit, die Erwachsensein ausmacht, etwa ein mit wunderbaren Seelenbildern gefülltes Bilderbuch der Seele. Qualität aber lässt sich kaum messen, höchstens ermessen.

Das Fehlen objektiver Kriterien lässt Prüfungen sinnlos erscheinen. Trotzdem gibt es gewisse Parameter, anhand derer sich einschätzen lässt, inwieweit das Thema »Erwachsensein« gelöst ist. Sie haben subjektiven Charakter und sind eher in ihrer Gesamtheit aussagekräftig: Erlöstes Erwachsensein impliziert die grundsätzliche Bereitschaft,

- kindliche Heile-Welt-Vorstellungen aufzugeben,
- frühere Versorgungsansprüche loszulassen,
- Konsequenzen aus dem eigenen Handeln zu ziehen, abzuschätzen und zu tragen,
- Verantwortung für sich und andere zu übernehmen,
- Projektionen aufzugeben und die Umwelt als Spiegel zu begreifen,
- sein Leben mehr am Heil als am Wohl zu orientieren.

Erlöstes Erwachsensein ist auch die Lust,

- zu wachsen und sich zu entwickeln,
- Grenzen zu erkennen und nötigenfalls zu überschreiten,
- seine Berufung zu finden und anzunehmen,
- seinen eigenen unabhängigen Weg zu wählen und zu gehen,
- sich an der Tageshochform zu erfreuen, das wäre die Lebensmitte, die Klimax,
- die eigene Reife zu genießen.

Erlöstes Erwachsensein bedeutet bezüglich einer Partnerschaft die Bereitschaft,

- sich körperlich-materiell, seelisch und geistig für diese einzusetzen,
- den Partner in guten wie in schlechten Zeiten als Spiegel wahr- und wichtig zu nehmen,
- gemeinsam durch Krisen zu gehen, statt leichtfertig den Partner zu wechseln,
- die Beziehung überwiegend zum Heil statt nur zum Wohl anzustreben nach dem Motto »Gegensätze ziehen sich an«, statt nur »Gleich und gleich gesellt sich gern«,
- sich vom Ich zum Du zu entwickeln,
- sein Gegenüber zu erkennen.

Fragen zur Adoleszenz

Die Rituale zur Adoleszenz sind praktisch identisch mit denen zur Pubertät, ist die Adoleszenz doch das aufgeschobene Erwachsenwerden. Zur eigenen Standortbestimmung kann die Reflexion folgender Fragen hilfreich sein (siehe auch »Ein Wort zuvor« am Anfang dieses Buches):

1. Wie frei bin ich von meinen Eltern?
   > Wo verbringe ich die Festpunkte des Lebens wie Weihnachten und Ostern?
   > Wie freiwillig kehre ich nach Hause zurück?
   > Wo ist mein Zuhause? Habe ich es zu einem eigenen gebracht? Oder ist es immer noch das alte elterliche?
   > Wie oft und bei welchen Gelegenheiten denke ich: »So wie meine Mutter/mein Vater will ich nie werden?«

2. Kann ich mich auf das Leben einlassen?
   > Bleibe ich in Beziehungen nur so lange, bis sich Herausforderungen und Schwierigkeiten ergeben, oder halte ich durch?
   > Gibt es in meinem Leben Tendenzen, den ewigen Jüngling/die ewige Jungfrau zu spielen?
   > Kann ich beruflich meinen Weg verfolgen? Oder resigniere ich bei Problemen?

3. Gibt es Suchttendenzen bei mir?
   > Sind Gewohnheiten zwingend geworden?
   > Treten Ängste auf, wenn ich bestimmte Dinge nicht bekomme?
   > Erlebe ich Momente von Ekstase?

> Welche Rolle spielt die Suche nach Lebensweg und -sinn für mich?

4. Kann ich mich als Teil einer Gruppe gleichgeschlechtlicher Partner fühlen?

5. Begegne ich dem anderen Geschlecht offen und direkt?
   > Ist meine Sexualität auf Erwachsenenniveau?
   > Oder stehe ich nur auf väterliche Männer oder mütterliche Frauen?
   > Muss ich mich dauernd durch Eroberungen beweisen?
   > Ist meine Sexualität erfüllend und befriedigend?

Beziehung und Partnerschaft

Eine Beziehung ist natürlich nicht an sich eine Lebenskrise, aber häufig deren Beginn. Wird sie beispielsweise missbraucht, nur um dem Elternhaus zu entfliehen, ist sie in aller Regel der Startschuss für eine Krise. Ob man möglichst früh elterlicher Gängelei entkommen will oder erst spät, um sich überhaupt noch zu befreien, ist im Hinblick auf das Krisenpotenzial fast gleichgültig. Häufig kommt hinzu, dass in solchen Situationen oft der respektive die Erstbeste ergriffen oder geheiratet wird. Kaum jemand hätte Zweifel daran, dass eine reine Zweckehe, um zum Beispiel als Asylsuchende(r) einem repressiven staatlichen Regime zu entkommen, als Beziehung wenig Chancen hat. Warum sollte eine Beziehung, die geschlossen wird, um einem autokratischen Elternhaus zu entkommen, mehr Chancen haben? Der Zweck der Heirat ist in solchen Fällen durch die Hochzeit erfüllt, und danach gibt es eigentlich keinen Grund mehr, die Ehegemeinschaft aufrechtzuerhalten. Bleibt man trotzdem zusammen, etwa um »den Schein zu wahren«, ist das in jeder Beziehung notwendige Wachstum weitgehend blockiert.

Verfolgt nur ein Teil einen bestimmten Zweck und täuscht bewusst oder unbewusst den Partner in dessen Erwartungen an ein gemeinsames Leben und Wachsen, hat die Beziehung ebenfalls schlechte Karten. Im weiteren Sinne ist also »Heiratsschwindel« viel verbreiteter, als gemeinhin angenommen wird.

Bei dem Schritt in die Partnerschaft oder Ehe unehrlich sich selbst und/oder dem Partner gegenüber zu sein, wird spätestens im Laufe der Zeit offenbar und sorgt für Zündstoff. Spekulative Partnerschaften, die im Hinblick auf Mitgift, Einfluss, Status oder andere Vorteile geschlossen werden, wandeln sich tendenziell in Gefängnisse, die Entwicklung und Entfaltung behindern, statt sie zu fördern.

Kommt noch eine rituelle Besiegelung wie zum Beispiel durch das katholische Ehesakrament hinzu, schließt sich die Falle auch in energetischer Hinsicht. Denn die Vorstellung, einen zeremoniell besiegelten Bund durch profane Gerichtsurteile oder Unterschriften mehr oder weniger problemlos wieder lösen zu können, ist eine verbreitete Illusion. Die Macht von Ritualen wird, wie weiter vorn schon erwähnt, dabei naiv unterschätzt. Unzählige Paare leiden unter diesem Irrtum. Noch Jahre nach der Trennung definieren sie alle weiteren Partner(innen) nach der oder dem ursprünglich Angetrauten, von der oder dem sie, räumlich und rechtlich längst getrennt, im übertragenen Sinn nicht loskommen.

Juden haben stimmigerweise ein Scheidungsritual (Get-Ritual), bei dem der Rabbiner den Scheidungsbrief übergibt. Die katholische Kirche kennt zwar ebenfalls dergleichen, doch ist es den meisten unbekannt. Es gibt offenbar sogenannte Kasualgottesdienste, das heißt für geschlossene Gruppen organisierte Feiern wie auch bei der kirchlichen Trauung. Daran nehmen nur geladene Gäste teil. Paare, die diesen Schritt wagen, erleben ihren Scheidungsgottesdienst offenbar als befreiend nicht nur für sich, sondern auch für ihre Familie, Verwandten und Freunde. Die Botschaft ist: Wir gehen würdevoll auseinander.

Die evangelische Kirche bedarf weniger dringend entsprechender Zeremonien, da ihre Rituale im Zuge der Reform(ation)en über die verbindliche Form auch die bindende Kraft weitgehend verloren haben.

Allerdings nimmt die Zahl rituell geschlossener Ehen mit dem Verfall der Kirchen rapide ab, was dazu führt, dass Eheleute noch weniger halten, was sie sich versprechen. In Ländern mit atheistischer Staatsideologie wurde dieses Phänomen besonders deutlich. Groteskerweise versuchte man dort sogar kirchenähnliche Zeremonien nachzuahmen, weil sich der Verdacht bestätigte, dass ohne Ritus geschlossene Ehen nicht bestehen.

Bei den Eheversprechen ist der Schatten der Versprecher wohl am deutlichsten. Je weniger die vorangegangenen Lebenskrisen bewältigt wurden, desto größer sind die in Beziehungen eingebrachten Hypotheken. Auch bei einer sogenannten Liebesheirat wird der Partner mit der Zeit Eigenschaften spiegeln, die man bei sich selbst nicht leiden kann. Zu Anfang verliebt man sich in all die wundervollen Charakterzüge, die man bei sich auch sieht oder doch gern sehen würde und noch zu entwickeln hofft. Mit der Zeit tritt der bekannte Gewöhnungseffekt ein, und dann tauchen allmählich all jene Eigenschaften auf, die man nie bei ihr oder ihm vermutet hätte. Es sind gerade die eigenen, bei sich selbst abgelehnten Züge, die man nicht wahrhaben und deshalb auch nicht wahrnehmen möchte, die einen so sehr abstoßen, dass man sie weit verdrängt hat. Wenn sie nun beim Partner herauskommen, ist das besonders ärgerlich und störend.

Prinzipiell wäre uns ein Partner am liebsten, der keinerlei unserer Schatten spiegelt, sondern nur unsere Schokoladenseite beleuchtet. Das entspricht dem vergeblichen Traum ewig andauernder Verliebtheit – an solcher Partnerschaft ließe sich vordergründig gesehen viel genießen, aber wenig lernen.

Der Jungianer Adolf Guggenbühl-Craig (1923–2008) unterteilte Beziehungen in zwei Grundkategorien. Er sprach von der »Partnerschaft zum Wohl«, die angenehm ist und nicht zu ständiger Schattenkonfrontation zwingt, und jener »zum Heil«, die zu permanenter Schattenarbeit nötigt. Das wurde schon angedeutet. Der Volksmund formuliert dasselbe in zwei Sprichwörtern, um die sich alle Partnerschaften drehen. »Gleich und Gleich gesellt sich gern« zielt auf die *Partnerschaft zum Wohl* ohne große Entwicklungstendenzen. »Gegensätze ziehen sich an« meint die *Partnerschaft zum Heil,* in der dauernd der Schatten hervorbricht und zu bearbeiten, das heißt zu integrieren ist.

In der Beziehung zum Wohl dominiert der Anspruch, der Partner möge für mein Wohlergehen sorgen. Häufig entwickelt sich ein oberflächlicher Gleichklang, der von der Ähnlichkeit der Partner lebt, aber die Gefahr der Scheinharmonie impliziert. Diese Beziehung lebt von der Illusion, es ginge um Harmonie und darum, das Himmelreich auf Erden, das heißt im Außen, zu verwirklichen.

Wirkliche Harmonie gelingt schwer, aber doch eher über die Beziehung zum Heil. Sie braucht Entwicklungszeit und hat nichts Oberflächliches – mit der griechischen Göttin Harmonia (römisch Concordia) im Bunde, die ein Kind der Liebesgöttin Aphrodite (Venus) und des Kriegsgottes Ares (Mars) ist und spürbar von beiden lebt. Diesem Muster sollte die christliche, von einem Sakrament gedeckte, also von einem heiligen Bund besiegelte Ehe entsprechen. In dem Maße, wie sie *heil*ig sein will, müsste sie sich am *Heil* orientieren. Die Grundidee ist, dass wirkliche Ehen im Himmel geschlossen werden und die beiden Eheleute mit Gott im Bunde sind. Himmel und Gott stehen gleichermaßen für die Einheit, und diese entspricht dem Heil(igen).

In der Praxis handelt es sich natürlich meist um Mischungen der beiden »Ideale« beziehungsweise Extreme »zum Heil« und »zum Wohl«. Man kann davon ausgehen, dass Liebesheiraten später mehr in Richtung Heil tendieren, während sogenannte Vernunftehen, wie sie traditionell von Eltern gestiftet wurden, sich eher zum Wohl entwickeln. Je größer die Unterschiede zwischen den beiden Liebenden, desto mächtiger muss die Verliebtheit sein, um diese Kluft zu überwinden.

Sich ineinander zu verlieben, heißt, in Resonanz zu gehen, sich auf ein neues gemeinsames Niveau einzuschwingen. Je weiter der Weg ist, den beide aus ihrer gewohnten Schwingungslage zurücklegen müssen, um sich auf die neue gemeinsame einzustellen, desto deutlicher ist das Verliebtheitsgefühl zu spüren. Das ist aber auch der Grund, warum besonders heiße Liebe so häufig in kalten Hass umschlägt. Sobald nämlich der oder die Heißgeliebte beginnt, jene ganz andere Seite zu zeigen, und die Beziehung nicht als Chance zum gemeinsamen Wachstum durch Integration fehlender Anteile genutzt, sondern zum Projizieren missbraucht wird, entsteht hier gewaltiger Sprengstoff.

Der Volksmund bezeichnet beispielsweise die Partnerin als »bessere Hälfte« und hat insofern recht, als sie die andere und für einen selbst fremde und damit wichtigere Seite der Wirklichkeit spiegelt. Je heißer die ursprüngliche Liebe, desto größer sind also die Reifungschancen der Beziehung, desto mächtiger ist aber auch die Gefahr, in Projektion kaltem Hass zu verfallen.

Bei der Vernunftehe ist die zu überwindende Kluft in der Regel geringer, hat man doch einen Partner gesucht oder suchen lassen, der zu einem passt. Gefühle von Verliebtheit werden allerdings, falls überhaupt vorhanden, entsprechend schwächer ausfallen, aber auch das Hasspotenzial und adäquate Entwicklungschancen. Tatsächlich sind solche Beziehungen bei herrschender entwicklungsfeindlicher Grundtendenz und der verbreiteten Lust am Projizieren oft haltbarer mangels entsprechenden Sprengstoffs.

Diese Informationen stammen übrigens von einem Schweizer Ehepaar, das ich über die Psychotherapie kennenlernen durfte und das über Jahrzehnte Partnerschaftsvermittlung betrieb und seine Ergebnisse überprüfte und analysierte.

Je mehr Schatten jemand im Laufe des bisherigen Lebens aufgehäuft hat, etwa durch nicht integrierte Entwicklungsschritte, desto mehr kann die Partnerschaft hervorholen und sich desto schwieriger gestalten. Umso chancenreicher ist sie aber auch, denn der Schatten ist unser größter Schatz. Aus Sicht der spirituellen Entwicklung ist Schattenintegration der vorrangige Sinn von Partnerschaft.

Entwickelte sich etwa in der Intrauterinphase kein Urvertrauen, fällt auch das Vertrauen im Allgemeinen gering aus. In der Partnerschaft wird folglich als Ergänzung Vertrauen gesucht und anfangs vielleicht auch gefunden. Mit der Zeit aber wird der Schatten bemerkbarer und der Vertrauensmangel auf den Partner projiziert. Ist Enge und Angst aus dem Geburtskanal nicht verarbeitet, kann schnell alles zu eng werden und beängstigen. All den Besonderheiten des eigenen Geburtsmusters kann man in der Partnerschaft wiederbegegnen. Da mag man sich bei jeder Herausforderung erst einmal querlegen oder grundsätzlich in Opposition gehen, alles überstürzt in Angriff nehmen oder sich durch Schwierigkeiten vom Partner hindurchzerren lassen und sich ohne erkennbare Eigenanstrengungen immer auf dessen Hilfe verlassen.

Eine nicht verkraftete Pubertät kann sich zu einer ebenso schweren Hypothek für die Beziehung entwickeln. Nicht wirklich erwachsen geworden, kann man natürlich keinen erwachsenen Partner abgeben. Sucht er sich nach dem Motto »Gleich und Gleich gesellt sich gern« ein anderes Kind, können sie so lange miteinander spielen, bis einer von beiden sich weiterentwickelt. In solchen Konstellationen ist Psychotherapie oft systemsprengend, regt sie doch zur Eigenentwicklung an.

Verbindet sich ein Kindpartner mit einem »Erwachsenen«, wird es noch spannender. Oft wird er jedoch statt eines wirklich Erwachsenen eher einen Elternrollenspieler finden. Während das Kind im Partner unbewusst die eigene Zukunft sucht, wird der »erwachsene« Partner an ihm die eigene verlorene Kindlichkeit schätzen. Die Chancen liegen dann darin, erwachsen zu werden, indem er das ihm Fehlende und vom Partner Gespiegelte integriert. Der andere kann das »goldene« Kind in sich in Form von Kreativität, Spontaneität, Mut und Lebendigkeit entdecken, das ihm fehlt und vom Partner, wenn auch unerlöst, so doch prinzipiell vorgelebt wird.

Gefahr droht, wenn sich der Kindpartner vom »Erwachsenen« überfordert fühlt und sich wehrt nach dem Motto »Verschone mich vor deinen Ansprüchen und deiner rechthaberischen Von-oben-herab-Art und hör auf, Freude und Spaß in meinem Leben zu zerstören«. Der »Erwachsene« könnte von Naivität und Kindlichkeit seines Gegenübers genug *krieg*en, statt die Wachstumschance zu ergreifen, und kontern: »Werde erst mal erwachsen.«

Wer die Lösung von Mutter und Vater nur durch Heirat von deren Double geschafft hat, lebt in dauernder Hoffnung, die Loslösung doch noch zu bewältigen und sich zu befreien (aus der Beziehung). Irgendwann »durchschaut« er den Partner und entdeckt all das, was ihn schon an Mutter und Vater genervt hat. Hier führt der eigentlich gesunde und anstehende Schritt voran zur Trennung.

Die einzige Chance, diese zu verhindern, läge darin, eine ganz neue Ebene der Beziehung in gemeinsamer Anstrengung zu finden, bei der eine(r) erwachsen wird und der/die andere am geheirateten Kind sein/ihr inneres Kind entdeckt und verwirklicht.

Nicht zur Abnabelung genutzte Adoleszenz verrät sich oft schon daran, dass direkt aus dem Elternhaus in die Ehe gewechselt wird, was nur den Ort des Unglücks verlagert. Mangelnde eigene Verantwortung wird zum Leitthema. Nach dem überkommenen Muster bitten Ehefrauen ihren Mann um Haushaltsgeld wie zuvor den Papa um Taschengeld. Manch alte christliche Hochzeitsrituale verfestigten dieses Grundmuster noch und animierten den Mann, »seine kleine Frau« väterlich zu behandeln, und sie, ihm wie ein Kind zu gehorchen. Klassischerweise »empfängt er sie« bei der

Ehe*schließung* zeremoniell aus der Hand ihres Vaters, nachdem er bei diesem vorher erfolgreich um die angehalten hatte, um dann selbst in die Vaterrolle zu schlüpfen.

Auch das Umgekehrte kommt immer häufiger vor: »Reifere Frau hilft Kindmann auf die Sprünge.« In erotischer Hinsicht ist das sogar bei Jungen sehr beliebt, hilft sie ihm doch ohne Angst zum vielfach ersten Schritt in die erwachsene Welt und übernimmt auch weiterhin die wesentliche Verantwortung.

Das Muster erhält sich, da Mädchen gleichaltrigen Jungen entwicklungsmäßig meist deutlich voraus sind und so in erotischer Hinsicht viel häufiger die Initiative ergreifen, als es herrschender Ideologie entspricht. Entstehen aus solchen Konstellationen Beziehungen und sogar Ehen, wird ebenfalls die Weiterentwicklung eines Partners zum Problem für das labile Gleichgewicht und gefährdet die Beziehung, die dazu tendiert, Entwicklung auszuschließen, um sich nicht infrage zu stellen.

Beziehungen können auch eine Fülle anderer auf dem bisherigen Entwicklungsweg ausgesparter Probleme auffliegen lassen. Andererseits offenbart jede am Partner auftauchende unerfreuliche Seite eine Chance, ein Stück eigenen Schatten zu entdecken und zu integrieren. In der Praxis fordern allerdings die meisten von ihm, damit aufzuhören, diese ärgerliche (eigene Schatten)seite zu demonstrieren, und fordern auf, sie zu demontieren. Bei besonders heftigen dunklen Schatten drohen wir sogar damit, den Partner zu verlassen oder ihn »auszutauschen«.

Glaubt ein Partner etwa, schon zu weit entwickelt zu sein, um noch Besitzansprüche an andere zu haben, wird er im Fall von unerwarteter eigener Eifersucht dieses Problem ziemlich sicher auf den anderen projizieren. Statt dankbar zu erleben, wie nun auch dieses schwierige und noch auf Aussöhnung wartende Thema bei ihm herauskommt, projiziert er die Enttäuschung über sich selbst auf den Partner und hält ihn für verantwortlich. In Wirklichkeit ist der nur Auslöser für eine noch auf ihn wartende Lernaufgabe.

Wer Enttäuschung nicht dankbar als Ende der (Selbst)täuschung erkennen kann und sie stattdessen auf andere projiziert, ist grundsätzlich auf dem Holzweg.

Auch eine Partnerkrise hat immer einen ungelösten Konflikt als Vorläufer und bietet die Chance, ehrlich zu werden und sich zu entscheiden: Will ich Probleme projizieren und die Flucht vor eigener Entwicklung antreten oder die Schwierigkeiten in Angriff nehmen und mit ihrer Lösung wachsen?

Jede Krise bietet die Möglichkeit, mit bisher offengebliebenen Themen fertigzuwerden. Daher kommt auch die Erfahrung, sich nach überstandenen Krisen in gereifter Beziehung gestärkt zu fühlen.

Statt Eifersucht ließe sich in diesem Beispiel jedes beliebige Thema setzen von Machtstreben über Geltungssucht bis zu Geiz. Am anderen kann nur stören, was im eigenen Bereich ungelöst ist. Je mehr etwas stört, desto stärker die Betroffenheit, desto größer aber auch darin liegende Wachstumschancen.

Fragen zur Beziehung

Um die wahren Gründe für Krisen in der Ehe zu erforschen und sie anschließend zu bearbeiten, ist es zunächst einmal sinnvoll, sich beispielsweise folgende Fragen zu stellen und zu sehen, welche Einsichten dazu im Innern aufsteigen (siehe auch »Ein Wort zuvor« am Anfang dieses Buches):

1. In welcher Hinsicht wiederhole ich mit meiner Partnerschaft das Beziehungsmuster meiner Eltern?

2. Habe ich *einen* oder *meinen* Partner gefunden?

> Hatten meine Eltern ein (in)offizielles Mitspracherecht?

> Mit welchem Gefühl habe ich ihnen meine(n) PartnerIn vorgestellt? Wie wichtig war mir ihre Zustimmung?

> Habe ich »Mutter«/»Vater« geheiratet oder das genaue Gegenteil von ihnen?
> Welche Ähnlichkeiten beziehungsweise Gegensätzlichkeiten gibt es?
> Gibt es Tendenzen, meine(n) PartnerIn dem Vater oder der Mutter anzupassen?

3. Strebe ich nach heiler Welt in der Partnerschaft, oder riskiere ich eine »Beziehung zum Heil«?

4. Kann oder könnte ich die Mutter- beziehungsweise Vaterrolle ausfüllen?
> Falle ich selbst häufig wieder in kindliche Muster?
> Bin ich in mancher Hinsicht die älteste Tochter meines Mannes beziehungsweise der älteste Sohn meiner Frau?
> Warum habe ich (keine) Kinder? Was geben sie mir? Was gebe ich ihnen?

5. Wie viel gefühlsmäßigen Einsatz bin ich bereit, für die Beziehung zu leisten?

6. Welche Rollenmuster beherrschen meine Beziehung? Welche Rollen delegiere ich?

7. Wie weit reicht meine Kompromiss-, wie weit meine Konfliktbereitschaft? Gibt es so etwas wie Streitkultur in unserer Beziehung?

8. Worum dreht sich unsere Partnerschaft?

Ideen für Hochzeitsrituale

Bei allen in Beziehungen liegenden Gefahren und Chancen ist die Rolle von Ritualen eine Chance, um Trennungsmöglichkeiten in Entwicklungsschritte zu wandeln. Relikte finden wir etwa im Polterabend, wo von Eheleuten und ihren Gästen altes Porzellan zerschlagen wird, um Scherben vorher statt in der Ehe zu produzieren. Dann bringen Scherben Glück. Altes zerschlagen, damit Neues halten kann, ist die zukunftsträchtige Motivation.

Sich vorher noch einmal richtig auszutoben, steckt hinter Bräuchen wie Junggesellenabschieden. Zerstörerische Energie vorher zu entladen, könnte das Fahrwasser im Hafen der Ehe beruhigen.

Die Vielfalt der Angebote, die auffällig zu ihrem Mangel bei Scheidungen kontrastiert, verdeutlicht die Wichtigkeit der Rituale einmal mehr. Selbst in völlig unreligiösen Gesellschaften wie ehemaligen kommunistischen wird noch erheblicher pseudoreligiöser Aufwand getrieben. Standesämter der sogenannten Ersten Welt, die immer mehr bewusste Rituale aufgibt, bieten inzwischen von der Orgelmusik bis zur Rauchmaschine alles an, um wenigstens noch ein bisschen »kultische« Stimmung zu verbreiten. Auch moderne Ehepaare wünschen das Gefühl, ihr Schritt in die Ehe möge wichtig und bindend sein und nicht nur auf dem Papier stehen.

Tatsächlich ließen sich viele der Bestandteile des kirchlichen Eherituals in Gesellschaften, die immer mehr den Bezug zu den Großkirchen verlieren, auch individuell in Eigenregie nutzen. Sich Eheringe anfertigen zu lassen als Zeichen unverbrüchlicher Verbindung – mit dem Namen der oder des Geliebten –, kann auch ohne staatlichen oder kirchlichen Segen wirken. Paare in der Schweiz werden auf Ebene der Bundessteuer als offizielle Eheleute noch immer steuerlich erheblich bestraft. Eine Reform ist zwar geplant, aber noch nicht umgesetzt. Von daher haben sie durchaus einigen Anreiz, solcher »Sanktion« zu entgehen. Einen emotional geladenen Raum im Kultur- oder Naturbereich aufzusuchen und sich gegenseitig die Ringe anzustecken, ist aber natürlich sowohl allein als auch im Kreis von Freunden möglich, ebenso wie dieses Ritual mit dem anschließenden rituellen Kuss der Liebe zu krönen. Schweizer könnten allerdings versuchen, das kirchliche Ritual bei einem befreundeten Priester oder Pfarrer auch ohne das standesamtlich-staatliche in Anspruch zu nehmen. Sie wären dann im Sinne ihrer Religion verheiratet, blieben aber frei von der staatlichen Steuerstrafe. In den allermeisten europäischen Ländern gilt das Gegenteil, und Verheiratete werden steuerlich bevorzugt.

Die allgemein übliche Hochzeitsreise ließe sich rituell mit Bewusstheit laden und – wie eine Pilgerreise mit tieferem Sinn aufgeladen – als Abbild der gemeinsamen Lebensreise erkennen und deuten. Solchermaßen als Vorschau für die Entwicklung der Lebensgemeinschaft gedeutet, bekäme sie ungleich größere Bedeutung und Ausstrahlung. Außerdem ließen sich auf diese Weise Herausforderungen schon im Vorfeld deuten und Forderungen in Förderungen umwandeln.

Rituale zum Beziehungsmanagement

Eine wichtige Regel zum Beziehungsmanagement lautet, nicht in akuten Krisen Entscheidungen zu treffen, sondern abzuwarten, bis man wieder in einer guten Phase miteinander ist, und sich erst dann einem so grundlegenden Thema diskutierend zu stellen.

Andererseits hat sich auch die biblische Regel bewährt, niemals im Unfrieden zu Bett zu gehen, sondern »seinem Bruder vor Sonnenuntergang zu verzeihen«. Das gilt natürlich für eine Liebes- und Lebensbeziehung noch mehr.

Wenn es Partner schaffen, nie böse oder in der Beziehung gestört oder verunsichert einzuschlafen, ist diese Partnerschaft wirklich weitgehend störungsfrei. Dann kann sich nichts stauen und aufschaukeln. Und zu Beginn von Problemen ist es immer ungleich leichter, alles auszusprechen. Ein weiterer guter Beleg dafür, dass im Anfang schon alles liegt und auch noch gut zu beheben ist! Vergebungsrituale sind generell von großem Wert, wenn dabei die eigenen Anteile am Zerwürfnis erkannt und angenommen und alle Projektionen zurückgenommen werden.

Wundervoll und erhellend ist auch das Ritual, eine Woche oder besser noch einen Mond(zyklus) »in den Mokassins des anderen zu gehen«. Wer mit den Augen des Partners sehen lernt, sieht sich selbst ebenfalls besser, ja, er kann sich aus den Augen des Partners betrachten und sein Selbstbildnis vertiefen. Vor allem aber lassen sich bei diesem Rollentausch die Projektionen sehr leicht zurückholen, versteht man doch die Position des/der anderen so viel besser. Persönlich kann ich sagen, dass uns solch ein Tausch in meiner ersten Ehe auch im Hinblick auf den Umgang mit unserer Tochter sehr geholfen hat.

Bei grundsätzlichen Krisen kann auch helfen, sich gegenseitig zu einem bestimmten Zeitraum aus dem Buch *Das Schatten-Prinzip* täglich vorzulesen und auch die Übungen auf der beiliegenden CD gemeinsam zu erleben und zu besprechen.[43]

»Drüber reden« ist überhaupt ein Zaubermittel. Allein schon sich gegenseitig die eigenen Fantasien zu erzählen, etwa in Hinblick auf sinnlich-erotische Wünsche, kann über berauschende und oft sogar ekstatische Liebesfeste die Beziehung am Leben erhalten.

Eine schöne Möglichkeit ist wie schon gesagt auch, gerade wenn Kinder in die Beziehung kommen, sich als Eltern einen Ritualtag oder besser noch ein Wochenende zu gönnen, das ganz der Beziehung gewidmet ist. Selbst ein Nachmittag oder Abend ist »besser als nichts«. Ein Essen im gemeinsamen Lieblingsrestaurant bietet eine gute Gelegenheit, sich wieder näherzukommen und Zeit zu schenken.

Ein schönes Ritual ist auch, bewusst gemeinsam zurückzukehren zu schönen Erfahrungen und ihren Orten: Verliebte Spaziergänge lassen sich jederzeit wiederholen, und nicht selten kommt mit den Erinnerungen auch die Liebe zurück.

Generell ist die Rückkehr an Orte großer Liebe(serfahrungen) gut geeignet, sich zu den Gefühlen dieser großen Liebe zurückzuträumen und wunderschöne Erinnerungen wiederzubeleben.

Auch das gemeinsame Anhören von Lieblingsmusik oder dem einen Beziehungslied kann sehr helfen, den Kontakt zum wundervollen Anfang wiederzufinden und zu beleben. Regelmäßige Konzert- oder Theaterbesuche können Ritualcharakter bekommen. Schöne Erfahrungen bewusst rituell zu wiederholen, kann die Lebendigkeit erhöhen.

Scheidungsrituale und Trennungsmanagement

Paare, die sich entschlossen haben auseinanderzugehen, sollten ebenso wie beispielsweise die Hochzeit auch ihre Trennung mit einem Ritual besiegeln, um sie wirklich – also ebenso auf energetischer Ebene – zu vollziehen. Im Folgenden sind einige Optionen beispielhaft aufgeführt.

Eine Möglichkeit ist, wesentliche Punkte der Beziehung als Rollenspiel durchzuspielen oder als geführte Meditation durchzuerleben: Kennenlernen, Verlieben, erste Enttäuschung, den Anfang vom Ende nochmals durchleben, das Dauerproblem wiederholt anschauen, verstehen und erkennen.

Man kann eine inoffizielle rituelle Trennung in der Kirche vornehmen, in der geheiratet wurde: die Ringe rituell wieder abnehmen und zurückgeben, die Hände verbindende Schärpe lösen, ein Band zwischen ehemaligen Eheleuten durchschneiden, einen Knoten rituell lösen.

Oder man teilt rituell, was nicht mehr zusammengeht: ein Hochzeitsfoto mit Achtsamkeit auseinanderschneiden und die beiden Hälften untereinander aufteilen, persönliche Dinge untereinander aufteilen und demjenigen überlassen, dem sie am meisten bedeuten. Auch wertvollen Besitz sollte man nach der seelischen Wichtigkeit, zuletzt materiellen Besitz gerecht verteilen.

Rituell kann man die innere Trennung im feierlichen Rahmen

vollziehen: mit aller Sorgfalt beide Hälften des (gemeinsam zerschnittenen) Hochzeitsfotos mit Bedacht verbrennen oder das ganze Foto den Flammen über- und die Asche Mutter Natur zurückgeben, es vergraben und eine Pflanze der Hoffnung daraufsetzen.

Dinge des verflossenen Partners sollte man bewusst aus der Wohnung entfernen, ihn innerlich rituell von der ersten Stelle im Herzen entfernen und bewusst an anderer, nachgeordneter Position platzieren. Den Partner, mit dem man durch ein gemeinsames Kind verbunden bleibt, stellt man rituell an eine neue Stelle der eigenen Seelenlandschaft; anderenfalls kann er sich im Schattenreich ausbreiten, was erst recht unangenehm werden kann, besonders wenn die Verbindung mit einem gültigen Ritual wie der katholischen Eheschließung geschlossen worden war. Nicht wenige, vor allem Frauen, bleiben an solchen Beziehungen hängen, obwohl sie sich mit einem neuen Partner viel wohler fühlen. In derartigen Fällen helfen Scheidungsrituale besonders.

Wie weiter oben schon erwähnt, übergab ein ehemaliges Ehepaar die Eheringe feierlich im Kreis von Freunden und Scheidungszeugen einem Goldschmied, der sie einschmolz, daraus einen Ring für die Tochter formte und diesen mit einem wertvollen Edelstein verzierte, den die Eltern zusammen ausgesucht hatten und in den sie all ihre Hoffnungen für die Tochter hineinfließen ließen. Am Ende der Fertigung wurde der Ring der anwesenden Tochter feierlich von beiden Eltern gemeinsam angesteckt – mit einem wohlüberlegten Segenswunsch von jedem.

Eine symbolträchtige Verabschiedung ist auch das feierliche rituelle Verbrennen der Heiratsurkunde (in unserer Bürokratiewelt sollte man sie allerdings sicherheitshalber vorher kopieren …).

Oft ist es auch notwendig und für beide Seite hilfreich, das »Kriegsbeil« nach vollzogener Scheidung oder Trennung rituell zu begraben. Es bietet sich ein konkretes oder auch ein passendes Symbol für das Kriegsbeil an, beispielsweise etwas, worüber gestritten oder worum gekämpft wurde.

Nach der Trennung sollte man sich Zeit für die Wanderphase im Niemandsland zwischen zwei Beziehungen reservieren und sich diese Zeit bewusst schenken, statt sich unüberlegt und rasch in eine neue »Zweierkiste« zu stürzen. Ansonsten besteht die Gefahr, der neue Partner könnte als Trostpflaster dienen oder die alte Verbindung noch gar nicht ganz gelöst sein.

In diesem Zusammenhang ist es auch empfehlenswert, sich den Film »Die Braut, die sich nicht traut« aus dem Jahr 1999 anzuschauen (Regie: Garry Marshall) und aus den Fehlern der Hauptdarstellerin zu lernen und an den Einsichten beider zu wachsen.

Spirituelle Krisen

Zum spirituellen Weg gehören Konflikte bei allen Lebensübergangsphasen regelrecht dazu. Immer wieder ist zu unter- und entscheiden zwischen Weg und Welt. Die Welt entwickelt enorme Zugkraft, der schwer zu widerstehen ist, der Weg braucht Kraft, die im Herzen wohnt und möglichst früh anzuzapfen ist. C. G. Jung brachte es, wie so vieles, auf den Punkt: »Dieser Gott wohnt im Herzen, im Unbewussten. Dort ist die Quelle der Angst vor dem unsagbar Schrecklichen und der Kraft, dem Schrecken zu widerstehen.«[44]

Spirituelle Krisen lassen sich zeitlich und inhaltlich kaum eingrenzen. Sie können bereits in frühester Jugend auftreten, aber meist zwischen Adoleszenz und Lebensmitte, wobei die sogenannte Midlife-Crisis auch Züge einer spirituellen Krise entwickeln kann. Es fällt nicht leicht, spirituelle Krisen von der Psychiatrie abzugrenzen, vor allem weil diese bei uns seit C. G. Jung kaum Verständnis für Spirituelles zeigt und ein Sammelsurium von menschlichem Elend verwaltet, das, schwer einzuordnen, häufig mit spirituellen Problemen zu tun hat. Allein aus unserem unbewussten Umgang mit den Nach- und Nahtodzuständen entsteht eine Fülle von Problemen, die zum nicht geringen Teil psychiatrisch (relevant) sind. Letztlich werden bei uns alle PatientInnen, die sich nicht einordnen oder die in der Gesellschaft zu auffällig sind, in die Psychiatrie eingewiesen – von Kriminellen bis zu Suchenden.

Insofern ist Wachsamkeit bei allen psychiatrischen Diagnosen angebracht. Selbst bei klassischen Krankheitsbildern wie Schizophrenie oder bipolarer Störung findet sich immer noch viel Spirituelles hinter den Kulissen von Wahnvorstellungen in den Tiefen der Seele. Der amerikanische Psychiater und Buddhist Edward M. Podvoll (1936–2003) beispielsweise hat hier Pionierarbeit geleistet, die er in seinem erhellenden Buch *Verlockungen des Wahnsinns* darbietet, das später in *Berichte aus entrückten Welten* umgetauft wurde.[45]

Letztlich ließen sich viele Besessenheitsphänomene, nicht verarbeitete Krisen nach Todeserlebnissen, aber auch Suchtprobleme, die sich aus gescheiterter Suche ergeben, spirituellen Krisen zurechnen. Auch sämtliche mit der Esoterikwelle zunehmenden, durch Verdrängungstechniken wie Affirmationen und positives Denken heraufbeschworenen paranoiden Wahnvorstellungen gehören hierher. Vor allem aber ist an jene Phänomene zu denken, die von der spirituellen Tradition als »Kundalini-Prozesse«[46] bezeichnet werden.

Während die große Mehrheit unserer Gesellschaft zu viel Abwehr gegen seelische Prozesse hat, sind einige auch zu offen dafür, besonders wenn sie entweder zu vehement alle möglichen Techniken konsumieren oder sich in einzelnen energetisch zu tief verstricken. Ein sensibler Mensch braucht nur mit einer wirksamen Meditationstechnik zu beginnen, die mit wenig Erdung verbunden ist, zum Beispiel einer Mantrameditation wie der Transzendentalen Meditation (TM).

Wer erste schöne Erfahrungen in seiner Innenwelt macht und allen Warnungen zum Trotz immer mehr meditiert, kann erleben, wie er in kürzester Zeit auf eine erschreckende Weise abhebt, was ich in meinen TM-Jahren bei einigen in meinem Umfeld miterleben musste. Das liegt gar nicht an der Meditationstechnik, sondern an der Übertreibung. Wer unausgesetzt Methoden zur »Auflösung des Egos« ausführt und die Übungen zum Erden weglässt, kann leicht den Bodenkontakt verlieren und in psychotisches Erleben abrutschen. Was ihm da konkret widerfährt, hängt von seiner Seelenlandschaft beziehungsweise seinem Schatten ab. Da können sich wunderschöne Erlebnisse mit grauenhaften Schattendurchbrüchen mischen. Euphorische Stimmungen lassen ihn möglicherweise auf den Schwingen wahnsinnig toller Träume in Gefühlsreichen überwältigender Intensität versinken. Die inneren Bilder bekommen Macht über ihn und überfluten seine nun schutzlose Seele. In Erfahrungen solcher Patientenerlebnisse lassen sich oft spirituelle Anteile deutlich erkennen.

Wer sich von übermächtigen Gefühlen mitgerissen und ins Nichts geschleudert, vom Winde verweht, Angst hat, sich im All aufzulösen, braucht keinen therapeutischen Exkurs über die positive Rolle des Nichts im Buddhismus.

Unbeteiligte mag es faszinieren, wenn PatientInnen sich auf geradezu übersinnliche Weise in andere einfühlen und fremde Stimmungen und Gefühle wie eigene spüren. Natürlich sind das beeindruckende Erfahrungen auf dem Weg, sofern man geerdet und einigermaßen abgegrenzt ist. Für Betroffene sind es aber oft beängstigende Symptome mangelnder Abgrenzung. Es erinnert an den Ausspruch: »Bedenke, was du dir wünschst, es könnte dir gewährt werden!«

Auch die viel besungene, bereits erwähnte Kundalini-Energie, nach der vor allem jene lechzen, die sie noch nie erlebt haben, tritt in solchen Fällen plötzlich sehr unerwünscht in mächtigen Wellen auf, ruiniert den Schlaf und lässt den diesbezüglich unerfahrenen Körper manchmal in einer Weise zucken und zappeln, die Betroffene mit Angst bis Panik erfüllt. Nicht mehr Herr im eigenen (Körper)haus zu sein, wird ihnen auf drastische Art vorgeführt. Der aus Indien stammende Yogi Gopi Krishna (1903–1984) beschreibt, wie selbst eiskalte Bäder die innere Hitze nicht lindern konnten.[47] Das Beängstigendste ist überwiegend die Mischung der Bilder und Gefühle, das anfangs zumeist undifferenzierte Sammelsurium aus persönlichen Erinnerungen, archetypischen Träumen, mythischen und religiösen Mustern, die sich je nach persönlicher Seelenvorgeschichte zu Sünden- und Schuldwahnvorstellungen vermischen können. Auch an sich angenehme Erfahrungen der Erhellung und Momente unglaublichen Durchblicks können selten genossen werden, wenn Angst alles überschattet. Wahrscheinlich ist diese Angst überhaupt das zentrale Thema und Schlimmste an dem Zustand, den Betroffene relativ klar mitbekommen. Das komplette Abtauchen in andere Welten, das Psychosen mit sich bringen, fehlt hier meist. In der Nachtmeerfahrt der Seele, die spirituelle Krisen erzwingen, ist aber genug Bewusstsein da, um unter all den Erscheinungen zu leiden und die Angst zu spüren, sich selbst zu verlieren. Letztlich überflutet sie die Panik, ihr Ego könne sich auflösen. Das ist das große Ziel, aber alles hat seine Zeit. Nie ist Kairos, die richtige Zeit, wichtiger als in solchen Phasen. Das Ego lebt von Abgrenzung, will ständig alles sortieren und fühlt sich nur wohl, wenn es sich unterscheiden kann.

Beim Versuch, das Ego zu transzendieren, was nichts anderes meint, als heil zu werden, muss einem der eigene Schatten begegnen, aber dafür sollte man reif sein. Grundsätzlich ist es ganz in Ordnung, denn er gehört zur Ganzheit dazu. Selbstverwirklichung meint – nach C. G. Jung – Integration des Schattens. Allerdings ist das ein langer Weg, der sichere Führung braucht und nicht zu überstürzen ist. Die Begegnung mit dem Schatten ist zwingend auf diesem Weg, aber nicht Knall auf Fall, sonst knallen tatsächlich die Sicherungen durch, und man fällt der eigenen dunklen Seite zum Opfer. Nicht die Techniken, Übungen, nicht einmal die Drogen, die solche Zustände ebenfalls auslösen können, sind schuld. Verantwortlich sind einzig deren Missbrauch und häufig der Mangel an sicheren Rahmenbedingungen. Man muss lernen, sich besser abzusichern, das Nervensystem langsam an solche Erfahrungsräume zu gewöhnen, und darf dann entsprechende Schritte wagen.

Aus der Bibel erfahren wir mehrfach, dass wir nicht in der Lage sind, Gott von Angesicht zu Angesicht zu ertragen. Nicht einmal Moses konnte so viel Licht gefahrlos schauen. Er schlug die Augen nieder und sah Gott im brennenden Dornenbusch. Daraus folgt nicht, dass die Einheit, das Licht oder Gott gefährlich sind. Es braucht »nur« die entsprechende Methode und Führung und die passende Zeitqualität, um damit in Kontakt zu treten.

Die Erfahrungen spiritueller Krisen sind insofern wie alle Symptome ganz in Ordnung, gehören aber zu einem höheren Bewusstseinszustand, in dem das Ego transzendiert ist. Sie zu früh zu erleben, ist gefährlich und fühlt sich bedrohlich an, wie spirituelle Krisen eindrucksvoll demonstrieren.

Ist die Zeit dafür reif, bereitet es keine Angst mehr zu erfahren, »nichts« zu sein, keine Grenzen mehr zu haben und zu erleben, wie sich Zeit und Raum als Illusionen auflösen. Um die Erfahrung zu ertragen, nicht(s) zu wissen, musste Sokrates (469–399 v. Chr.) erst weise werden.

Erdung als Heilmittel für spirituelle Krisen

Damit Zustände wie die eben beschriebenen nicht nur ertragen, sondern sogar genossen werden, ist zunächst eine sichere Rückkehr von der dunklen Reise notwendig. Meist haben Betroffene danach allerdings gründlich die Nase voll von weiteren Ausflügen in die Tiefendimension der Seele und erholen sich am besten von der »Überdosis Psyche« bei ganz profanen körperlichen Aktivitäten. Darin liegt auch die beste *Erdungs*chance während der Krise. Gemessen an dem Überfluss an Energie und damit am Feuerelement, der Tiefe und Intensität der Gefühle, die dem Wasserelement zuzurechnen sind und den luftbetonten Gedankenfluchten, fehlt das Erdelement.

Ganz konkreter Bodenkontakt etwa bei Gartenarbeit kann sehr gut erden. Allerdings verspüren Betroffene anfangs oft wenig Lust dazu und müssen entsprechend motiviert werden. Umgraben ist anstrengend und nicht jedermanns Sache, aber in solchen Situationen so sehr *not*wendig.

Alle einfachen handwerklichen Tätigkeiten, die den Geist nicht sehr fordern, aber doch so binden, dass er nicht einfach abschweifen und auf seine – im Augenblick ungesunden – Ausflüge gehen kann, sind sinnvoll. Alles, was durch Bewegung zu mildem Schwitzen führt, ist ebenfalls hilfreich. Allerdings ist darauf zu achten, dass die Patienten nun auch nicht übertreiben und alles daransetzen, durch übermäßige Schweißströme die Bilder- oder Gefühlsflut ganz schnell loszuwerden. Übertriebene Saunagänge wären in dieser Situation gefährlich.

Ausgedehnte Spaziergänge, wo möglich am besten barfuß in Mutter Natur, sowie symbolische Tätigkeiten wie Aufräumen und Putzen von Wohnung oder Haus sind sinnvoll. Alles ist auf Bodenkontakt auszurichten und auf Materiebezug.

Das gilt auch für eine ruhig etwas deftigere Ernährung. Veganes oder vegetarisches Essen, alle sensibilisierenden Diäten wie Rohkost und dergleichen sind für einige Zeit durch gesunde, aber schwere Kost zu ersetzen, zumindest sind Wurzelgemüse wie Kartoffeln oder Erdäpfel besser als »luftige« Kost wie Äpfel, Kohlrabi und Möhren besser als Beeren.

Die geistig-seelische Diät sollte ebenfalls deftig ausfallen. Alle spirituellen Übungen, deren Ziel Überwindung der Schwere des Körpers und die Leichtigkeit sind, sollten unterbleiben, insbesondere Meditationen mit geschlossenen Augen.

Eine so harte Meditation wie Zazen, wo man mit offenen Augen auf den Boden schaut und die Atemzüge immer wieder bis zehn zählt, kann unter entsprechender therapeutischer Anleitung sinnvoll sein und aus der Misere heraushelfen. In der japanischen Zentradition soll in früheren Zeiten auf spirituelle Krisen und auch Depressionen statt mit Einweisung in nicht vorhandene psychiatrische Anstalten die in ein Zenkloster und die entsprechende Zenklause erfolgt sein. Letztere enthielt nur ein Minimum an Einrichtung, ein Futon auf einer Tatami, das heißt eine Bettrolle auf harter Unterlage, die täglich ein- und auszurollen war, und ein Zafu beziehungsweise Sitzkissen für Meditationsübungen.

Alles andere wurde als überflüssig und störend erachtet. Solche Heilungsexerzitien wären in den wenigen verbliebenen Zenklöstern auch weiterhin denkbar.

Unser Seminar »Fasten – Schweigen – Meditieren« in Taman-Ga, das nun auch schon eine vierzigjährige Tradition hat, ist eine gute Möglichkeit für westliche Menschen vor allem zur Vorbeugung solcher Gefahren. Das neuntägige Retreat mit acht Sitzperioden des Zazen sowie strengem Schweigen erwies sich als wundervolle Möglichkeit zur Vorbeugung sich anbahnender spiritueller Krisen, weil es so gründlich erdet und auf den Fußboden der Tatsachen, auch in spiritueller Hinsicht, zurückholt. Es ist ungleich hilfreicher als das praktisch fast identische Exerzitium Vipassana aus der hinduistischen Tradition, das, mit geschlossenen Augen durchgeführt, ungleich mehr zum Wegträumen verleitet.

Drogen, die manchmal in solche Krisen führen können, sollten auf alle Fälle aus dem Spiel bleiben. Psychedelische Substanzen wie LSD und Peyote können solche Schübe sogar auslösen und wären jetzt zusätzlich gefährlich. Nikotin und Alkohol sind nie empfehlenswert. Alles, was in einen Rausch führt, ist vor allem jetzt kontraproduktiv. Auch medizinische Drogen sind im Allgemeinen besser wegzulassen, zumal sie die Erfahrung nicht verkürzen, sondern eher unterdrücken und auf diese Weise sogar verlängern können. Allerdings wird es manchmal nicht ohne Schlaf- und Beruhigungsmittel gehen.

Ganz wesentliche Hilfe sind eine gute Partnerbeziehung und intensiver Körperkontakt, der meist angenehm empfunden wird, da er das Gefühl vermittelt, im Körper und überhaupt da zu sein. Insofern wäre auch Sex zu empfehlen, allerdings nicht auf »tantrische« Art, sondern mit dem Ziel, aufgebaute Energie im Orgasmus zu entladen.

Unter dem Schutz solcher Erdung kann man therapeutisch versuchen, in der Bilderwelt, an deren Überfülle der Patient krankt, für Ordnung zu sorgen. Das ist vor allem gegen Ende der Krise sinnvoll, da dann häufig auch das Bedürfnis wächst, die erlebten Erfahrungen anzunehmen und einzuordnen. Hier ist am ehesten an Schattentherapie unter professioneller Leitung zu denken, wie sie beispielsweise im Heilkundezentrum in Johanniskirchen seit Jahrzehnten durchgeführt wird.

Sehr bewährt haben sich praktische zentrierende Methoden und Maßnahmen wie Qigong und Tai-Chi, auch Yoga, das schon auf dünner Matte auf dem Boden stattfindet und den Schwerpunkt ebenfalls auf die Erde und den Kontakt zu ihr legt. Feldenkraisübungen können auch gut helfen, auf den Boden der Tatsachen zurückzukommen.

Töpfern ist eine gute Beschäftigung mit dem Erdelement. An der rotierenden Scheibe ist es besonders zentrierend. Mandalamalen, Schicht für Schicht von außen nach innen, kann ebenfalls zur Mitte führen.

Die Mitarbeit auf dem Bauernhof mit der Versorgung von Tieren und dem Bebauen des Ackers, was sich beim Drogenentzug so bewährt hat, kann auch in spirituellen Krisen stabilisieren.

Die beste Vorbeugung spiritueller Krisen besteht darin, die Mitte zwischen Achtsamkeits- und Transzendenzerfahrungen zu wahren. Ruhe und Aktivität sind im richtigen Verhältnis zu mischen. Dazu ist es notwendig, auf dem Weg verwendete Techniken richtig einzuschätzen. Der Schatten ist zum Beispiel nie zu verdrängen, sondern immer zu durchlichten. Positives Denken mit

Verdrängungstendenz wird insofern zu einem wirksamen Schleudersitz in den Wahnsinn der Paranoia. Generell gilt: nicht zu schnell vorpreschen, aber auch nicht einschlafen auf dem Weg zur Mitte.

Überhaupt keinen Bezug zu sich selbst herzustellen und alles als beliebigen sinnlosen Zufall abzutun, ist sicher nicht hilfreich auf dem Weg. Aber auch die umgekehrte Übertreibung ist gefährlich, absolut alles mit sich in Beziehung zu setzen. Wer davon ausgeht, die Tagesschau-Sprecherin gebe ihm Zeichen, braucht Hilfe, um nicht vollends der Paranoia, dem Beziehungswahn, zum Opfer zu fallen.

Hilfreich ist einmal mehr das (Vor)bild indigener Menschen, die von der Notwendigkeit ausgehen, die eigenen Wurzeln tief in Mutter Erde zu verankern, um den Kopf gefahrlos bis zum Vater Himmel zu erheben.

TEIL III

EIN TAG – EIN JAHR – EIN LEBEN

Der Tag als Spiegel des Lebens

Nach dem Pars-pro-toto-Prinzip finden wir wie gesagt in jedem Teil das Ganze. Deswegen wollen wir hier die Tageszeiten symbolisch für die Perioden des Lebens betrachten. Wenn wir uns anschauen, wie westliche im Vergleich zu östlichen oder archaischen Menschen ihren Tag verbringen, kann daran auch einiges über die unterschiedliche Gewichtung des Todes und der anderen »Eckpunkte« unseres Lebens deutlich werden.

Wir verschlafen im Allgemeinen den Sonnenaufgang und damit den Tagesbeginn. Dem entspricht der unbewusste Umgang mit Empfängnis und Geburt in unserer Gesellschaft, während der Osten dabei deutlich aufmerksamer für die Bedürfnisse der ankommenden Seele ist. Nicht zufällig hat Frédérick Leboyer die sanfte Geburt in Indien entdeckt. Der Osten weiß, dass bei Sonnenaufgang die zur Verfügung stehende feinstoffliche Energie am stärksten ist, und deshalb begrüßen die Menschen dort den neuen Tag am liebsten mit einer Meditation oder einem Gebet. Wir dagegen, die wir den Beginn des Lebens verschlafen, haben nach diesem Fehlstart eine ziemliche Aufholjagd zu absolvieren. Je später wir uns dem Tag und dem Leben stellen, desto hektischer wird im Allgemeinen der weitere Verlauf.

Mittags gönnen wir uns im Gegensatz etwa zu mediterranen Völkern meist keine Siesta, sondern versuchen krampfhaft, Zeit gutzumachen, manchmal sogar dadurch, dass wir uns in Fast-Food-»Restaurants« um alle Restaurationsmöglichkeiten unserer Energien bringen.

Entsprechend unbewusst und ohne Ruhepause vergeht die Midlife-Crisis. Häufig wird der anstehende Wechsel ganz überspielt. »Dafür hatte ich gar keine Zeit«, formulierte einmal sehr bezeichnend ein deutscher Schauspieler. So wie die ruhelose Mittagszeit sich ungünstig auf den weiteren Tag auswirkt, behindert eine Vernachlässigung der Problematik der Lebensmitte den weiteren Lebenslauf. Nach einer entsprechenden Siesta kann die zweite Hälfte des Tages und Lebens in aller Ruhe und Konzentration bewältigt werden. Bei uns geht sie meist in einem Endspurt unter.

Wenn wir dann spätabends nach Hause kommen, haben wir mit Recht das Gefühl, nichts von unserem Tag beziehungsweise Leben gehabt zu haben, und suchen nach einem Ausweg. Nähmen wir jetzt den Sonnenuntergang als Signal für die anstehende Regeneration im Schlaf, wie das archaische Menschen wohl getan haben, würden wir uns vollends um das Leben betrogen fühlen, zumal wir die Nacht in ihrer Bedeutung gering schätzen. So machen wir sie zum Tag und versuchen, heraus- und nachzuholen, was noch geht. Mehrheitlich verbringen westliche Menschen ihre Abende vor dem Fernseher. Sie gehen in dieser Schein- und Illusionswelt auf und erleben dabei üblicherweise die zumeist spannendere Liebesgeschichte anderer nach, die allerdings meist lange vor der Lebensmitte wieder abgebrochen wird mit dem ersten Kuss des Paares. So etwas »Happy End« zu nennen, ist eine ziemlich typische Verkürzung des Lebensmusters. Bestenfalls ist es Happy Start. Aber der ganze Rest interessiert uns so wenig, dass er kaum zu Filmstoff verarbeitet wird.

Das Fazit ist recht deprimierend: Den Beginn verschlafen wir, erst nach der Pubertät steigen wir voll ein, um uns vor der Mitte schon wieder auszuklinken. Wenn wir noch den besprochenen kindischen Charakter der meisten Fernsehbeiträge bedenken, bleibt wenig Aufbauendes übrig. Darauf lässt sich nicht aufbauen, damit lässt sich höchstens untergehen, eben *Unter*haltung.

Dass die Torschlusspanik, die uns im richtigen Leben beziehungsweise Tagesverlauf gegen Abend immer wieder erfasst, der Ruhe der Nacht zuwiderläuft, wissen viele und spüren die meisten. Sie spiegelt jene Panik wider, die so viele westliche Menschen am Ende ihres unerfüllten Lebens voller Schufterei heimsucht. Nachtleben ist der Versuch, in der weiblichen Hälfte des Tages die männliche zu leben, was Befriedigung erst recht verhindert. Dabei wissen wir längst von unseren Vorfahren, dass der Schlaf vor Mitternacht der gesündeste ist. Wir können ihn uns aber nicht gönnen, da wir mit dem Tag und dem Leben nicht fertiggeworden sind und kaum je rechtzeitig damit aufhören. Wenn sich archaische Menschen der Ruhe und den Bilderwelten ihrer träumenden Seele hingeben, vertrauen wir uns dem Fernsehen und bestenfalls Filmen an. Letzteres könnte mit Bewusstheit und Achtsamkeit im Sinne der *Hollywood-Therapie* sogar segensreich sein.

Der Lebensfilm am Ende ist dagegen ein Werk aus eigenen inneren Bildern. Ihm würde entsprechen, am Abend den Tag noch einmal in inneren Bildern Revue passieren zu lassen, eine Übung, die für die eigene Entwicklung sehr förderlich ist. Je bewusster der tägliche Übergang vom Wach- zum Schlafzustand ausfällt, desto leichter wird später der große Übergang am Lebensende gelingen. Nicht umsonst sprechen wir vom Lebensabend. Ein kleines Stück geht das Leben jeden Abend zu Ende – der Sonnenuntergang weist darauf hin. Seine auffällige Beachtung ist die unbewusste Beschäftigung mit diesem zentralen Lebensthema. Kaum ein (Natur)ereignis wird so engagiert und so oft fotografiert und bewundert.

Werden die Abende zur Ablenkung vom eigenen Leben benutzt, liegt die Gefahr nahe, dass auch der große Abgang verschlafen wird. Unbewusst wie der kleine Bruder Hypnos, der Schlaf, ereilt uns dann auch der große Bruder Thanatos, der Tod.

Viele Menschen unserer Gesellschaft wünschen sich allerdings geradezu, im Schlaf vom Tod überrascht zu werden, wie auch viele einen plötzlichen schnellen Tod einem langsamen Sterben unbedingt vorziehen. Mit Schlaf assoziieren viele hierzulande Bewusstlosigkeit, und genau die wünschen sie sich in Verkennung der Chancen, die der Reinkarnationslehre zufolge besonders im Sterben, aber auch in allen anderen Übergängen und Abschieden liegen. Ein gesunder Schlaf verläuft nie bewusstlos, sondern ist erfüllt von lebendigen Träumen. Das Fernziel, wie es im Yogaschlaf zum Ausdruck kommt, ist sogar völlig wache Bewusstheit während der ganzen Nacht für die Seele, während der Körper sich regeneriert. Dem entspräche auf der größeren Ebene die völlige Bewusstheit während der Nachtodphase beim Durchgang durch all die nun anstehenden Prüfungen bis zur nächsten bewussten Inkarnation. Der Lebensfilm, bei dem die wichtigen Situationen der Vergangenheit noch einmal in aller Deutlichkeit vor dem inneren Auge ablaufen, ist nichts anderes als die mit jedem Übergang verbundene Bilanz bezüglich des zurückliegenden Lebensabschnitts und des ganzen bisherigen Lebens. Und auch hier sind noch – wie bei jeder Lebenskrise – in großem Ausmaß Lernprozesse möglich.

Naturgemäß ist die Schlussbilanz wichtiger als alle Zwischenbilanzen. Allerdings ist sie unter Umständen auch unangenehmer, besonders wenn schon die vorherigen Übergänge nur mit Hypotheken zu schaffen waren und sich die Kluft zwischen Körper und Seele mit jedem Übergang vergrößerte. Wurden die bisherigen Lebensphasen in Harmonie zwischen Körper, Seele und Geist bewältigt, ist der Mensch meist auch bereit, die letzte Hürde ohne Probleme zu überwinden. Fühlt er sich aber zum Beispiel um wichtige Abschnitte seines Lebens betrogen, hat er wesentliche Phasen nicht ausleben können oder entscheidende Kurven nicht genommen, wird er zum Schluss nur schwer loslassen, weil ihn unbewältigte Aufgaben (be)drücken. In diesem Sinne werden jetzt Fehler offenbar, die Fehlendes enthüllen. Dinge, die falsch gemacht wurden, sind allerdings zumeist ein geringeres Problem als ausgelassene Gelegenheiten und verpasste Chancen. Sich nicht getraut und einen Durchgang durch eine Krise nie versucht, sondern einfach verweigert zu haben, verzeihen sich die meisten Menschen schwerer als gescheiterte Versuche.

An dieser Stelle taucht das Urmuster wieder auf, wie es im Gleichnis vom verlorenen Sohn zum Ausdruck kommt: Das Leben zu wagen, lautet die Aufgabe, daran zu scheitern, ist durchaus erlaubt. Der verlorene Sohn wird immerhin flügge, er reißt sich los und verlässt das väterliche Nest. Im Leben scheitert er auf vielfältige Art. Aber als er zurückkehrt, richtet ihm der Vater (Gott) jenes große Fest aus, das den Nesthocker, den sitzen gebliebenen Sohn, so stört.

Auch Gelegenheiten, wo man dem Kopf den Vorrang vor dem Herzen ließ, können das Sterben als letzten Übergang erschweren. Wer aus rationalen Überlegungen und mangelndem Vertrauen auf eine große Liebe verzichtet hat, mag noch viele Jahrzehnte später auf dem Sterbebett darunter leiden. Das Herz hat einen gesünderen und mutigeren Bezug zu den Herausforderungen des Lebens als der Intellekt. Der Instinkt, das Bauchgefühl, wäre wohl der natürlichste, aber dafür ein weniger entwicklungsförderlicher Führer. Er bekommt jedoch bei uns noch weniger Aufmerksamkeit als die Stimme des Herzens. Vor allem war es wohl der intellektuelle Verstand, der uns zur Abschaffung von Übergangsriten und Einweihungsritualen verleitet hat. Er glaubt, einsparen zu können, was sich seinem engeren Verständnis entzieht.

Das Ideal wäre aber wohl ein Mensch mit gut entwickeltem Bauchgefühl, der gelernt hat, seinen Intellekt zu trainieren und zu gebrauchen und dem Herzen die Integration und letzte Entscheidung zu überlassen.

Sicher haben wir uns aus dem Urmuster ein gutes Stück hinausentwickelt, was auch Vorteile hat. Der ganz eng mit der Natur verbundene Mensch der Frühzeit erlebte noch Pubertät und Adoleszenz in einem. Er war damit erwachsen und erreichte zur Mittagszeit, wenn die Sonne im Zenit steht, seine Lebensmitte. Und so, wie er sich mit dem Sonnenuntergang schlafen legte, dauerte sein Leben auch nicht über diesen Punkt hinaus. Die durchschnittliche Lebenserwartung war vergleichsweise gering. Wir dagegen brauchen länger, haben aber auch wesentlich mehr Zeit. Wir werden mit der Pubertät nicht mehr erwachsen, sondern bestenfalls mit der Adoleszenz, und so erreichen wir die Lebensmitte auch nicht mehr zur Mittagszeit, sondern deutlich später. Mit Sonnenuntergang gehen wir nicht ins Bett; es ist zwar Feierabend, aber meist noch lange nicht Schluss. Die zeitliche Ausdehnung erlaubt mehr Differenzierung, wir haben den Schritt von der Natur zur Kultur geschafft. Allerdings sind wir dabei, diese heute schon wieder aufzugeben und trotz des Zeitgewinns mit unseren Lebensaufgaben nicht mehr fertigzuwerden.

Das Leben rund gestalten

Dabei wäre gerade in unserer Situation ein erlöster Tages- und Lebenslauf gut möglich. Hierzu kann es hilfreich sein, sich an den alten Regeln unserer Tradition zu orientieren, um mit dieser Ostung den Ort wiederzufinden, an dem – *ex oriente lux* – das Licht aufgeht.

Wir könnten den Tag wieder mit dem Sonnenaufgang beginnen und in neuer Frische nach einer erholsamen Nacht erwachen. Diese von Natur aus energiegeladene Zeit böte sich an für die Morgenmeditation oder ein Gebet zur Einstimmung auf den Tag. Mir hilft diese Regel seit Langem sehr gut, mein Tagwerk zu bewältigen.

Die anschließende Morgentoilette ist ein klassisches Reinigungsritual und bräuchte nur als solches empfunden und geladen zu werden. »Morgenstund hat Gold im Mund«, lautet das Sprichwort, und aus diesem Gefühl heraus wird noch heute in Klöstern zu dieser Stunde gesungen und der neue Tag gefeiert. Mit *ora et labora,* der benediktinischen Regel entsprechend, ließe er sich bis heute im Gleichgewicht zwischen Besinnung auf Wesentliches und Arbeit als Lebensunterhalt verbringen. Würde bei der Arbeit immer auch der Gedanke mitschwingen, inwieweit sie zum Wesentlichen beiträgt, wäre vielen sehr geholfen.

Mit einem entsprechenden Gefühl von freudiger Dankbarkeit könnten wir nach dem Frühstück oder »Brunch«, mit dem wir das Fasten der Nacht brechen, das Haus verlassen. Die Schwelle überschreitend, gehen wir hinaus in die Welt und erleben eine Art Schwellenritual, wie es noch in vielen Traditionen wie der buddhistischen eine Rolle spielt. Im Leben ist es die Pubertät, die jetzt unseren ganzen Energieeinsatz fordert und den Mut, Schwierigkeiten zu meistern.

Im Tageslauf ist es Zeit, die Arbeit anzugehen, um so den Durchbruch zu schaffen. Aus der Fülle der frischen Kraft können schöpferische Leistungen wachsen und Ziele verwirklicht werden. Wir nähern uns der Tageshöchstform, aus der heraus Arbeit wirklich Freude bereitet. Zur Mittagszeit genießen wir verdiente Erholung in Form des Essens und eines gemütlichen Mittagsschlafs zur vollständigen Regeneration der Kräfte.

Nach dem Ausruhen und Überschreiten der Mitte wäre besinnlichere Arbeit angezeigt. Aus der am Vormittag gewonnenen Übersicht ergeben sich die notwendigen Schritte, um Wesentliches aufzuarbeiten. Mit dem Fünf-Uhr-Tee kommt noch eine Pause, nach der es schon an den nächsten Tag zu denken gilt, bevor die Arbeit abgeschlossen wird.

Die Vesper ist ab 18 Uhr das Abendbrot und meint vor allem das geistige Brot, das zu teilen ist. Sie gehört schon zum Feierabend, wo mit der Feier des Tages die Belohnung kommt.

Mit diesem Abschluss und Worten wie »abgeschlossen« respektive »Schließen« ist gemeint, ein Ende der aktiven (Arbeits) zeit zu finden, endgültig fertig zu werden und nichts mit nach

Hause zu nehmen, das Herz nicht länger mit Arbeit zu beschweren. Es ist Feierabend oder in der Analogie Pensionszeit beziehungsweise Ruhestand. Und das will gefeiert werden. Der Weg nach Hause, der Rückzug von der Arbeit, ist ein freudiges Ereignis, das direkt in die Freizeit mündet, den bewussten Gegenpol zur Arbeit. Feierabend ist Luxuszeit, die Spaß machen darf und genossen werden will, Zeit für Kultur im Sinne einer Abendmeditation oder auch im profanen Sinne des Wortes für Musik und Essen. Immerhin sprechen wir ja noch von Musik- und Esskultur, was den ursprünglich tiefen Bezug beider Bereiche zum Kult offenbart.

Es ist noch nicht so lange her, da war alle Musik sakral und jedes Essen von Gebeten eingerahmt. Beides haben wir längst hinter uns (gelassen), aber diese Rahmen halfen doch zu Bewusstheit und ritualisierten den Tag.

Mit Abenddämmerung und Sonnenuntergang werden Tag und Leben älter und eröffnen Zeiträume für all das, worauf man sich einen Tag oder ein Leben lang gefreut hat. Das kann an manchen Tagen durchaus auch ein bewusst ausgewählter Film sein. Selbst die eher unbewussten Actionfilmfans sehen sich wie gesagt immerhin noch das anstehende Thema »Tod« an, wenn sie es auch kaum noch zu ihrer Situation und der des Tages in Beziehung bringen. Der späte Abend gehört der Vorbereitung auf den Schlaf und ist die ideale Zeit für den Tagesrückblick. Bilanz ist zu ziehen, vielleicht ganz konkret im Tagebuch oder im geistig-seelischen Rückblick. Zugleich geht es darum, bewusst loszulassen von allem, wo man noch verfangen, gebunden ist.

Die Abendtoilette ist das Schlussritual des Tages und nicht zufällig wieder der Reinigung gewidmet. Vom Tag wird abgewaschen, was oberflächlich geblieben ist und jedenfalls keinen bleibenden Wert für die Seele hat.

Mit dem Zubettgehen und Einschlafen richtet sich die Aufmerksamkeit nach vorn im Sinne einer Hinwendung zum Reich der Träume. Einschlafen und Entschlafen, die Begegnungen mit den göttlichen Brüdern Hypnos, Schlaf, und Thanatos, Tod, aus der griechischen Mythologie entsprechen sich weitgehend. Ihre Mutter Nyx, die Nacht, hat ebenfalls ihre Phasen und Etappen, auch wenn wir uns darum wenig kümmern. Der Schlaf vor Mitternacht ist nach wissenschaftlichen Erkenntnissen besonders deshalb gesund und erquickend, weil es sich vor allem um Tiefschlaf handelt, der für Entgiftung und Regeneration wichtig ist und seit neuesten Erkenntnissen einen Großputz im Gehirn bewirkt.

Ab Mitternacht wechseln dann Tiefschlaf- und Traumphasen. Es ist die Zeit der tiefen und wesentlichen Träume bis zu Visionen und luziden Erfahrungen. Die Seele geht auf Reisen in die Astralebene. Völlige Bewusstheit in diesem Bereich entspräche dem bereits erwähnten Yogaschlaf. Der Volksmund nennt diese nachmitternächtliche Zeit auch »Geisterstunde«. Die Geister sind vielfach die Ahnen, von denen und aus deren Fehlern und Enttäuschungen wir lernen und unseren Geist befruchten könnten. So wie wir die große Geschichte nach Ingeborg Bachmann (1926–1973) als Lehrerin nutzen könnten, ließe sich auch die persönliche Lebensgeschichte Schicht für Schicht zur Lehrerin gewinnen im Sinne von Psychotherapie in Eigenregie. Die Nacht schenkt uns die Chance, aus der Geschichte unserer Tage zu lernen. Die Träume sind dabei so wichtig für die Erholung des Geistes wie die Tiefschlafphasen für die des Körpers. Unsere Sprache weiß noch von Bedeutung und Wichtigkeit der Träume. »Das ist ein Traum!« bedeutet doch, es sei wundervoll. Tatsächlich sind unsere Träume das Wunder der Nacht und die Visionen die Tagträume, die unserem Leben helfen, sich zu orientieren, die uns voranbringen zum großen Ziel.

Morgengrauen und Dämmerung des neuen Tages bringen gehäufte Traum- oder REM-Phasen: Die Themen werden nun oberflächlicher wie die häufigen sexuellen Träume dieser Zeit. Es geht um die Verarbeitung nicht gelebter Tagträume, um lustvolle und beängstigende Träume, einen Bereich, der Sigmund Freud

(1856–1939) und seinen Schülern so ans Herz gewachsen ist. Es ist eine Art Tagesvorbereitung auf der zumeist unbewussten Ebene. Sie endet mit dem Erwachen zu einem neuen Tag, der kleinsten Einheit und einer neuerlichen Runde im Leben und letztlich im Rad der Wiedergeburt.

An diesem Punkt lässt sich verstehen, warum östliche Menschen von der Morgenmeditation erwarten, dass sie die spirituelle Entwicklung im tieferen Sinn voranbringt, während die Abendmeditation der Regeneration und Erholung dient. Hier mag auch klar werden, wie sich Tag an Tag, Jahr an Jahr und Leben an Leben fügt im ewigen Rhythmus des Lebendigen.

Alles zur rechten Zeit

Alle Übergangskrisen haben ihre Zeit. Zu früh sind sie nicht zu schaffen und zu spät nur noch schwerer. Bei der Empfängnis war der Zeitpunkt unserer Verantwortung weitgehend entzogen und deshalb problemloser. Aber schon bei der Geburt beginnen die Schwierigkeiten. Sie hat ihre Zeit, zu der sie nicht leicht, aber noch am leichtesten fällt. Wird sie zu früh von ärztlicher Seite hormonell erzwungen, ist sie für Mutter und Kind zumeist eine schwere Zumutung. Erfolgt sie zu spät, entstehen die Probleme der Übertragung mit ihrer nicht unerheblichen Gefährdung.

Nie mehr lässt sich so leicht pubertieren wie parallel zum Anstieg der Hormone. Entsprechende Versuche mit dreißig oder gar fünfzig und später ernähren Psychotherapeuten, sind aber für Betroffene und ihr Umfeld eher eine schwierige Zumutung. Die Krise der Lebensmitte ist zeitlich sicher nicht so scharf fassbar und hat doch auch ihre individuell beste Zeit. Es heißt nicht zufällig Wechseljahre und nicht -tage. Sobald die bekannten Symptome auftreten, ist diese jedenfalls überschritten. Auch der Tod hat selbstverständlich seine Zeit. Dieser mit noch so gut gemeinter Euthanasie zuvorzukommen, wird immer problematisch bleiben.

Sie mittels Intensivmedizin zu überschreiten, führt oft zu unverhältnismäßigem Elend.

Unser heutiger Versuch, entscheidende Übergänge, sofern wir sie überhaupt noch wichtig nehmen, allein an das rechnerische Lebensalter zu koppeln und damit an die Zeit*quantität*, ist häufig zum Scheitern verurteilt. Der Mensch ist einfach kein Durchschnittswesen, das der Statistik gehorcht. Besonders problematisch wird es, wenn, wer mit früheren Lebenskrisen nicht fertigwurde, im späteren Alter versucht, Entwicklungsdefizite mit esoterischen Einweihungen zu kompensieren. Noch nicht bewältigte Übergänge mit Ritualen nachzubearbeiten, ist dagegen sehr hilfreich. In diesem Sinn ist der bereits zitierte Satz »Es ist nie zu spät für eine glückliche Kindheit« aus psychotherapeutischer Richtung zu verstehen: Rituale geben uns gleichsam die Chance an die Hand, jederzeit einen Relaunch zu bewerkstelligen, um es mit den Worten der modernen Zeit zu formulieren.

Selbst stimmige Rituale in der falschen Reihenfolge nutzen wenig. Es scheint in der Tiefe unserer Seele ein ähnliches Ordnungs- und Hierarchiesystem wie im Körper zu geben, wo die Reihenfolge der Schritte durch die hormonelle Steuerung gewahrt bleibt. Sobald körperliche und seelische Entwicklung auseinanderfallen, beginnen Probleme.

Alles hat seine Zeit und seinen Ort. Das ist für uns, die wir mehrheitlich keine Zeit mehr haben und kaum noch Orte der Kraft kennen, die sich für die Begehung von Übergangsritualen eignen, unangenehm. Es zu erkennen, ist aber der erste Schritt, um wieder Fuß zu fassen im Muster des Lebens und nach neuen Wegen zu suchen. Bis sich wieder kollektive Felder bilden, wird Zeit vergehen; solange bleibt nichts anderes, als individuelle Wege zu suchen und sich dabei, soweit sinnvoll, an alten kollektiven Formen zu orientieren.

Wir brauchen doch offensichtlich für so viele Konflikte und Krisen Lösungen, die deutlich und weit über die bisherigen Ansätze hinausgehen. Aus meiner Sicht wird das nicht ohne die Ur- oder Lebensprinzipien gehen, und Rituale sind der weithin unterschätzte Weg, der die Lösung bringen könnte.

An Konflikten und Krisen scheitern oder sie meistern

Ungelöste Konflikte neigen dazu, in Krisen überzugehen, und explodieren dann nicht selten in verbale, handgreifliche oder sogar kriegerische Konflikte: ein Teufelskreis, bei dem sich die Katze in den eigenen Schwanz beißt. Aus der ungelösten Aggression wird die Krise, die dann wieder in Aggression zurückschlägt.

Das kann beim Einzelnen zu akuten oder später chronischen Entzündungen führen, im Kollektiven zu akuten Angriffs- oder chronischen Stellungskriegen, zu Bürgerkriegen im eigenen Land, wie sie etwa in Ex-Jugoslawien aufflammten.

Hinter Konflikten steht immer das Aggressions- oder Marsthema. Dahinter aber steckt als weiteres noch das der Angst und sogar Todesangst. Aggression löst fast immer Angst aus, weswegen ihr Einsatz auch so oft lange hinausgezögert wird. Fast niemand liebt Streit, und nur wenige möchten gern mit verbalen oder stählernen Waffen kämpfen. Deshalb wird Aggression so oft verdrängt, beiseitegeschoben oder äußerlich verweigert und dann nach innen verschoben, um allerdings anschließend in Streit oder Entzündungen wieder auszubrechen.

Konflikte, Auseinandersetzungen, Kriege wie Entzündungen, Epi- und Pandemien sind Ausdruck von Aggression und gehören zum ersten Ur- oder Lebensprinzip beziehungsweise zur ersten Lebensbühne. Jedes dieser zwölf Urthemen unterliegt dem Polaritätsprinzip, das heißt, es hat eine konstruktiv-erlöste und eine destruktiv-unerlöste Seite. Zu Letzterer gehören Mord und Totschlag wie auch Vergewaltigung, zur positiv-konstruktiven Seite Mut und Courage – das Leben in Angriff nehmen, die heißen Eisen anpacken, sich entscheiden, in eine Richtung loslegen und an- und zupacken. All das verursacht bei den meisten von uns Angst, vor allem in der destruktiven Variante, aber selbst in der konstruktiv-erlösten. Deshalb sinkt dieses Prinzip so häufig auf die destruktive Seite oder in den Schatten.

Angst gehört zur zehnten Lebensbühne wie auch die Zeit, der Tod und Krankheit im Allgemeinen. Insofern ist Todesangst sowohl vonseiten des Todes als auch der Angst hier angesiedelt und in doppelter Hinsicht angesagt. Tatsächlich finden wir in der Tiefe fast aller Ängste letztlich die vor dem Tod. Ob Angst vor einer Seuche oder Impfung, vor Diktatur oder wirtschaftlichem Zusammenbruch oder Angst vor der Angst, immer steckt die unverarbeitete Angst vor dem Tod dahinter.

All die erwähnten Situationen lösen insofern ebenfalls Todesangst aus. Ob es die ist, an der Seuche oder ihren gesundheitlichen, wirtschaftlichen oder politischen Folgen zu sterben, oder an der vom Krieg ausgelösten Angst vor dem Tod durch Atombomben, letztlich geht es immer um Todesangst.

Wo Themen, die letztlich Todesangst auslösen, nicht konfrontiert, sondern verdrängt werden, entstehen unweigerlich Krisen. Stellen wir uns nur vor, ein Ungeborenes komme einfach aus Angst nicht heraus, ein Pubertierender bliebe über die Adoleszenz hinaus einfach beim Absprung zu Hause sitzen. Bald entstünden mit der verstreichenden Zeit immer weiter eskalierende Krisen.

Daraus folgt, wir sollten uns mit der Todesangst und dem Thema »Sterben« überhaupt aussöhnen, wenn wir uns aus dieser Teufelsspirale je wieder befreien wollen. Da die Todesangst unsere mit Abstand mächtigste ist, impliziert sie auch die größte aller Chancen und das entscheidende Potenzial.

Ein Mensch, der die Angst vor dem Sterben verloren hat, wie manch ein von Schulmedizinern Reanimierter, der schon von der anderen Seite zurückgeholt wurde, oder PatientInnen der Reinkarnationstherapie, die ihr Sterben oft durchlebt haben, fallen durch ihre bezaubernde Angstfreiheit auf. Ihr Leben ist wie von entscheidender Last befreit, sie können im übertragenen Sinn aufatmen und frei leben, sich entfalten und entwickeln.

Antibiotika und Virostatika haben die körperlichen Konflikte nicht beseitigen können, militärische Waffen die politischen nicht, vielleicht sollten wir es einmal mit Abwehrsteigerung und mutiger Konfliktbereitschaft versuchen und die Kraft von Ritualen anstelle der Durchschlagskraft von Waffen stellen.

Die mit Abstand beste Lösung wäre, das tägliche Leben zum Ritual zu machen. Wer getragen von Bewusstheit durchs Leben geht, wird die notwendigen Übergänge rechtzeitig erkennen, und ihm werden sich Wege eröffnen, sie rituell zu bewältigen, wie sie in diesem Buch vorgestellt wurden. Sein Leben wird im Einklang mit inneren Bildern und äußerer Symbolik voller Erkenntnismöglichkeiten sein. Die Umwelt wird ihm zum Spiegel und das Schicksal zum Therapeuten.

ANHANG

Die zwölf Lebensbühnen

Die zwölf Lebensbühnen gemäß dem Polaritätsgesetz, dem wichtigsten der *Schicksalsgesetze,* in ihren positiv-konstruktiven und negativ-destruktiven Aspekten zu kennen, ist immer hilfreich:

- Die 1. Lebensbühne: Aggression und die Tugend der Tapferkeit.
- Die 2. Lebensbühne: Besitz und die Tugend der Verwurzelung.
- Die 3. Lebensbühne: Austausch und die Tugend der Kommuni(kati)on.
- Die 4. Lebensbühne: Empfindsamkeit und die Tugend der Fürsorge.
- Die 5. Lebensbühne: Ausstrahlung und die Tugend der Kreativität.
- Die 6. Lebensbühne: Vernunft und die Tugend der Dankbarkeit.
- Die 7. Lebensbühne: Begegnung und die Tugend der Beziehung.
- Die 8. Lebensbühne: Veränderung und die Tugend der Wandlung.
- Die 9. Lebensbühne: Erkenntnis und die Tugend der Sinnfindung.

- Die 10. Lebensbühne: Struktur und die Tugend der Ordnung.
- Die 11. Lebensbühne: Originelle Wege und die Tugend der Unabhängigkeit.
- Die 12. Lebensbühne: Loslassen und die Tugend der Allverbundenheit.

Die zwölf Heilsamen Tugenden

Die zwölf Heilsamen Tugenden, über die ich schon an anderer Stelle ausführlich geschrieben habe,[48] korrespondieren mit den »zwölf Lebensbühnen«. Hier sind sie noch einmal aufgezählt:

1. Tapferkeit, Mut und Courage
2. Verwurzelung und Absicherung
3. Austausch und Kommunikation
4. Fürsorge, Weiblich- und Kindlichkeit
5. Kreativität und Ausstrahlung
6. Dankbarkeit und Vernunft
7. Beziehungsfähigkeit und Gefühl für Schönheit
8. (Ver)wandlungsbereitschaft und Radikalität
9. Toleranz und Sinnfindung
10. Beschränkung und Konzentration
11. Unabhängigkeit und Freiheit
12. (Ur)vertrauen und Allverbundenheit

Literatur von Ruediger Dahlke

Neuerscheinungen: *Abnehmen – (er)leichter(t) leben* (E-Book bei www.dahlke4you.com); *Mind-Food,* 2022; *Angst frisst Seele,* 2022 (beide Scorpio); *Corona als Weckruf,* 2021 (Terzium); *Heilsame Tugenden,* 2022; *Mein Buch der Selbstheilung,* 2022 (beide GU); *Gesund und glücklich älter werden,* 2022 (Goldmann Arkana)

Basiswissen: *Die Schicksalsgesetze,* 2009; *Das Schattenprinzip,* 2010; *Die Lebensprinzipien,* 2011 (alle Goldmann Arkana)
Krankheitsbilderdeutung: *Krankheit als Symbol,* 2014 (Bertelsmann); *Krankheit als Sprache der Seele,* 2008; *Krankheit als Weg* (mit T. Dethlefsen), 2000; *Frauen-Heil-Kunde* (mit M. Dahlke und V. Zahn), 2003 (alle Goldmann Arkana); *Seeleninfarkt,* 2021 (Scorpio als Paperback); *Wenn wir gegen uns selbst kämpfen,* 2015 (Goldmann Arkana)
Filmdeutung: *Die Hollywood-Therapie – was Filme über uns verraten,* 2018; *Spielfilmtherapie,* 2022 (beide mit M. Dahlke, bei Edition Einblick; (www.heilkundeinstitut.at)
Ernährung: *Peacefood,* 2011; *Vegan für Einsteiger,* 2014; *Peacefood – das vegane Kochbuch,* 2011; *Peacefood – vegan einfach schnell,* 2015; *Peacefood – Ketokur,* 2018 (alle GU); *Geheimnis der Lebensenergie,* 2015; *Das Lebensenergie-Kochbuch,* 2020 (beide Goldmann Arkana); *Vegan schlank,* 2015 (www.heilkundeinstitut.at)
Fasten: *Das große Buch vom Fasten,* 2019 (Goldmann Arkana), *Bewusst fasten,* 2016 (Urania)
Gewicht und Figur: *Mein Individualgewicht,* 2020; *Gewichtsprobleme*-CDs, *Körper-Geist-Seele-Detox* (alle Arkana)
Gesundheit: *Schutz vor Infektionen – Immunkraft steigern natürlich und nachhaltig,* 2020 (Terzium)
Nahrungsergänzung: www.heilkundeinstitut.at
Info: www.dahlke.at – www.dahlke4you.com – www.tamanga.at

ANMERKUNGEN

1 Der Schatten ist nach der Metaphorik des Schweizer Psychiaters C. G. Jung (1875–1961) der Persönlichkeitsanteil eines Menschen, der seinem positiven Selbstbild und seiner Persona (»Theatermaske«) entgegensteht.

2 Geburtsmatrizes sind perinatale Grundmatrizes als grundlegende Erfahrungsmuster, die dem 1931 geborenen tschechischen Psychiater Stanislav Grof zufolge während der Geburt durchlaufen werden.

3 Vgl. Dahlke, Ruediger: *Die Schicksalsgesetze. Spielregeln fürs Leben. Resonanz, Polarität, Bewusstsein,* München 2009.

4 Zitiert nach »1000 Zitate. Rumi – Zitate«, https://1000-zitate.de/autor/Rumi/ (Zugriff: 20.8.2023).

5 Gladwell, Malcolm: *Outliers. The Story of Success,* New York 2009.

6 Vgl. Dethlefsen, Thorwald, Ruediger Dahlke: *Krankheit als Weg. Deutung und Bedeutung der Krankheitsbilder,* München 1983.

7 Dahlke, Ruediger: *Bewusst fasten,* München 1989.

8 Jaspers, Karl: *Allgemeine Psychopathologie,* Berlin, 9. Aufl. 1973, S. 586.

9 Vgl. z. B. N. N.: »Hungersnöte«, Aktion Deutschland hilft, o. D., https://www.aktion-deutschland-hilft.de/de/fachthemen/natur-humanitaere-katastrophen/hungersnoete/?wc_id=50526&ref_id=goo2&utm_id=goo2&gad=1 (Zugriff: 6.9.2023).

10 Vgl. z. B. Brandstetter, Günther: »Placebo-Operation: Besser ohne Messer«, *DerStandard,* 28.8.2019, https://www.derstandard.de/story/2000107328958/placebooperation-besser-ohne-messer (Zugriff: 16.6.2023).

11 Vgl. Schröder, Hartmut, Elisabeth Grunwald: *Der Placebo- und Nocebo-Effekt. Illusion, Fakten und die Realität. Wie positive oder negative Gedanken die Gesundheit und unser Leben beeinflussen,* Amerang 2022.

12 Capra, Fritjof: *Das Tao der Physik. Die Konvergenz von westlicher Wissenschaft und östlicher Philosophie,* Bern 1975.

13 Zukav, Gary: *Die tanzenden Wu Li Meister. Der östliche Pfad zum Verständnis der modernen Physik: vom Quantensprung zum schwarzen Loch,* Reinbek 1985.

14 Sheldrake, Rupert: *Das schöpferische Universum. Die Theorie des morphogenetischen Feldes,* Frankfurt a. M./Berlin 1983.

15 Vgl. z. B. Boksch, René: »Die USA haben die meisten Gefangenen weltweit«, *Statista,* 20.9.2022, https://de.statista.com/infografik/5560/gefangene-pro-100000-einwohner/ (Zugriff: 17.6.2023).

16 Nach dem Psychiater C. G. Jung spricht man von *Synchronizität,* wenn ein psychischer Vorgang (ein inneres Ereignis wie eine Idee oder ein Traum) mit einem oder mehreren äußeren realen (physischen) Vorgängen als miteinander verknüpft oder aufeinander bezogen wahrgenommen wird, obwohl sie keine direkte Verbindung von Ursache und Wirkung (Kausalbeziehung) aufweisen. Das innere Ereignis muss chronologisch vor dem äußeren oder genau gleichzeitig stattfinden.

17 Vgl. Rebillot, Paul, mit Melissa Kay: *Die Heldenreise. Das Abenteuer der kreativen Selbsterfahrung,* Eagle Books, Wasserburg 2016; Campell, Joseph: *Der Heros in tausend Gestalten,* Frankfurt a. M. 1999.

18 Vgl. Buijze, Geert A., et al.: »The Effect of Cold Showering on Health and Work: A Randomized Controlled Trial«, *PLOS ONE,* 15.9.2016, https://journals.plos.org/plosone/article?id=10.1371/journal.pone.0161749 (Zugriff 21.6.2023).

19 Zitiert nach Düren, Dr. Peter G.: »Eine kleine Betrachtung zum Advent. Und wäre Christus tausendmal in Bethlehem geboren«, *Bistum Augsburg,* 8.12.2017, https://bistum-augsburg.de/Hauptabteilungen/Hauptabteilung-VI/Aktuelles/Und-waere-Christus-tausendmal-in-Bethlehem-geboren-_id_271204 (Zugriff: 22.6.2023).

20 Fliege, Jürgen: *Beten – Anleitungen für dein Gespräch mit Gott,* Bielefeld 2017 (nur noch bei www.heilkundeinstitut.at).

21 Vom deutschen Genetiker Dr. Michael Nehls hörte ich, dass jede Stunde regelmäßigen Fernsehkonsums, das Alzheimerrisiko um 34 Prozent erhöhe. Bei einer durchschnittlichen Fernsehzeit von 3,5 Stunden in Deutschland keine sehr günstige Situation. Vgl. auch z. B. Fancourt, Daisy und Andrew Steptoe: »Television Viewing and Cognitive Decline in Older Age: Findings from the English Longitudinal Study of Ageing«, *Scientific Reports,* 9 (2851), 2019, https://www.nature.com/articles/s41598-019-39354-4 (Zugriff: 22.6.2023).

22 Eine Klangillusion, die vom Gehirn erzeugt wird, wenn beide Ohren

gleichzeitig zwei Töne hören, die sich in ihrer Frequenz leicht unterscheiden. Dabei versucht das Gehirn, beide Töne miteinander in Einklang zu bringen, wodurch ein dritter Ton entsteht: der binaurale Beat, der die Gehirnwellen positiv beeinflussen kann (lat. *bini* [je zwei] und *auris* [Ohr]).

23 Vgl. z. B. Dossey, Larry: *Heilende Worte. Die Kraft der Gebete als Schlüssel zur Heilung,* Amerang 2013.

24 Dahlke, Margit und Ruediger, Volker Zahn: *Frauen-Heil-Kunde. Be-Deutung und Chancen weiblicher Krankheitsbilder,* München 2003.

25 Leboyer, Frédérick: *Geburt ohne Gewalt,* München 1995.

26 Vgl. Millman, Dan: *Der Pfad des friedvollen Kriegers,* München 2003.

27 Vgl. z. B. N. N.: »Mütterliche Mortalität nach Sectio«, *Deutsche Hebammen-Zeitschrift,* 5.9.2018, https://www.dhz-online.de/news/detail/artikel/muetterliche-mortalitaet-nach-sectio/ (Zugriff: 7.9.2023).

28 Marcovich, Marina: »Vom sanften Umgang mit Frühgeborenen. Neue Wege in der Neonatologie«, *International Journal of Prenatal and Perinatal Psychology and Medicine,* 7, 1995, S. 57–71, https://www.mattes.de/buecher/praenatale_psychologie/PP_PDF/PP_07_1_Marcovich.pdf (Zugriff: 24.6.2023).

29 Vgl. Brandstetter, a. a. O.

30 Dahlke, Ruediger: *Habakuck und Hibbelig. Eine Reise zum Selbst,* Berlin ^{2}2009.

31 Zitiert nach »Gute Zitate«, o. D., https://gutezitate.com/zitat/103425 (Zugriff: 28.6.2023).

32 Vgl. z. B. N. N.: »Magersucht – Zahl der Betroffenen deutlich gestiegen«, *SWR,* 27.7.2022, https://www.swrfernsehen.de/landesschau-rp/gutzuwissen/magersucht-zahl-der-betroffenen-deutlich-gestiegen-100.html (Zugriff: 28.8.2023).

33 Zitiert nach Ribi, Alfred: *Neurose – an der Grenze zwischen krank und gesund,* Berlin/Heidelberg 2011, S. 219.

34 Blum, Bruno, Ruediger Dahlke: *Erde – Feuer – Wasser – Luft,* Freiburg im Breisgau 1995.

35 Saint-Exupéry, Antoine de: *Der Kleine Prinz,* Düsseldorf ^{72}2015 (1950).

36 Zitiert nach »Gute Zitate«, o. D., https://gutezitate.com/zitat/190035 (Zugriff: 29.6.2023).

37 Frazer, James George: *Der Goldene Zweig. Das Geheimnis von Glauben und Sitten der Völker,* Reinbek 1989.

38 N. N.: »Nicht ohne Greta Thunberg – viel Zulauf für Jugendweihe an der

Müritz«, *Nordkurier,* 14.5.2023, https://www.nordkurier.de/regional/mueritz/nicht-ohne-greta-thunberg-jugendweihe-an-der-mueritz-1614896; vgl. auch »MOMA-Reporter«, *ARD-Morgenmagazin,* 30.6.2023 (Sendung vom 3.7.2023), https://www.daserste.de/information/politik-weltgeschehen/morgenmagazin/reportagen/MOMA-Reporter-Jugendweihe-Eintritt-in-ein-neues-Leben-100.html (Zugriff: 3.7.2023).

39 Fentanyl ist ein synthetisches Opiat und extrem wirksames Schmerzmittel. Vgl. Langer, Marie-Astrid, Mike Kai Chen: »Wie tote Tiere in den Büschen – Fentanyl zerstört die Seele San Franciscos«, *Neue Zürcher Zeitung,* 1.8.2023, https://www.nzz.ch/technologie/san-francisco-wie-fentanyl-die-seele-von-amerikas-linker-hochburg-zerstoert-ld.1744206 (Zugriff: 8.9.2023).

40 Zitiert nach »Gute Zitate«, o. D., https://gutezitate.com/zitat/275870 (Zugriff: 1.7.2023).

41 Zitiert nach »Zitatforschung«, 8.8.2018, https://falschzitate.blogspot.com/2018/08/du-fragst-was-soll-ich-tun-und-ich-sage.html (Zugriff: 1.7.2023).

42 Vgl. hierzu Dahlke, Ruediger: *Mind Food. Wie wir unsere mentale Gesundheit gegen Manipulation und Brainwash des Systems stärken,* München 2022.

43 Dahlke, Ruediger: *Das Schatten-Prinzip. Die Aussöhnung mit unserer verborgenen Seite,* München 2010.

44 Zitiert nach »Kommentar zu ›Symbole der Wandlung‹ von C. G. Jung«, Teil 1–2, o. D., https://www.academia.edu/90223443/Kommentar_zu_Symbole_der_Wandlung_von_C_G_Jung_Teil_1_2 (Zugriff: 6.7.2023).

45 Podvoll, Edward M.: *Aus entrückten Welten. Psychosen verstehen und behandeln,* München 2004.

46 Unter »Kundalini« versteht man in der indischen Philosophie eine ätherische, eng mit der sexuellen Kraft verbundene Energie, die metaphorisch als schlafende zusammengerollte Schlange vorgestellt wird, die bei jedem Menschen im ersten Chakra (feinstoffliches Energiezentrum) am unteren Ende der Wirbelsäule liege und »erweckt« werden müsse.

47 Vgl. z. B. Krishna, Gopi: *Kundalini. Erweckung der geistigen Kraft im Menschen,* Frankfurt a.M. 2003.

48 Vgl. Ruediger Dahlke: *Heilsame Tugenden. In zwölf Schritten zur Heilung des Körpers und zur Entwicklung der Seele,* München 2022.

Über den Autor

DR. MED. RUEDIGER DAHLKE,
geboren 1951, studierte Medizin in München und bildete sich zum Arzt für Naturheilweisen und in Psychotherapie weiter. Seit 1978 war er als Psychotherapeut und ist bis heute als Fasten- und Seminarleiter international tätig. Anfang 2012 öffnete das von ihm gegründete Seminarzentrum *TamanGa* bei Gamlitz in der Südsteiermark als Ort der Regeneration, (Aus)Bildung und Selbstfindung. Als Pionier der Ganzheitsmedizin ist Dahlke gefragter Experte für Ausbildungen. Seine Bücher wurden in 28 Sprachen übersetzt und viele davon erreichten Bestsellerstatus.

WICHTIGER HINWEIS: Die Informationen und Ratschläge in diesem Buch wurden mit größter Sorgfalt von Autor und Verlag erarbeitet und geprüft. Alle Leserinnen und Leser sind jedoch aufgefordert, selbst zu entscheiden, ob und inwieweit sie die Anregungen in diesem Buch umsetzen wollen. Das gilt insbesondere für die Vorschläge zu den Ritualen, speziell diejenigen zu Sexualität, Rauchen, Alkohol und Drogen. Diese Anregungen spiegeln die persönliche Meinung des Autors wider und sind von jedem Elternteil hinsichtlich des Jugendschutzes und des Betäubungsmittelgesetzes unbedingt eigenverantwortlich zu prüfen! Eine Haftung des Autors bzw. des Verlags für Personen-, Sach- oder Vermögensschäden ist ausgeschlossen.

FSC www.fsc.org
MIX
Papier | Fördert gute Waldnutzung
FSC® C014889

Der Umwelt zuliebe
- produzieren wir zu über 90 % in Deutschland
- achten wir auf kurze Transportwege
- drucken wir auf Papier aus verantwortungsvollen Quellen

Umschlaggestaltung: Hauptmann & Kompanie Werbeagentur, Zürich
Lektorat: Ralf Lay
Layout und Satz: Robert Gigler
Gesetzt aus der Minion Pro und der Alégre Sans
Druck und Bindung: Pustet, Regensburg
ISBN 978-3-95803-556-0